SFV

PETER DE MENDELSSOHN

UNTERWEGS MIT REISESCHATTEN

ESSAYS

S. FISCHER VERLAG

Umschlagentwurf Roswitha + Eberhard Marhold
Satz und Druck Eugen Göbel, Tübingen
Einband Hans Klotz, Augsburg
Printed in Germany 1977
ISBN 3 10 049403 2

Dem Andenken einer Rose,
die der Nachtsturm brach

Das Nachtwächteramt war eben vakant
geworden, und ich glaubte mich allenfalls
tüchtig, ihm mit Ehre vorzustehen.
Die Welt ist jetzt sehr gebildet und man
fordert mit Recht große Talente von
jedem einzelnen Bürger.

Bonaventura, *Nachtwachen*

AUS EINER PÄDAGOGISCHEN PROVINZ

Ich erinnere mich, daß ich mich im Winter 1944, es war wenige Tage vor der Ardennen-Offensive, im Arbeitszimmer des amerikanischen Kontrolloffiziers der Rundfunkstation Luxemburg unvermutet einer sehr großen Karte von Deutschland und seinen Nachbargebieten gegenübersah. Die Landkarte war mit bunten Fähnchen besteckt. Oberst Sam Rosenbaum aus Philadelphia, so hieß der tüchtige und gewissenhafte Mann, hatte sie wohl an der Wand aufgespannt, um sich mit einem Blick der Lage zu vergewissern und sich, was immer diese Lage Neues brachte, in seiner komplizierten Tätigkeit rasch zurechtzufinden. Ich betrachtete die Karte mit anderen Augen.

Landkarten hatten für mich stets große Anziehungskraft; je größer sie waren, desto fesselnder. Diese Neigung habe ich von meinem Vater. Er pflegte vor dem Knaben auf dem Teppich große Europa- und Weltkarten auszubreiten und ihm die Länder und Orte zu zeigen, aus denen unsere Familie stammte und in denen wir Verwandte hatten: Oldenburg, Rheinland, Jena und München in Deutschland, dann Dorpat und Riga im Baltikum, Moskau und Kiew, Dänemark, England, die Schweiz, Portugal – ganz Europa, sagte mein Vater, und außerdem Südafrika und Argentinien, woher meine Mutter stammte; hinzu kamen Länder und Städte, in die meine Eltern gereist waren: Paris, Brüssel, Florenz, Athen und Konstantinopel.

Kannst du Russisch, Französisch, Italienisch und Griechisch? fragte ich den Vater. Einigermaßen, sagte er. Ich beschloß, auch alle diese Sprachen zu lernen, und außerdem Englisch; das konnte mein Vater nicht. Landkarten also kamen mir immer fast wie Lebewesen vor, die eine viel engere und vertrautere Beziehung erlaubten als Bücher, Bilder oder Teppiche. An jenem Nachmittag in Luxemburg jedoch empfand ich zum ersten Mal eine Landkarte als etwas Totes.

Da hing es vor mir an der Wand, ein riesiges Land, und war nicht lebendig. Es war nicht das sprechende Bild von etwas Vertrautem; es glich der trockenen, gegerbten Haut eines erlegten Stückes Wild, der pergamentenen Hülle von etwas, das einstmals lebte und von dem nur noch die nackten Umrisse erhalten waren, flach, körperlos, ohne Antlitz. Ich entdeckte, daß ich darauf starrte wie auf einen leeren, weißen Fleck. Und in Wahrheit, es war ein leerer Fleck. Europa – der versunkene Kontinent, mußte ich denken. Weichen die Wasser zurück? Stehe ich wirklich an den Ufern von Atlantis? Es gab nur wenige Gegenden und Landschaften auf dieser Karte, die ich nicht kannte oder zumindest aufgesucht hatte, ehe ich entfloh und die Tore Deutschlands, dann Europas sich hinter mir schlossen. Und doch lag jetzt unerforschtes Gebiet vor mir, öde und ohne Wahrzeichen; nur die Umrisse bedeuteten dem suchenden Auge, wo einst der lebende Körper gewesen war.

Wie war denn das möglich?

Die Erklärung, sprach ich zu mir selbst, während ich auf den Oberst wartete und müßig nach allerlei Orten auf der Karte suchte, bekannten und unbekannten, erinnerten und vergessenen Namen, die Erklärung ist natürlich ganz einfach. Sie heißt: Zeit und Entfernung, diese beiden Ungreifbarkeiten, die entweder entfremden und einen vollständig vergessen lassen oder aber eine getrennte Beziehung zusehends schmerzhafter machen, bis sie einem endlich das

Herz brechen. In meinem Fall hatten Zeit und Entfernung es offensichtlich zuwege gebracht, die Beziehung überhaupt vollkommen auszulöschen, so sehr, daß der Andere sich zum Schluß geradezu verflüchtigt hatte. Zwölf Jahre lang war ich gezwungen gewesen, außerhalb Deutschlands zu leben, und fünf davon sogar außerhalb Europas, wenn man nämlich England nicht zu Europa rechnet, und allmählich glaubte ich erkannt zu haben, daß ich ohne das eine wie das andere zu leben vermochte, vermeinte, daß Deutschland zumindest in meinem bewußten Dasein keine Rolle mehr spielte, im unbewußten nur eine geringe und nicht sehr störende, und daß diese Bewußtseinslöschung, von Deutschland ausgehend, allmählich ganz Europa einbezogen hatte.

Noch einmal: Wir war denn das möglich?

Nachdem ich Deutschland verlassen und mir selbst vorsätzlich die Rückkehr versperrt hatte, damit nicht doch eines Tages, in einem Augenblick des überwältigenden Heimwehs, die Versuchung zu einem faulen Frieden mit meinen Widersachern mir einen Streich spiele, der nur mit meinem inneren und äußeren Verderben enden konnte, begann ich um Deutschland herumzureisen, durch das Europa, das mir noch offen stand, so lange ich noch einen gültigen Paß besaß – von England und Holland nach Frankreich, der Schweiz und Österreich und wieder zurück, unablässig, durch Jahre hindurch, die Grenzen des Landes in der Mitte meidend wie einen elektrisch geladenen Stacheldraht.

Warum? Das konnte ich im Grunde nicht sagen. In jenen Jahren war ich sehr arm, und doch verwandte ich das Wenige, das ich verdiente, statt mir Bett, Tisch und Stuhl zu kaufen, auf Eisenbahnfahrkarten und reiste durch Europa, Tag und Nacht, auf und ab, von Land zu Land, von Hauptstadt zu Hauptstadt, unter den lächerlichsten Vorwänden, auf den flüchtigsten Anreiz hin, getrieben von verrückter Ruhelosigkeit, in Richtung auf was? Den elektrischen Drahtzaun? Erst jetzt, angesichts der Landkarte, wurde mir die Sinnwidrigkeit jener Jahre klar. War ich eingeschlossen und wagte nicht auszubrechen? War das verbotene Land umringt und verschlossen, und ich konnte nicht hinein? Oft wurde es mir schwer, die Orientierung zu behalten, und in Augenblicken der schwärzesten Niedergeschlagenheit verlor ich sie. Lag der Ring um Deutschland oder hatte Deutschland den Ring um Europa gelegt?

Dann faßte ich Fuß am Rande Europas, auf der britischen Insel, kaufte Bett, Tisch und Stuhl, und allmählich hob sich der Alpdruck. Die Menschen auf der Insel empfanden sich Europa nicht zugehörig und mahnten mich nicht unablässig an meine Zugehörigkeit; im Gegenteil. So gewöhnte ich mich fast unmerklich an die Vorstellung, daß Deutschland, die Mitte Europas, aufhören mußte, für mich zu existieren. Mein Denken und Trachten begann sich an anderes zu heften, an andere Menschen, an eine andere Sprache, und schließlich verließen auch meine Träume die alte Heimat. Um die Zeit, da der Krieg ausbrach, war an die Stelle des Unberührbaren eine Leere, ein Nichts getreten. Dieses Nichts aber war alles andere als eine Nichtigkeit. Es hatte zugleich ein gewaltiges, meiner Seele noch gänzlich fernes und fremdes politisches Gewicht erworben, das drückend meinen ganzen Lebensgang beherrschte. Aber es wäre wohl das gleiche gewesen, hätte irgendeine andere faschistische Diktatur in Europa den Versuch gemacht, das Gewebe des europäischen Erdteils unter dem Vorwand, es zu verdichten, in Fetzen zu reißen. Tatsächlich war es so in den Fällen Abessinien und Spanien.

Als ich den zerfetzten Erdteil wiedersah, sprach man viel von unbewältigter Vergangenheit. Das war natürlich bedenkenswert, aber es ging mir, so wie ich da war, nicht sehr nahe. Sie hatten Europa zerfetzt, wohl wahr, und suchten zu begreifen, was sie da gemacht hatten; aber sie hatten immerhin Europa noch. Ich, der ich ein Jahrzehnt lang Europa unwiederbringlich verloren zu haben meinte, mußte ja auch Vergangenheit bewältigen, eine ganz andere Vergangenheit, die anders schuldbefrachtet war; mußte überlegen, ob es den versunkenen Erdteil überhaupt gegeben hatte. Daß man mir von ihm aus wieder zuwinkte, bewies gar nichts. Wußten die Winkenden denn, ob sie nicht vielleicht Gespenster waren?

Es ist aus dieser Zeit der großen Existenzkrise Europas im Sinnen und Trachten des Einzelnen, drinnen wie draußen, nicht alles auf einen Nenner zu bringen, so daß man sagen könnte: so war mir zumute, so und nicht anders. Zwei, drei und mehr Vorstellungen waren gleichzeitig oder abwechselnd lebendig. Auf das Bewußtsein der Abgelöstheit von Europa antwortete sogleich dringlich ein Bewußtsein unlöslicher Verbundenheit, ganz besonders dringlich, weil ich unter Menschen lebte, die keine europäische Vergangenheit hatten, sich Europa nie zugehörig gefühlt hatten und folglich bisweilen dies Bewußtsein als Protesthandlung gegen ihre hartnäckige Eigentümlichkeit geradezu herausforderten. Unsereins, damals, hatte eine Gegenwart, die mit unserer Vergangenheit in keinem Zusammenhang stand; und umgekehrt. Die Zukunft sah folglich häufig abends anders aus als morgens, und auf der grellen Mittagshöhe war sie überhaupt nicht vorstellbar.

Wie bewältigt man das?

Wir lebten, meine Frau und ich, noch kinderlos, seit drei Jahren auf der Insel am Rande Europas, als der Münchener Pakt mit dem Teufel, Herbst 1938, uns das Schicksal unseres Erdteils, aus dem wir gekommen waren, zu besiegeln schien. Daß ein großer europäischer Krieg nunmehr unabwendbar war, hielt ich für ausgemacht. Ein Regime, das mit Pistolen und Handgranaten an die Macht gekommen war, das hatte mir von Anfang an klar geschienen, würde niemals von selbst wieder verschwinden, sondern nur durch Bomben und Granaten wieder zu entfernen sein. Was war in dem, was nun herankam, für uns zu hoffen und für die Kinder, die wir uns wünschten und um unserer selbst willen so nötig brauchten – denn in die Fremde wurzelt man sich wirklich nur durch seine Kinder ein. In diesem Herbst 1938, gleich nach der Unheilskonferenz, bot sich mir die Möglichkeit, ganz kurz, auf drei Wochen nach Amerika zu fahren. Es war die letzte Reise, übrigens, die ich mit meinem deutschen Paß unternahm, er lief bedeutungsvollerweise, wiewohl rein zufällig, am Tag des Kriegsausbruchs ab, und danach waren wir auf der Insel eingesperrt. Nur halb und halb ausgesprochener Hintergedanke dieser meiner ersten Amerikareise war, zu erkunden, ob es nicht geraten sei, solange noch Zeit blieb, weiterzuziehen, von der englisch-sprechenden Insel uns auf den englisch-sprechenden Kontinent zu retten und dort ein neues, gesicherteres Leben aufzubauen.

Ich kam zurück mit der festen Überzeugung: Das hat keinen Sinn, das bringt uns um, auch wenn es uns am Leben hält. Ich sagte ungefähr dies: In Amerika wären wir sicher und könnten uns gewiß besser durchbringen als in England. Aber wozu wäre es gut? Du und ich, wir sind Europäer. Wenn Europa untergeht, was soll uns dann noch Amerika? Was sollen wir in Amerika? Wenn aber Europa nicht untergeht oder aus dem Untergang wieder hervortaucht, was sollen wir dann erst recht in Amerika? Wir wären viel zu weit weg, wir würden, wenn überhaupt, viel zu spät zurückgelangen, als daß wir Europas Schicksal noch lebendig begreifen könnten. Was jetzt kommt, müssen wir miterleben, was immer es sei, damit der lebendige Zusammenhang uns erhalten bleibt. Wir haben das Glück, wenigstens am Rande unseres Schicksals noch festen Fußes zu stehen; Europa ist uns zum Greifen nah. Wenn Europa untergeht, dann geht England mit ihm unter, und die Zeit ist erfüllt, auch für unsere Kinder. Wenn es überlebt, dann überlebt England mit ihm, und unsere Kinder werden als Europäer aufwachsen, und etwas anderes wird dann auch den englischen Kindern nicht übrig bleiben. Und wenn englische Eltern unter Bomben und Granaten Kinder in die Welt setzen und sie unter Bomben und Granaten durchbringen, dann können wir es auch.

Dabei blieb es. Unsere Tochter wurde zwei Monate nach Kriegsausbruch geboren, unser Sohn einige Monate vor Kriegsende. Einmal, in den Bombennächten, stürzte das halbe Haus über ihrem Kinderbett zusammen, und sie blieb inmitten der Trümmer unversehrt. Hilft einem das Schicksal nur, wenn man es herausfordert, wenn man Ansprüche an es stellt? Das begann ich damals zu glauben. Wurde Europa so gerettet? Einer von uns sagte damals: Ubi bombi ibi patria. Bomben, das erfuhren wir, sprengen die Menschen nicht auseinander; sie schaffen ein neues Zusammengehörigkeitsgefühl, in das auch der Fremdeste einbezogen ist. Als ich 1945 Deutschland wiedersah, sagte mein alter Freund Günther Weisenborn zu mir: Wer nie im Gefängnis gesessen hat, kann jetzt überhaupt nicht mitreden. Ich sagte, ich sei nie im Gefängnis gewesen. Warst du nicht in England, fünf Jahre lang, sagte er, auf einer Insel und konntest nicht raus und mußtest den Kopf hinhalten? Es ist dasselbe. Damals mußte ich oft denken, wenn ich die ersten unserer zurückgekehrten amerikanischen Freunde sprach: Wer nie eine Bombe auf den Kopf bekommen hat, der weiß überhaupt nicht, was in Europa los ist. Ob ich es so ganz weiß, der ich eine Vergangenheit zu bewältigen habe, dessen bin ich nicht immer sicher. Sicher bin ich, daß meine Kinder es wissen: Sie sind in ganz Europa zu Hause und sprechen mehr Sprachen als mein Vater damals, als er mir die Landkarte erklärte.

Damals in Luxemburg, als ich die Landkarte an der Wand betrachtete, schrieb ich mir abends im Quartier einiges auf, was mir durch den Kopf ging. Diese Zettel habe ich noch.

Was ist ein Erdteil? notierte ich. Wie abwechselnd, wie veränderlich Inhalt und Bedeutung dieses Wortes sind! Die Beziehungen zwischen dem beweglichen Einzelnen und den statischen Einrichtungen wie Erdteil, Ozean, Insel – wie höchst verwirrend! Ich war zu gewissen Zeiten ein Festlandbewohner gewesen, zu anderen ein Inselbewohner und zu wieder anderer Zeit noch ein Drittes – ein Ausgestoßener, ein Schiffbrüchiger, der zwischen Insel und Kontinent über das Antlitz der Erde dahinwandert und den Ozean gar nicht bemerkt. Hängt es einzig davon ab, »wie man es sieht«? Das bezweifle ich.

Der deutsche Kontinent – ich hatte in jenen Jahren in genau diesem Begriff gedacht und war erstaunt, als ich die große Landkarte betrachtete, wie treffend diese Bezeichnung war. Dieses Phänomen, den deutschen Kontinent, gibt es oder gab es, und es hing nicht davon ab, »wie man es sah« – und damit meine ich nicht die Zeit der deutschen Besetzung, als der Kontinent durch Gewalt physisch, und nur physisch, deutsch wurde. Die bekannte englische Zeitungsschlagzeile, die so gern, aber zu unrecht, als sinnfälliger Ausdruck britischer Insularität zitiert wird: »Stürme im Kanal – Festland abgeschnitten«, klang gar nicht so bedingungslos blödsinnig, wie ich immer gedacht hatte. Wie wäre es mit: »Deutschland wahnsinnig geworden – Übriges Europa im Irrenhaus?« Dies hat dieselbe leicht perverse Eigenschaft, denn es ist ja das Wesen der Perversion, daß sie einen isolierten normalen

Charakterzug aus dem Zusammenhang seiner Normalität heraushebt und in sehr vergröberten und verrückt übertriebenen Proportionen zeigt.

Die Geographie – und gar die Geographie Europas – ist also nicht notwendigerweise das, was die Landkarte zeigt. Sie ist das, was das heimatlose Herz die Landkarte zu zeigen verleiten kann. Shaws Kapitän Shotover in ›Haus Herzenstod‹ hat vollkommen recht: Das Geheimnis des Lebens ist, navigieren zu können. Aber das Geheimnis des Navigierens ist die Orientierung. Ich habe die besondere Wahrheit dieses Lehrsatzes erst festgestellt, als ich entdeckte, daß die einzig wirklich vertrauenswürdigen Navigationskarten die eigenen Träume sind. Sie sagen einem, woher man kommt und wohin man fährt. Seit ich für mich festlegte, was hinfort Norden, Süden, Osten und Westen sein würden, bin ich imstande gewesen, durch Länder, Meere und Inseln recht erfolgreich zu schiffen und mit nicht mehr Unglücksfällen und Havarien, als selbst der erfahrenste Admiral in Rechnung stellen muß. Anfänglich handelte es sich hier um eine rein von der Nützlichkeit oder Brauchbarkeit diktierte Methode, die geeignet ist, physisches Überleben und die Erhaltung geistiger Klarheit zu erleichtern. Sie kann indessen sich zu einer Überzeugung verdichten und schließlich zu einem Glauben werden – nicht, Gott bewahre uns, umgekehrt. Und das ist letztlich alles, was man braucht und was man sich wünschen darf, ganz gewiß in Europa, am allergewissesten in Deutschland.

Denn es ist dies ein neues Jahrhundert, und es ist bevölkert von neuen Menschen, obwohl sie es selbst vermutlich noch gar nicht bemerkt haben und obwohl der oberflächliche Augenschein einen zu der Täuschung verleiten mag, es handle sich lediglich um einen Fall äußerst beschleunigter Kontinuität und man brauche sich deshalb keine Sorge zu machen. In der Tat ist auch für jenen, der sich seine eigene Geographie macht, kein Anlaß zu Beunruhigung gegeben. Grenzen bewegen und verschieben sich, tauchen von irgendwoher auf und verdunsten wieder, noch während man sich die Brille putzt, um sie betrachten zu können. Staatsgrenzen, Nationalgrenzen laufen quer durch die Weltmeere, mitten durch öde, verlassene Wüsten, durch den Himmel zwischen Sonne und Mond und mitten durch das Herz der Erde. Man gewahrt es wohl und verwundert sich nicht, daß die Tyrannen sich um den Besitz einer Wolke streiten.

Die Inselbewohner sind die Erben des Festlandes geworden, die Bewohner der Kontinente sind in Blut und Rauch gen Himmel aufgestiegen und bevölkern die himmlischen Lavafelder. Die Ungeheuer des Himmels und der Meere haben einen erbitterten Kampf begonnen um die letzten Besitztümer des enterbten Menschen und kämpfen den Kampf jenseits von Hören und Sehen, unter dem Meer und über den Wolken. Eines Tages wird eines von ihnen an Land kommen und den Sieg verkünden und erstaunt sein zu entdecken, daß sich eigentlich niemand für das Ergebnis interessiert.

Inzwischen wird es für alle jene, die närrischerweise auf ihrem Glauben an die Kontinuität beharren, notwendig festzulegen, wo sie sich befinden, wenn überhaupt irgendwo – wo die Kontinente sind und wo die Ozeane, ihre Beziehungen und Entfernungen zueinander zu bestimmen, bereit, sie jederzeit ohne vorherige Warnung oder Ankündigung, ohne Bedauern oder gar Gewissensbisse zu revidieren. Die längsten Entfernungen sind jene, die man überdenken kann, die kürzesten jene, die sich in einem Traum durchmessen lassen. Wobei man jedoch nicht vergessen darf, daß es möglich ist, im Kreis zu denken und um die Ecke zu träumen. Europäer haben dies besonders gut heraus, Russen und

Amerikaner kommen allmählich dahinter, Chinesen und Inder, wie nicht verwunderlich, besitzen diese Kenntnis seit Jahrtausenden und tun sich etwas darauf zugute, daß sie keinen Gebrauch von ihr machen. Indessen, die Kenntnis solcher Kniffe ist nützlich, aber nicht unerläßlich.

Wenn alles dies einmal feststeht, kann man sicher und wohlbehalten sogar durch die verwirrendsten Angstträume segeln und wird nicht erstaunt sein zu entdecken, daß man in der Tiefe eines unermeßlichen Spargelbeetes ertrunken ist. Von jetzt ab kann es sein, daß man genötigt ist, die Erdkarte mehr als einmal im Verlauf eines Lebens vollkommen neu zu entwerfen. Das macht nichts. Sogar die Amerikaner sprechen von dem ›Kontinent‹, wenn sie Europa meinen. Und wie recht sie damit haben! Das Wesenselement des europäischen Kontinents – und es wird zum Wesenselement auch des afrikanischen – sind seine Grenzen und Sprachen. Dieses Element hat Amerika nicht mitbekommen, und deshalb ist es im tiefsten Grunde langweilig und langweilt sich. Die Insularität der Amerikaner ist die unverbesserlichste und unveräußerlichste von allen, und je insularer sie werden, desto weniger isolationistisch vermögen sie zu sein, was ihnen merkwürdig vorkommen muß. Die Engländer allerdings hätten ihnen das vorhersagen können. Sie besitzen schon seit Jahrhunderten ihre eigene Geographie, die auch weiterhin mit Erfolg alle Landkarten zum Narren hält. Aber schließlich gibt es keine begabteren Träumer als die Engländer, obgleich die Iren häufig das Träumen für sie besorgen. Das ist ihnen recht. Wer möchte gern für sein Unterbewußtsein verantwortlich sein, wenn es nicht unbedingt sein muß?

Auf solchen Gedankenwegen gelangte ich zu der Meinung, daß es für mich praktisch sei, England als einen Kontinent zu betrachten und den ›Kontinent‹ als einen Ozean, in dessen Mitte Deutschland, einem zweiten Atlantis gleich, versunken am Meeresboden ruhte. Nachdem diese Orientierung einmal festgelegt war und sogar das Unterbewußtsein sie akzeptiert hatte – ohne seine Zustimmung wäre sie ja unbrauchbar geblieben – wurde der europäische Kontinent für mich durchaus unwirklich, während ich selbst aufhörte, ein Gespenst zu sein und wieder wirklich wurde. Erst mehrere Jahre nach meiner Landung in England und nachdem ich selber ein Inselbewohner geworden war, begann Atlantis sich wieder aus den Fluten zu erheben. Und jetzt ist es wieder aufgetaucht. Ich mißtraue auch in dieser Stunde noch dem Zusammenhalt, der Festigkeit des Landmeeres, das es umgibt; ich weiß, es ist unsicherer Boden, unzuverlässig und gefährlich. Aber morgen, wenn ich an Land gehe, werde ich es wissen.

So die Luxemburger Notizen: Tagträume, Nachtängste, die rechts und links, gestern und morgen vertauschen, das Oberste zu unterst kehren, Schlaflieder im brennenden Haus, Krücken, Stelzen, Rettungsboot und zusammengezimmertes Floß, dahintreibende Planken, an die man sich klammert – wer anderes als ein Europäer käme denn auf dergleichen? Daß ich ein Europäer sei, wußte ich schon früh und habe es natürlich immer, auch in allen meinen hilflosen Phantasmagorie-Gespinsten, gewußt. Wie aber wird einer der, welcher er ist?

Darüber brauche ich mir nicht lange den Kopf zu zerbrechen; das weiß ich. Es liegt alles in den frühen Jahren beschlossen. Ich bin in Deutschland geboren, das ist wahr. Aber ich bin in Europa aufgewachsen. Bald nach dem Ersten Weltkrieg bekamen wir ein Telefon ins Haus, und einmal hörte ich, zehn Jahre alt war ich vielleicht, meinen Vater französisch telefonieren. Mit wem hast du gesprochen? fragte ich ihn. Mit Frau Bienert, antwortete er. Warum französisch?

Weil Frau Bienert eine Französin ist. Kann sie nicht deutsch? Gewiß, aber nicht sehr gut, und es freut sie, wenn man ihre Sprache mit ihr spricht. Es ist, sagte mein Vater, eine europäische Höflichkeit. Das habe ich mir gemerkt, fünfzig und mehr Jahre lang; sonst wüßte ich es heute nicht.

Ich kannte in meiner Kindheit wenige Menschen, die einfach nur Deutsche waren und sonst nichts. Daß die Familien meiner Eltern aus vielen Gegenden Europas stammten, sagte ich schon. Mein Vater sprach zeitlebens mit einem deutlichen baltischen Akzent. Wenn meine baltischen Großtanten meine Großmutter besuchten, verfielen sie häufig unversehens ins Russische, ihre Kindheitssprache, und machten sich mit einem Samowar russischen Tee. Meine Tante May, Cousine meiner Mutter, die auf uns Kinder aufpaßte, wenn die Eltern verreisten, sprach englisches Deutsch, denn sie war aus Südafrika, wiewohl sie in Halle wohnte, und deutsches Englisch durcheinander und machte englischen Tee. Das alles schwirrte um mich herum, ehe ich selbst ordentlich sprechen konnte. Dann kam unser kleiner Vetter Harald zu uns ins Haus; er kam aus Kopenhagen, hatte eine dänische Mutter und sprach dänisch. Dergleichen wunderte uns Kinder gar nicht, denn wir wuchsen in Hellerau auf.

Hellerau, wohin wir 1910 von München übersiedelten, war eine nach dem englischen Vorbild der ›garden suburbs‹ oder ›garden cities‹ angelegte ›Gartenstadt‹, im sandigen Heide- und Kiefernland unweit von Dresden gelegen, ein damals neuartiges Experiment, eine internationale Künstler- und Kunsthandwerker-Kolonie und, anders als Worpswede, ein kleines Europa. Daran erinnert sich heute kaum jemand mehr, das will erzählt sein. Hellerau war mein persönliches, ureigenstes, unverlierbares Europa.

Vor fünfzig Jahren wußte alle Welt, was Hellerau war und bedeutete. Jetzt muß man es erklären. An seinem Anfang war ein Mann namens Karl Schmidt. Dieser arme Tischlergeselle aus dem sächsischen Erzgebirge hatte schon vor der Jahrhundertwende auf eigene Faust eine ›Möbelrevolution‹ in die Wege geleitet, die den massenfabrizierten Stilwirrwarr-Schund jener Zeit überwinden und ein neues, zeitgerechtes und werkstofftreues Kunsthandwerk an seine Stelle setzen sollte. Um seine Ideen zu verwirklichen, gründete der Fünfundzwanzigjährige 1898 in Dresden die ›Dresdener Werkstätten für Handwerkskunst‹. Neun Jahre später, 1907, dem Jahr der Werkbund-Gründung, vereinigte er sein blühendes Unternehmen mit den ›Münchner Werkstätten für Wohnungseinrichtung‹ seines gleichgesinnten Freundes Karl Bertsch. Der aber gehörte zum Freundeskreis Riemerschmids, Muthesius', Bruno Pauls, Poelzigs, Wolf Dohrns und meines Vaters, der zu den Gründungsmitgliedern des Werkbundes zählte und schon auf der ersten Ausstellung des Werkbundes mit seinen Metallarbeiten vertreten war und gar, glaube ich, dafür eine Medaille erhielt.

Schmidt und Bertsch beauftragten Riemerschmid, ihnen in der Nähe Dresdens im Kiefern- und Heideland eine moderne Möbelfabrik und rund um sie herum eine moderne Wohnsiedlung aus Einfamilienhäusern für die Arbeiter der Fabrik zu bauen. Riemerschmid und Muthesius schufen hier in kaum zwei Jahren etwas, das für die damalige Zeit und auch heute noch, wiewohl tausendfach kopiert, völlig einzigartig ist. Wie diese Siedlung zu ihrem Namen kam, ist nicht ganz klar. Man kann zuweilen lesen, er leite sich von einem Gasthof ›Zum letzten Heller‹ her, den es dort im Heideland gegeben haben soll. Aber ich, der ich als Kind diese Gegend bis in ihren letzten Winkel kannte, habe von einem solchen Gasthof nie etwas gesehen oder gehört. Wohl aber weiß ich, daß die große, sandige, von Kiefernwäldern umstandene Heideland-Einöde, die zwischen uns und der Stadt Dresden lag – wir

Kinder stapften sommers buchstäblich bis zu den Waden im heißen Sand – ganz einfach ›der Heller‹ hieß. Wie auch immer, man nannte dieses Gebilde, Deutschlands erste moderne Gartenstadt – Hellerau.

Hellerau war keine der üblichen Vorstadtsiedlungen zur Entlastung der Großstadt Dresden. Es war ganz etwas anderes: ein selbständiger Wohn- und Arbeitsorganismus, der sich aus seiner geistigen und künstlerisch-handwerklichen Struktur heraus – Riemerschmid hatte das Ganze mit seinen geschwungenen Gartenstraßen, Einzelhäusern, Häusergruppen, einem großen Marktplatz und seinem ›Gondelteich‹ auf halber Höhe tatsächlich mit schönster Einfühlungsgabe dem welligen Gelände eingepaßt – seine eigene kulturelle Aufgabe und Lebensform schuf. Diese Lebensform wiederum – nie wieder seit meiner Hellerauer Kindheit habe ich soviel würzige Luft und strahlende Sonne geatmet – zog auf Grund ihrer Eigenheit bald aus allen Teilen Deutschlands gleich- und ähnlich gesinnte Menschen heran.

Die Idee befeuerte die Phantasie und den Enthusiasmus des jungen Wolf Dohrn. Nicht genug mit Schmidts moderner Arbeitersiedlung. Dohrn sah in sie eingegliedert die Häuser und Werkstätten von Kunsthandwerkern, Goldschmieden, Malern, Architekten, Schriftstellern, Keramikern, Webern und anderem, emsig und glücklich vor sich hin arbeitenden Weltverbesserervolk. Und auch damit nicht genug. Dohrn holte den bedingungslos nur mit glatten Flächen und geraden Linien arbeitenden, damals etwa fünfundvierzigjährigen Architekten Heinrich Tessenew nach Hellerau und hieß ihn, auf der Anhöhe über der Gartenstadt ein gewaltiges Festspielhaus erbauen. Es ist Tessenows schönste Schöpfung. Unlängst, zu Tessenows hundertstem Geburtstag, konnte man in den Zeitungen wieder Abbildungen dieses großartigen Säulen- und Giebelbaus sehen.

Musikfestspiele! Tanzfestspiele! Möbelrevolutionär Schmidt gewahrte staunend, was aus seiner Arbeitersiedlung wurde. Wolf Dohrn holte den französisch-schweizerischen Musikpädagogen Emile Jacques-Dalcroze aus Genf nach Hellerau und richtete ihm im Festspielhaus eine Schule für rhythmische Gymnastik ein, und hier im riesigen Festspielsaal ließ Dalcroze an den Festspieltagen von seinen aus der ganzen Welt stammenden jungen Schülern wahrhaftig zum Staunen der Welt Bach'sche Fugen tanzen. Um Schule und Festspielhaus herum, vor allem um den großen rechteckigen Auffahrtsplatz, schuf Tessenow eine eigene, symmetrisch gegliederte, einheitlich mit graziösen Vorlauben versehene Siedlung von Häusern für Lehrer und Schüler aus aller Herren Länder. Das Ganze hieß genau genommen ›Bildungsanstalt für rhythmische Gymnastik‹ oder kürzer ›Bildungsanstalt‹ aber wir Kinder nannten es ganz einfach ›die Anstalt‹ und den großen Platz davor den ›Anstaltsplatz‹. Bis heute sehe ich diese strahlend weißen Bauten, diese vier himmelstürmenden Säulen aus quadratischen Sandsteinquadern der Fassade unter dem blauen Sommerhimmel in der Sonne flimmern. Und ich sehe den jungen Verleger Jakob Hegner im sommerlich weißen Leinenanzug, mit offenen Sandalen, flatternder Krawatte und wehenden verwuschelten Haaren, ein Buch in der Hand, die ewige Zigarette im Mund, im Sommerwind über den großen Platz schreiten, als sei's Italien, von der einen Ecke zur anderen. In der einen Ecke nämlich wohnte er, in der anderen, gegenüber hatte er, ebenfalls in einem Tessenow-Reihenhaus, später seinen Verlag und seine Druckerei. Es ist fast fünfzig Jahre her, daß ich dies alles zum letzten Mal erblickte, aber vor meinen Augen stehen sie so, wie ich sie staunend als Kind sah, und in meinen Ohren klingen die Stimmen ganz Europas: Französisch und Russisch, Englisch und Italienisch, Schwedisch, Dänisch und jegliche Art von Deutsch. Mein liebster Freund war Gabriel Dalcroze, genannt Gaby, der kleine Sohn des großen Rhythmikers.

Wolf Dohrn hatte seine Freunde aus aller Welt gerufen, ihm in dieses neue, schwungvolle Leben zu folgen, und sie kamen alle. Wolf Dohrn selbst mit seiner Frau und seinen Kindern wohnte am ›Anstaltsplatz‹. Mein Vater kam im Frühjahr 1910, sechsundzwanzigjährig, aus München und zog mit Frau und drei Kindern in ein von Riemerschmid gebautes, am Waldrand unweit der von Muthesius gebauten ›Waldschänke‹ gelegenes Haus. Es hatte einen der größten und schönsten Gärten in Hellerau, und deshalb pflegte man sich dort des Abends auf dem Rasen zu versammeln. In jenen letzten zwei Jahren vor dem Ausbruch des Ersten Weltkrieges lebten und arbeiteten in Hellerau Busoni und Emil Strauss, Alfons Paquet und der deutsch-russische Maler Alexander von Salzmann, der das Hellerauer Emblem geschaffen hatte, das an Tessenows Giebel weithin sichtbar prangte: eine kreisrunde Scheibe, in die zwei fließende, sich verjüngende schwarze und weiße Halbkreise einkomponiert waren. Salzmann erklärte, es sei ein altes indisches Symbol. Mein Vater, der in der Ornamentik Bescheid wußte wie keiner, versicherte, es sei ein Sonnenrad und Salzmann habe es falsch herum gezeichnet, das Rad drehe sich ja nach rückwärts. Das tat es, aber es wurde nicht geändert.

Aus Hellerau strahlte der Ruhm von Paul Claudel und Francis Jammes. Am 5. Oktober 1913 wurde Claudels ›Verkündigung‹ mit Mary Dietrich zum ersten Mal im Festspielhaus in Hellerau aufgeführt. Ich war fünf Jahre alt und sah die Aufführung in Alexander von Salzmanns großem Lichtsaal nicht. Aber ich erinnere mich gut eines großen Herrn mit Bart und kurios verzwicktem Blick, der an unserem Gartentor vorbeiging und interessiert zu uns Kindern auf dem

Rasen hereinschaute. Mein Vater sagte, das sei Herr Bernard Shaw aus England und wir brauchten uns nicht vor ihm zu fürchten. Andere Herren kamen zu uns in den Garten, und wir gaben ihnen die Hand; sie hießen Rilke, Kafka, Werfel, Willy Haas und so weiter. Erst zehn Jahre später begann ich zu begreifen, was ich da erlebt hatte: die Einheit Europas.

Bald darauf war alles aus. Wolf Dohrn stürzte beim Skifahren zu Tode, und der Erste Weltkrieg fegte die ganze enthusiastische Gesellschaft hinaus in alle Winde. Dalcroze reiste bei Morgengrauen ab und hinterließ ein zerstörtes Werk; weinend nahm Gaby von mir Abschied. Wir müssen weg, sagte er. Warum denn? fragte ich. Sais pas, isch weiß nisch, la guerre, wir müssen. Ein junger japanischer Tänzer, der ganz Hellerau mit seinen Künsten bezaubert hatte, kam schluchzend zu meinem Vater und bat ihn um Schutz, denn man habe ihn gänzlich grundlos verprügelt. Tags darauf denunzierte jemand meinen Vater, er sei ein verkappter russischer Anarchist und Spion und fabriziere in seiner Werkstatt heimlich Bomben – verkappt war er in der Tat insofern, als er gern eine karierte Sportmütze trug von der Art, die man ›Bolschewistenmütze‹ nannte. Man sperrte ihn tatsächlich mehrere Tage lang ein.

Später im Krieg flog in der nahen Dresdner Industrievorstadt die große Munitionsfabrik in die Luft, und man evakuierte die Munitionsarbeiter in die umliegenden Dörfer. Sie kamen in langen Kolonnen die Landstraße entlang an unserem Haus vorbei. Mein Vater und ich standen am Gartentor; die Arbeiter lachten und riefen uns Worte zu, die ich nicht verstand. Das ist doch eine Schweinerei, sagte mein Vater. Warum? fragte ich. Das seien keine deutschen Arbeiter, sagte mein Vater, sondern russische und französische Kriegsgefangene, und die dürften nicht in Munitionsfabriken arbeiten. Das ist in Europa nicht erlaubt, sagte mein Vater. Natürlich freuten sie sich, daß die verdammte Granatenfabrik in die Luft geflogen war.

Aber Europa war nicht zu Ende, nicht für uns. Das Hellerau unserer jungen, enthusiastischen Eltern war wohl vorüber; aber das Hellerau der Kinder erhob sich aus dem trüben Sorgenwirrwarr der Nachkriegszeit voll trunkener Glückseligkeit. Bisher hatten wir Kinder von Hellerau im Wirbel der Welt unserer Eltern gelebt. Jetzt kam eine Zeit, da unsere Eltern in der wirbelnden Buntheit der Welt ihrer Kinder lebten. Die Erwachsenen aus aller Herren Länder waren weg. Statt ihrer kamen Kinder zuhauf aus ganz Europa. Das war 1920, als ich zwölf Jahre alt war.

Ich weiß nicht, wer auf den Gedanken kam, in Wolf Dohrns verwaistem, noch immer hellem und lichtdurchflossenen Dalcroze-Bau eine internationale ›Freie Schule‹ einzurichten. Wer hatte die Idee, hier ein völlig neuartiges modernes Erziehungsinstitut zu beheimaten, die Säle und Räume in Klassenzimmer, das efeu-umrankte Pensionshaus in ein Internat für Kinder aus ganz Europa zu verwandeln, Hellerau zu dem zu machen, was es seiner ureigensten Bestimmung nach immer war – zu einer echten pädagogischen Provinz? Ich weiß nicht, wer es war und wie er es durchsetzte, aber eines Tages war die ›Freie Schule‹ da. Sie war den Schulgemeinden von Hermann Lietz, war Wickersdorf und der Odenwaldschule nachgebildet, und ihr erster Leiter war ein früherer Mitarbeiter von Paul Geheeb, der romantisch-herrische Carl Theil, ein Mann, hinter dessen strahlender, herzlicher Offenheit sich eine geheimnisvolle Undurchdringlichkeit verbarg. Hellerau war seinen Vorbildern ähnlich, aber es wurde etwas ganz anderes. Denn zu Theil gesellte sich bald ein zweiter, bemerkenswerter und ungleich bedeutenderer Mann, der damals wie später heftig umstrittene britische Pädagoge Alexander Sutherland Neill.

Dieser hagere, leicht ergraute Schotte – er war damals erst Ende dreißig! – mit der großen Nase, dem schmallippigen Mund, den stahlblauen Augen und der ewigen Pfeife, suchte im Nachkriegseuropa nach einem Ort, wo er seine Vorstellungen von einer internationalen Schule verwirklichen konnte. Er verfiel auf Hellerau, brachte seine Schüler und Helfer mit und gliederte seine Schule in die unsere ein; mit Neill kamen zwei ungewöhnliche Menschen: Willa und Edwin Muir, Dichter, Kritiker und Übersetzer. Neill und Willa Muir wurden meine ersten Englisch-Lehrer. Wenn ich heute überhaupt etwas von der Sprache verstehe, die inzwischen die Muttersprache meiner Kinder geworden ist, so danke ich es diesen beiden Menschen.

Neill war ein Mann, wie ihn ein zwölfjähriger Knabe, sogar in Hellerau, noch nie gesehen hatte. Seine pädagogischen Prinzipien waren noch ungleich moderner, jegliche Konvention bedenkenlos beiseite schiebend, als die der deutschen Landschulheime. Verstand ich, was sich rund um mich begab, begriff ich die Kräfte, die mich formten? Es war faszinierend zu sehen – oder zu spüren, wenn der Knabe es noch nicht klaren Auges zu sehen vermochte – wie die mystische Autorität, die auf uns Kinder von Carl Theil ausstrahlte, mit dem kühnen Pragmatismus des aller Metaphysik abholden schottischen Erziehers zusammenfloß. Natürlich wußten wir Kinder – deutsche, englische, französische, skandinavische, österreichische, ungarische Kinder (ein blühendes, duftendes, halbwüchsiges Mädchen, das Mary Maurissen hieß, war eine Griechin aus Amerika!) – natürlich wußten wir nicht, was diesen erregenden Spannungen zwischen der deutschen und englischen Welt und ihren vielen Einsprengseln zugrunde lag. Aber wir spürten sie in jedem Augenblick, waren unserer glückhaften Bevorzugung in dieser Welt durchaus inne, begriffen sehr wohl, daß wir ›neue Kinder‹ waren und ganz

Neues von uns erwartet wurde. Das fruchtbare Geheimnis dieser europäischen pädagogischen Provinz, heute weiß ich, worin es lag: es war, als wandelten Wilhelm Meister und Bertrand Russell, Hölderlin und Shaw in innigem Zwiegespräch über Glück und Freiheit des Menschengeschlechts durch unsere seligen Gefilde.

Das begriff ich erst nach vielen Feuerproben. Heute weiß ich: daß ich der geworden bin, der ich bin; daß ich ungekränkten Herzens und unangefochtenen Geistes bis hierher gekommen bin; daß ich in dieser zerrenden, stoßenden, ruhelosen Welt, unter Bomben und Granaten, in Trümmerwüsten und Feuerstürmen nicht mit mir selbst zerfallen bin, sondern auf halbwegs einträchtigem Fuß stehe – das danke ich jenen kurzen Jahren und meinen Lehrern und Kameraden der europäischen Schule. Sie öffneten die Welt meinem Herzen und mein Herz der Welt. Ich bekam alles, was mir nottat, und gab alles, was ich zu geben hatte. Ich lernte zu lieben, vorbehaltlos und rückhaltlos, Frauen und Mädchen, Freunde, Kameraden und Meister, Gedanken und Landschaften, Bilder, Melodien und Worte aller Menschensprachen. Ich lernte, daß Europa nichts ist, wenn es nicht Liebe ist, Kinderliebe. Ich lernte ganz nebenhin, was Freiheit ist und vermöchte es nicht mehr zu verlernen. Ich glaube, Europa wird sein, wenn es freie europäische Kinder gibt. Ich weiß, daß das kein Traum ist; ich habe wachen Auges einen Blick davon erhascht, ehe es vor einem Menschenalter wieder versank. Seither blicke ich in die Augen meiner eigenen Kinder und ihrer Freunde und Kameraden und weiß, daß ich mich nicht getäuscht habe. Sie sind unterwegs, wie ich es war, und wispernde Reiseschatten, wispernd in allen Sprachen, begleiten sie, so wie sie mich begleitet haben.

Die deutsche Inflation richtete das Experiment von Hellerau zugrunde; wieder zerstob alles in alle Winde. Neill ging mit seinen Kindern nach Österreich, dann zurück nach England; auch die Muirs brachen ihre deutschen Zelte ab; später in England veröffentlichten sie ihre mustergültigen Kafka-Übersetzungen, die den Dichter im Triumph um die ganze Welt und endlich nach Deutschland zurücksandten. Noch ehe alles zu Ende war, im Frühjahr 1924 muß es gewesen sein, fand in Hellerau – wer weiß, von wem veranstaltet – eine internationale Zusammenkunft der Jugendbewegungen der ganzen Welt statt. Jedermann hatte an den Rock, ans offene Hemd ein Kärtchen mit Namen und Land geheftet. Ich sah zum ersten Mal einen amerikanischen Schwarzen. Er war ein baumlanger, schlaksiger junger Mensch mit baumelnden Gliedmaßen, und auf seinem Etikett stand »James Corbie, USA«. Ich sehe es noch genau vor mir: er stand auf der Freitreppe vor Tessenows Festspielhaus mit einem jungen, strubbelhaarigen deutschen Wandervogel, auf dessen Schildchen stand »Hans Barth, Europa«. Corbie zeigte lachend mit dunklem Zeigefinger auf das Wort »Europa« und fragte: Where is that? Barth wies mit hellem Zeigefinger auf die Stelle, wo sie standen, und sagte: Hier. Das ist an die fünfzig Jahre her; wäre es dummes Zeug gewesen, so hätte ich Zeit gehabt, es zu vergessen.

Ich kam auf eine andere, ein altmodische Staatsschule mit Internat in Preußen, und dort erhielt ich im Jahr darauf eine Einladung von einigen jungen Engländern, die ich auf dem Jugendtreffen kennengelernt hatte, zu einem sommerlichen Zeltlager in Norfolk am Meer. Ich fuhr hin. Ich war siebzehn Jahre alt. Ich reiste zum ersten Mal über die deutsche Grenze. Ich sah zum ersten Mal Deutschland von außen. Ich sah zum ersten Mal Europa, das ich in meinem Herzen längst kannte. Und ich sah es von England aus.

Diese Blickrichtung ist mir wohl, begreiflicherweise, nie

ganz verlorengegangen. Ich habe sie in den folgenden Jahren zwar berichtigt: mit einundzwanzig sah ich zum ersten Mal das Mittelmeer, sah die Provence und Italien, lebte dann fast drei Jahre lang in Frankreich (das alles vor Anbruch der Finsternis), sah Prag und Wien, Nordafrika, Madrid und Kopenhagen, Zürich und Amsterdam in jenen Jahren meiner ziellosen Reisen um Deutschland herum. Aber irgend etwas ist mir von jener frühesten, allerersten Europa-Sicht, von England aus, geblieben. 1934 saß ich mit Eric Dancy, einem englischen Freund, auf einer sommerlichen Café-Terrasse in Paris, und der Freund sagte: Hier kann man nicht bleiben. Man meint, jeden Augenblick könne das Straßenpflaster aufbrechen und in einer Feuerlohe der Teufel herausspringen. Auf nach England! It's the only sane place in Europe.

Deutschland, versteht sich, war damals bereits »insane«. Ich mußte indessen viel weiter zurückdenken. Damals, 1925, als der Siebzehnjährige aus seinem England-Sommer ins preußische Internat zurückkehrte, wurde ihm klar: er paßte nicht mehr hinein. Meine Umwelt und ich ließen es einander zuerst zögernd, dann unverhüllt spüren. Ich hatte etwas gesehen und erlebt, was keiner meiner Kameraden oder Lehrer gesehen und erlebt hatte oder auch nur für sehens- und erlebenswert gehalten hätte. Ich hatte nun gut Englisch gelernt und kränkte in meinem Eifer meinen Lehrer damit, daß ich seine grotesk verkehrte Aussprache verbesserte. Der arme Mann war, was ich weder wußte noch ahnen konnte, nie eines lebendigen Engländers ansichtig geworden.

Ich bemerkte, daß mir ein Odium anhaftete, angeheftet worden war. War nicht an einem Siebzehnjährigen, der – anstatt wie alle seine Kameraden dem ›Jungdeutschen Orden‹ beizutreten und sich an den sonntäglichen Schießübungen im Wald zu beteiligen – freiwillig ins noch vor kurzem feindliche Ausland reiste und dem es dort sogar gefiel, entschieden etwas Anrüchiges? War Deutschland, das herrlichste und beste Land der Welt, das von ganz Europa mit Reparationsforderungen für einen Krieg, an dem es keine Schuld trug, aufs erbärmlichste geschunden wurde, etwa für mich nicht gut genug? Man schalt mich »Internationalist« – was ein Schimpfwort war – weil ich die Weltausstellung in Wembley gesehen hatte und arglos von ihr erzählte. Ich war ja wohl durch und durch ein »vaterlandsloser Geselle«. Einer meiner Lehrer sagte es mir höhnisch ins Gesicht: Sie kommen sich wohl wie so 'ne Art Europäer vor?

So kam ich mir in der Tat vor, seit meiner Kindheit; ich hatte doch immer gewußt, daß Deutschland in Europa und Europa in Deutschland war. Aber damals, in jenem Augenblick, hatte ich ein unheimliches Gefühl, daß Deutschland Europa verraten werde, mein Europa jedenfalls. Ich sah das Straßenpflaster der kleinen brandenburgischen Provinzstadt explodieren und in einer Feuerlohe den Teufel herausspringen. Seit damals wußte ich, daß Europa mehr und noch etwas anderes war als ein alter, durch tausendjährige Geschichte in sich verbundener Erdteil, eine einzigartige, unlöslich verzahnte Gliederung von Ländern, Völkern und Sprachen, deren Wurzeln unentwirrbar in einem gemeinsamen Grund ruhten, sodaß man keine ausreißen konnte, ohne alle anderen tödlich zu verletzen. Ich verstand, daß Europa überdies eine Geisteshaltung, eine Seelenstruktur war, die ihre Begriffe von Land und Meer, Kontinent, Insel und Grenzverlauf nicht aus Erdkunde- und Geschichtsbüchern bezog, aus denen man unsereinen fütterte. Ich meinte, man könne als Deutscher sogar ein Europäer sein, ohne das außerdeutsche Europa je mit eigenen Augen gesehen zu haben, so wie man ein Christenmensch war, auch wenn man den Papst nicht persönlich kannte und nie eine Kathedrale von innen gesehen hatte.

Viele meinten später und meinen auch heute mit vielfältigen Beweisargumenten, England habe 1938 in München Europa verraten und es dem Zerstörer ans Messer geliefert, und solcher Ruchlosigkeit sei es nur fähig gewesen, weil es von Europa nichts gewußt, sich ihm nicht zugehörig gefühlt, sich um sein Schicksal nicht geschert habe. Das ist ein Vorwurf, der einem, der die Jahre der Finsternis und Verdammnis Europas in England erlebt und überlebt hat, natürlich nahegeht. Insgeheim glaube ich, daß diese Meinung Englands Verbundenheit mit Europa zu niedrig, seinen Einfluß auf den Gang der europäischen Geschichte zu hoch anschlägt; diese Geschichte wäre auch ohne die Weiche von München auf das Gleis des Verderbens gelangt. Immerhin kann man zweifeln. Ganz unbezweifelbar aber ist mir, daß die Engländer Europa gerettet und sich selbst zurückgegeben haben, und unverlierbar das Glücksgefühl: ich war dabei, das habe ich erlebt!

Natürlich dachten die Engländer damals, Sommer 1940, nach dem Zusammenbruch Frankreichs, vor allem daran, sich selbst zu retten. Aber sie wußten, sie konnten sich selbst nur retten, indem sie Europa retteten; es blieb ihnen gar nichts anderes übrig, und so setzten sie alles dran. Das bringt kein einzelner tollkühner Wagehals zuwege, da muß sein ganzes Volk seines Sinnes sein. Wir erlebten, wie dieses ganze Volk sich in jenen Jahren ingrimmig in Europa verbiß und es nicht fahren ließ; darüber konnte man München vergessen und vergaß es.

Arnold Toynbee hat ausgemalt, wie es anders hätte kommen können. Er, gleich Churchill in großen Zusammenhängen und Zeiträumen zu denken gewohnt, ist überzeugt, daß England im Angesicht des französischen Zusammenbruchs im Mai 1940 ohne Churchill den Weg Frankreichs gegangen wäre, den Kampf verloren gegeben und die Waffen gestreckt hätte. Danach wäre das restliche Europa rasch überwältigt worden. Rußland und Amerika hätten sich ohne England schwer zu gemeinsamer Verteidigung zusammengefunden, und die isolierte Sowjetunion wäre von Deutschland geschlagen worden. Dieses deutsche Europa hätte im Verein mit Japan die Welt zu unterwerfen vermocht; es hätte zwar nicht tausend Jahre, wohl aber sehr lange gedauert, denn die Atomwaffen wären nicht in Amerika, sondern in Deutschland entwickelt worden, und keine Widerstandsbewegung, kein Versuch der Selbstbefreiung des versklavten Europa hätte die geringste Aussicht gehabt. Das britische Nein, im Mai 1940 von Churchill gesprochen, versperrte diese schon unausweichlich scheinende Schicksalsstraße, brachte die tobende europäische Geschichte zum Stehen.

Das habe ich erlebt; das ist mein lebendiger Begriff von Europa. Die Insel gab dem Kontinent kein Zukunftsbild, das ist wahr. Aber sie rettete Europas Gegenwart und bewirkte, daß es imstand blieb, diese seine Zukunft überhaupt denkend und trachtend zu gestalten. Das große Nein, das die Engländer sprachen, war die Voraussetzung dafür, daß die Europäer überhaupt jemals noch zu sich selbst Ja sagen konnten. Das meint uns alle, wie wir da sind. Jeden einzelnen von uns. Man sage, was man wolle. Aber man sage auf jeden Fall Danke.

ERINNERUNG AN JAKOB HEGNER

Das Buch ist ein Kind des Menschen, es ist ein Menschenkind. Wer imstand ist, Bücher zu verbieten, der verbietet über kurz oder lang auch Menschen; und wer heute Bücher verbrennt, der verbrennt morgen auch Menschen. Das haben wir erfahren, das wissen wir. Wir wissen aber auch: wer Bücher liebt, der liebt Menschen; wer Bücher sammelt, der sammelt Menschen; wer Bücher macht, der erschafft Menschen; und wer von Büchern erzählt, der erzählt, wenn er ehrlich und aufrichtig ist, von sich selbst: was er von ihnen und damit von sich selbst weiß, was er mit ihnen und damit an sich selber erlebt hat. Und darauf will ich hinaus. Ich will von einem Mann erzählen, der wie kaum ein anderer in unserer Epoche eine Glanzzeit des Buches heraufgeführt und wie kaum ein anderer mit eigenen Augen die äußerste Elendszeit seines ruhmreichen Werkes mit angesehen, am eigenen Leib erlebt hat. Ich möchte von dem Mann Jakob Hegner erzählen und damit auch zugleich ein wenig von mir selbst, denn ich habe ihn vielleicht besser und vermutlich länger gekannt als nahezu alle, die heute, fünfzehn Jahre nach seinem Tod, noch unter uns sind.

Als ich ein kleiner Junge war, sagte der Onkel Hegner einmal scherzend zu mir: Ich kenne dich länger als du mich. Das könne doch wohl nicht sein, meinte ich. Doch, erwiderte er, ich wußte von dir, längst ehe es dich gab. Denn im Jahr 1906, zwei Jahre vor deiner Geburt, saß ich mit deinem Vater in Forte dei Marmi beim Chianti-Wein. Das stimmte, ich wußte es von meinem Vater. Das müssen Sie mir erzählen, sagte ich. Er erzählte es mir. Das war im Garten meines Vaterhauses, eines Sommertags auf der Steinbank unter dem wilden Wein, neben der alten Regentonne, in Hellerau. Doch gemach, noch sind wir nicht dort.

Jakob Hegner war vier Jahre älter als mein Vater. Er wurde 1882 als ältestes von neun Kindern eines wohlhabenden Kaufmanns und Fabrikanten in Wien geboren, hatte eine behütete und fürsorglich betreute Kindheit, besuchte das Gymnasium, wo der gleichaltrige Stefan Zweig sein Klassenkamerad war, mit dem er seine ersten literarischen Diskussionen hatte, und ging 1899, knapp achtzehnjährig, nach Leipzig, um bei Wundt und Lamprecht Philosophie und Geschichte zu studieren. Aber sehr viel studiert wurde in der Stadt der Bücher wohl nicht. Hegner, schon als Knabe und Jüngling von einer frischen, flinken, hellen Beweglichkeit, die ihn alles Neue sogleich aufnehmen und in eigene Ideen umsetzen ließ, sprühend und sprudelnd von noch richtungsloser Begabung, fand in Leipzig rasch den Weg in diese Welt und einen großen Freundeskreis. Selber schreiben und selber Bücher machen, war, so scheint es, von Anfang an sein Vorsatz. Der Vorname Jakob wurde flugs in den literarischeren Jacques geändert, und diesen neunzehnjährigen Jacques Hegner nahm ein großer Verlag in die Dienste seiner Buch- und Zeitschriften-Abteilung.

Dies war der in Leipzig und Berlin ansässige Verlag von Hermann Seemann, bei dem auch eine Zeitschrift namens ›Frauen-Rundschau‹ erschien, und diese Frauenrechtlerinnen-Revue leitete Hegner ein Jahr lang! Zu den Freunden des Jünglings gehörten damals Strindberg und Hanns Heinz Ewers, Walter Tiemann, Max Klinger und Arthur Nikisch, aber sie oder auch Julius Zeitler, mit dem zusammen der Student das Register zu Seemanns Band über Renaissance-Münzen anfertigte, wußten wohl kaum, daß Jacques Hegner gleichzeitig unter dem Pseudonym »Meta Seemann« dieses sonderbare Blatt redigierte, mit viel Schwung, aber nicht immer mit dem nötigen Einfühlungsvermögen, sodaß eine damals bekannte Frauenrechtlerin – sie hieß wahrhaftig Ella Mensch – an den Verlag schrieb: »Meta Seemann schreibt zwar ausgezeichnet, aber Kinder hat sie bestimmt nicht.« Das hinderte nicht, daß der Verleger, der auf Meta Seemann große Stücke hielt, seinen Redakteur einmal in seinem Zimmer einsperrte, damit er unter allen Umständen in einer Nacht eine Broschüre über die Emanzipation der Frau verfasse. Jacques Hegner brachte in jugendlichem Leichtsinn auch dies zuwege. Aber bald darauf fand sich eine kongenialere Aufgabe.

Jacques Hegner, just zwanzig Jahre alt, ging nach Berlin. Dort erschien im selben Verlag Seemann die belletristisch-literaturkritische Wochenschrift ›Das Neue Magazin‹, die, wenn mir recht ist, aus dem altberühmten, noch auf Goethes Anregung gegründeten ›Magazin für die Literatur des In- und Auslandes‹ hervorgegangen war. Hegner übernahm ihre Leitung und führte eine mutige, unternehmungslustige und einfallsreiche Redaktion. Zugleich schrieb und veröffentlichte er, wo er konnte, Novellen und Gedichte, auch anderwärts. Alexander von Bernus, keiner der geringsten unter den großen Bibliophilen und Schöpfern schöner Bücher der Jahrhundertwende, gab damals, zweiundzwanzigjährig, in München die schöne Zeitschrift ›Die Freistatt‹ heraus, und in ihrer Nummer 39 vom 26. September 1903 erschien dieses Gedicht, das einzige, das uns von Jacques Hegners frühen poetischen Versuchen überliefert ist:

Und im Silbersonnenschimmer,
da die Glocken Klänge streuten,
Klänge in den Wind,

ging ein Hauch von liebsten Leuten,
die schon längst gestorben sind,
schmeichelnd durch ein armes Zimmer...

Jacques Hegner dichtete so noch einige Jahre weiter, als sein Hauptaugenmerk längst auf andere Dinge gerichtet war: auf das Machen von Büchern, und das hieß für ihn schon damals, als er noch sehr wenig Französisch konnte, das Machen französischer Bücher, die Vermittlung noch unbekannter französischer Dichtung. Er holte den um ein Jahr jüngeren Freund René Schickele aus Leipzig, übertrug ihm die Redaktion der Zeitschrift und widmete sich selbst dem Buchverlag, den er der Zeitschrift angliederte.

Dieser ›Magazin-Verlag Jacques Hegner Berlin und Leipzig‹ war Hegners erste Gründung, und er ist heute so verschollen und vergessen, daß man seiner Erzeugnisse kaum noch habhaft werden kann. Ich selbst, der ich mich seit Jahren bemühe, Hegners Bücher einigermaßen vollständig zusammenzutragen, habe bisher nur einen einzigen Band dieser Produktion antiquarisch auftreiben können: ›Das Hündchen der Marquise‹ von Théophile Gautier, den sechsten und letzten Band einer Gautier-Auswahlausgabe, die Hegner von seinen Leipziger Freunden Hanns Heinz Ewers und Ilna Ewers-Wunderwald zum ersten Mal ins Deutsche übersetzen und herausgeben ließ. Gleichzeitig, 1903, brachte er auch die ersten deutschen Huysmans-Ausgaben heraus, ›Da unten‹ und ›Gegen den Strich‹, deren wohl unzureichende Übersetzungen er mit feinem deutschen Sprachgefühl besserte und polierte. Und er entdeckte zumindest einen neuen deutschen Dichter mit seinem Erstling: den kleinen neuromantischen Münchner Künstler- und Liebesroman ›Yester und Li‹ des dreiundzwanzigjährigen Bernhard Kellermann.

»Ach, es ist ein Buch von übermorgen«, heißt es da in des

jungen Hegner liebevollem Waschzettel, »ein Buch für Feiertagsmenschen, die mit erhobenem Herzen wandeln, schwermütig machtvoll, ein Buch, das jeden, in dem auch nur das kleinste Königreich schläft, zu einem König macht, zu einem Herrscher in weisem Schmerz und kluger Lust. Und es kann nicht unbeachtet bleiben, es darf und wird nicht unbeachtet bleiben, ebensowenig wie ein schlankes, weißgekleidetes Kind unbemerkt bleibt, das über einen Platz voll Bauern und Marktschreiern schreitet.«

In diesen schwärmerisch-zukunftsgläubigen Waschzettel-Sätzen des zweiundzwanzigjährigen Verlegers lebt der ganze junge Hegner, seine Liebe zum Reinen, Guten, Edlen und Schönen und seine unbedingte Zuversicht, daß es unmöglich unbeachtet bleiben könne, daß es sich durchsetzen werde und müsse. Und wie richtig sein Instinkt schon hier war! Sein kleiner Verlag bestand nicht lange genug, um den Triumph dieser ›Geschichte einer Sehnsucht‹ zu erleben. Als das Büchlein zwei oder drei Jahre später in die Hände S. Fischers überging, erlebte es, durch die Jahrzehnte hindurch, einen Erfolg ohnegleichen. Es schlief in ihm ein kleines Königreich, so wie es auch im Herzen seines enthusiastischen jungen Verlegers schlief.

Das Bändchen der Gautier-Ausgabe, das ich besitze, gänzlich konventionell gedruckt und mit konventionellem Jugendstil-Buchschmuck in violettes Leder gebunden und noch dazu am Schluß mit Verlagsanzeigen versehen – ein Brauch, den Hegner in späteren Jahren mit Abscheu von sich wies –, läßt noch nicht viel von Hegners späterem überragenden Sinn für Buchgestaltung erkennen. Vielleicht waren ihm da vom Geldgeber, dem konventionellen Herrn Seemann, Grenzen gesetzt. Doch läßt sich bereits in einigen Ansätzen seine nachmals so ausgeprägte Sinnesrichtung erkennen. Er brachte nämlich auch in mehreren Bänden die Novellen und

Essays von Elsa Asenijeff heraus, der »Seelenfreundin« seines Leipziger Freundes Max Klinger, und von ihnen veranstaltete er auch kostbare Luxusausgaben, auf Bütten gedruckt, signiert und in rotes Leder oder Pergament gebunden. Und er veranstaltete eine von Carl Schüddekopf herausgegebene und eingeleitete Neuausgabe von Wielands ›Geschichte des Prinzen Biribinker‹, von der die Anzeige sagt:

»Gedruckt ist das Buch in prachtvollen Typen des Originals, in der alten Orthographie und Satzanordnung, die dem Ganzen so eine Art herrlicher Patina geben, auf daß der Bücherfreund auch schon am Äußern seine Freude haben mag, haben kann und hat.«

Hier schlug Jacques Hegners schlafendes kleines Königreich zum ersten Mal die Augen auf. Aber es war noch nicht der rechte, der eigentliche Beginn; der Verlegerberuf saß ihm noch nicht unter der Haut. »Einen Verlag macht man nicht«, sagte er später einmal, »man lebt ihn«; und er spürte wohl, er habe noch nicht genug gelebt und erlebt, wisse noch nicht genug von dem, was da zu machen war. Der »Magazin-Verlag Jacques Hegner« war nur von kurzer Dauer. Als der Hauptgeldgeber sich 1904 das Leben nahm, die Zeitschrift ihr Erscheinen einstellte und der Verlag kurzerhand bankrott ging, gerieten Hegner und Schickele dadurch nicht aus der Fassung. Sie hatten schon kurz vorher in einer Wirtshausnacht beim Wein beschlossen, etwas ganz Neues zu unternehmen: Auf nach Italien, auf nach Florenz!

Hegner verbrachte die nächsten sechs oder acht Jahre in Italien, verdiente nichts, »leistete« nichts – der bescheidene, aber sichere Monatswechsel aus dem Elternhaus genügte ihm, mehr wollte und brauchte er nicht – und nahm die lateinische Welt in vollen Zügen in sich auf. Er studierte auf seine eigene, autodidaktische Methode Kunstgeschichte und die romanischen Sprachen und versuchte sich wieder an Dichtungen im George'schen Stil, während Freund Schickele seinen ersten Roman schrieb und bald darauf wieder ins heimatliche Elsaß entschwand. Hegner blieb zurück in einem neuen Freundeskreis von Kunsthistorikern, Malern, Bildhauern und Literaten, winters in Florenz, sommers im nahen Forte dei Marmi, und durchstreifte dazwischen auf langen Fußwanderungen das ganze Land. Es gab keine Stadt Italiens, welche die Freunde nicht aufsuchten, keine etruskische Ausgrabung, die sie nicht aufmerksam verfolgten, und auch weiter hinaus, nach Frankreich und Spanien wurden Reisen unternommen. Es müssen sehr glückliche Jahre gewesen sein.

Der Freundeskreis wechselte beständig, aber er hatte einen festen Kern, und ihm blieb Hegner sein ganzes Leben lang treu. Zu ihm gehörten die Bildhauer Ernst Barlach und Paul Peterich, die Dichter Theodor Däubler und Paul Adler, der Schriftsteller Franz Blei, der zwanzigjährige Kunststudent und angehende Kunsthandwerker Georg von Mendelssohn, mein Vater. Mit Däubler und meinem Vater hauste Hegner einen ganzen langen Sommer lang in einem primitiven Häuschen in Forte dei Marmi am Meer, wo er seine Novellen und Gedichte schrieb, indes Däubler seine gewaltigen Oden in die Morgenstille posaunte und mein Vater seine ersten Versuche mit Schmuckketten aus Eisendraht und Messingtreibarbeiten unternahm und nebenher einen Traktat betitelt ›Systematik der Ornamentik‹ verfaßte, ein Manuskript, an das ich mich aus unserem Kinderhaus noch erinnere, das aber nie veröffentlicht wurde und verloren gegangen ist. Mein Vater blieb, glaube ich, nur einen Sommer. Als aller Chianti von Forte dei Marmi ausgetrunken war, fuhr er heim nach München, arbeitete bei Richard Riemerschmid, lernte in der Malklasse der Kunstgewerbeschule des Herrn von Debschitz meine Mutter, ein wohlhabendes Mädchen, kennen, heiratete sie 1907 und saß im Münchner Ungererbad mit seinem Freund, dem Maler und Buchillustrator Rolf von Hoerschelmann, in der Sonne, als meine Ankunft auf dieser Erde gemeldet wurde. Darauf, erklärte Hoerschelmann, müßten sie eine Flasche Söhnlein-Sekt trinken. Er hat es mir selbst erzählt. Drei Jahre später sahen sie einander alle wieder, in Hellerau. Das war das Werk Wolf Dohrns.

Wolf Dohrn war der älteste der vier Söhne – Harald, Reinhard und Boguslav waren die anderen, und in meiner Kindheit kannte ich sie alle – des großen Zoologen Anton Dohrn, der in Neapel die noch heute berühmte Zoologische Tiefseestation, das Dohrn-Aquarium schuf und in Forte dei Marmi, wo noch heute eine Straße am Meer nach ihm heißt, eine Villa besaß. Dort hauptsächlich versammelte sich sommers der Florentiner deutsche Freundeskreis. Wolf Dohrn, ein großer, schwer gebauter, massiver Mann mit schwarzem Haar, einem leicht slawischen Gesichtsschnitt – seine Mutter war, glaube ich, eine Russin oder Polin – und den schönsten, tiefsten schwarzen Augen, die ich je gesehen habe, ging um die selbe Zeit wie mein Vater nach München zurück. Denn dort war 1907 von Muthesius, Van de Velde, Riemerschmid, Osthaus und anderen der ›Deutsche Werkbund‹ gegründet worden, eine Vereinigung, wie man weiß, von Künstlern, Handwerkern und Industriellen, die sich die Verbesserung der Qualität der gewerblichen Arbeit zur Aufgabe gemacht hatte. Wolf Dohrn, blutjung damals noch, wurde des Werkbundes erster Sekretär und Geschäftsführer – ein späterer war Theodor Heuss –, und er zog uns schließlich alle nach Hellerau.

Als dies geschah, war in Hegners Leben inzwischen die entscheidende Wende eingetreten. Unser aller Freund Eckart Peterich, des Bildhauers ältester Sohn, hat ihn in seiner Florentiner Zeit geschildert:

»Auf dem Marionettentheater unserer Kinderstube war

Hegner eine komische Figur: ›der Literat‹. Bei einer Vorstellung, der Däubler und Hegner selbst beiwohnten, trat er mit einem Buch in der Hand auf, in dessen Lesung er so vertieft war, daß er in einen Bach fiel. Däubler erzählte uns Kindern nachher, daß eine ähnliche Geschichte von keinem Geringeren als Heraklit berichtet werde. Von da an nahmen wir Hegner ernster, ohne aufzuhören, uns über seine Vernarrtheit in alles Gedruckte lustig zu machen. Ich sehe ihn noch auf dem Mäuerchen sitzen, das die Terrasse unseres Florentiner Landhauses einfriedete, die mit franziskanischen Sandalen bekleideten Füße in Osterglocken und Narzissen verborgen, neben sich den nach Filippino Lippis Vorbildern beschnittenen Lorbeerbusch, hinter sich die Silberwellen der vom warmen Wind bewegten Ölbaumhaine: einen schönen Jüngling mit leuchtenden Augen. Die aber sahen von all der Lieblichkeit nichts, denn sie waren völlig in Toussaint-Langenscheidts Unterrichtsbriefe verbohrt. Aus diesen Heften lernte er damals das Französisch, mit dessen Hilfe er später für die Deutschen Claudel, Jammes, Schwob und vor allem den großen Bernanos entdeckt hat. Hegner ist der Vernarrtheit in Bücher, die ihn als Jüngling kennzeichnete, so treu geblieben, wie ich noch nie einen Menschen seiner Jugend treu bleiben sah.«

Die Namen Claudel und Jammes bezeichnen das große, entscheidende Ereignis in Hegners Leben. Es muß um das Jahr 1908 oder 1909, vielleicht noch ein Jahr später gewesen sein. Claudel und Jammes, beide 1868 geboren, waren um die vierzig und hatten noch nicht sehr viel veröffentlicht; Hegner war sechs- oder siebenundzwanzig. Ein Freund aus Florenz brach mit den ersten Büchern der beiden in die Hegner-Däubler-Idylle von Forte dei Marmi ein. Beide lasen. Däubler, sagte Hegner später, konnte den Vergleich aushalten, er nicht. Er berief sich auf Maeterlinck, der an Claudel schrieb: »Sie sind in mein Haus gefahren wie ein schreckliches Unwetter, ich fange an zu glauben, daß hier das Genie in der unwiderruflichsten Form da ist, in der es je auftrat.« Der junge Literat war überwältigt. Er gab von diesem Augenblick entschlosssen alle eigenen Dichtversuche auf, schrieb späterhin nur gelegentlich einmal eine Einführung oder ein kurzes Nachwort zu seinen geliebten Dichtern, machte sich sogleich daran, Proben aus ihnen zu übersetzen, erwarb von beiden die Übersetzungsrechte und bemühte sich, ihnen einen deutschen Verleger zu finden.

Ich bin mir nicht ganz sicher, um welche Frühwerke der beiden mit einander befreundeten französischen Dichter es sich handelte. Von Jammes lagen damals erst die beiden kleinen Romane ›Clara‹ und ›Der Hasenroman‹ vor, und diesen ›Hasenroman‹ übersetzte Hegner als erstes. Von Claudel scheint Hegner als erstes die ›Connaissance de l'Est‹ von 1900 und das frühe Drama ›Tête d'Or‹ übersetzt zu haben, aber sie erschienen deutsch erst später. ›L'annonce faite à Marie‹, mit der unter dem Titel ›Verkündigung‹ Hegner Claudel in Deutschland bekannt machte, entstand erst 1912. Wie auch immer, im Deutschland der Jahreswende 1909 auf 1910 wollte niemand von diesen unbekannten Franzosen etwas wissen. Hegner bot seine Übersetzungen den angesehensten Verlagen an, der Insel, Georg Müller, S. Fischer; alle lehnten ab.

Da begab es sich, daß der Prager Lyriker und Erzähler Paul Adler, damals just dreißigjährig und mit Hegner aus Florenz-Zeiten befreundet, mit anderen Freunden in Berlin eine neue Zeitschrift vorbereitete, ›Die Neuen Blätter‹, und den Dichter Jacques Hegner um Beiträge bat. Hegner schickte getreu seinem Vorsatz nichts Eigenes, sondern seine Übersetzungen, und Proben von Claudel und Jammes erschienen in den ersten drei Heften der ›Neuen Blätter‹. Mehr noch: die

Freunde trugen Hegner die Leitung der Zeitschrift an. Er war sich mittlerweile seiner Aufgabe als Übersetzer, seiner Bestimmung als Mittler wohl recht sicher, und hier schien endlich, nach aller Enttäuschung mit den namhaften Verlagen, ein Vehikel, das ihn und seine Dichter weiterbringen konnte. Er nahm an. Aus einer eigenen Zeitschrift ließ sich allemal ein eigener Verlag machen.

Er fuhr heim ins Wiener Vaterhaus. Dort wollte man ihm den Sombrero, die fliegende Krawatte und die offenen Sandalen wegnehmen – ich habe ihn in den Hellerauer Sommern nur bloßfüßig in diesen italienischen Sandalen gesehen – und ihn in einen ordentlichen Anzug stecken. Hegner weigerte sich und bequemte sich erst als alter Herr zu solch würdevoller Ausstaffierung. Man fragte ihn, was er denn nun eigentlich werden wolle, und er gab ohne Überlegen die klassische Antwort: »Ein Mensch, sonst nichts!« Sie schalten ihn einen Narren, zahlten ihm sein Erbteil aus und entließen ihn nach Berlin. Dort erreichte ihn Anfang 1912 der Ruf nach Hellerau. Hier sah ich ihn zum ersten Mal, hier wurde er zu einer unverlierbaren Gestalt meiner Kindheit und Jugend.

Er war eben dreißigjährig und brachte seinen kleinen Verlag der ›Neuen Blätter‹ mit. Und von nun an läßt sich die Geschichte seiner Arbeit chronologisch recht genau verfolgen. Noch trug der Verlag nicht seinen Namen. Er hieß ›Verlag der Neuen Blätter Hellerau und Berlin‹, und unter diesem Impressum erschienen noch 1912 die ersten Publikationen: Francis Jammes ›Hasenroman‹ und Paul Claudels ›Verkündigung‹, diese noch als ein kleines, in schwarzen Karton broschiertes, bei Rossberg in Leipzig gedrucktes und typographisch noch einigermaßen konventionell gestaltetes Büchlein, das sich als der ›Neuen Blätter Zweiten Folge Zweites, Drittes und Viertes Heft‹ bezeichnete. Im folgenden Jahr druckte Hegner ebenfalls bei Rossberg Neuauflagen, in denen von Heften einer Zeitschriften-Folge nicht mehr die Rede war, sondern nur noch vom ›Verlag der Neuen Blätter‹. Die Zeitschrift verschwand unversehens im Buchverlag, und noch im selben Jahr 1913 erhielt der Verlag, wie es nur recht und billig war, einen neuen Namen und hieß hinfort ›Hellerauer Verlag Hellerau bei Dresden‹. Unter diesem Impressum brachte Hegner in unserer Mitte die ersten Bände Lyrik und Prosa seiner Freunde Paul Adler und Theodor Däubler heraus. Ich sah als Kind diese merkwürdig feierlich anmutenden schmalen schwarzen Bände mit dem goldenen Titelaufdruck, alle im selben Format, auf meines Vaters Bücherbord stehen.

Noch trat Jakob Hegner, nun einunddreißigjährig, ganz hinter dem Werk zurück, für das er sich einsetzte, auch äußerlich. In der Buch-Zeitschrift hatte er lediglich firmiert als »Herausgeber: Hegner«, als habe er keinen Vornamen. Jacques war nun endgültig verschwunden, aber Jakob war noch nicht auferstanden. Im Verlagsnamen kam sein Name überhaupt nicht vor, und die Übersetzungen waren ganz einfach gezeichnet »Deutsch von Hegner«. Das genügte. Binnen Jahresfrist wußte der deutsche Buchhandel, wußten die deutschen Bücherliebhaber ganz genau, wer und was »Hegner« war und bedeutete. Erst von der vierten Auflage von Claudels ›Verkündigung‹ an heißt es »Deutsch von Jakob Hegner«, und dabei blieb es dann ein Leben lang.

Die ›Verkündigung‹ machte 1913 Hellerau und Hegner weltberühmt. Hegner bedrängte seine Freunde Wolf Dohrn und Alexander von Salzmann, sie sollten den Versuch wagen, Claudels strenges, glaubensstarkes, in klassischer Einfachheit und Schmucklosigkeit gebautes Werk in Tessenows Festspielhaus in seiner Verdeutschung uraufzuführen, denn das ergreifende Stück war bisher noch nirgends gespielt worden. Kein anderer Rahmen schien ihm angemessen. Claudel kam nach Hellerau, sah Salzmanns Bühnensaal mit seinen hohen, leinenbespannten veränderbaren Lichtwänden und der offenen, vorhanglosen Bühne und war einverstanden. Salzmann besorgte, von Claudel beraten, die Einstudierung, und nach endlosen Versuchen und Proben, die wohl ein halbes Jahr dauerten, fand am 5. Oktober 1913 die erste Aufführung mit Mary Dietrich in der tragenden Rolle der Violaine statt.

Dieses kostspielige und riskante Unternehmen war des genialen Organisators Wolf Dohrn krönende Leistung. Sie war ein Weltereignis, und die ganze Welt strömte plötzlich zu uns herein. Rilke zum Beispiel kam zur ›Verkündigung‹ nach Hellerau und traf dort »un tas de monde« an. »A Hellerau«, berichtete er der Fürstin Thurn und Taxis, »il se passe bien de choses curieuses ... ce théâtre donne à penser, par ses intentions ou plutôt par sa liberté de vouloir tout, de comprendre tout, d'accepter tout ...« Das war, man verzeihe es mir, loses und gedankenloses Dichtergeschwafel. Man akzeptierte in Hellerau durchaus nicht alles, und Hegner schon gar nicht. Es war eine Stunde des Triumphs für ihn: er hatte es geschafft. Aber ehe dieses singuläre Gemeinwesen weiterschreiten und ausbauen konnte, wozu es fähig war, brach der Erste Weltkrieg herein und fegte alles hinweg. Dalcroze ging nach Genf zurück und kam nach dem Krieg nicht wieder. Wolf Dohrn war nicht mehr, er hatte sich beim Skifahren zu Tode gestürzt. Hegner, österreichischer Staatsbürger, der er war – nach dem Krieg optierte seine aus Böhmen stammende Familie für die Tschechoslowakei, und das rettete ihm später unter Hitler das Leben – Hegner mußte im Wiener Kriegspressequartier zusammen mit Robert Musil, Franz Blei und Rilke seine Zeit vertrödeln und dachte dabei doch nur Tag und Nacht an seinen ›Hellerauer Verlag‹, und wie er ihn am Leben erhalten könne.

Ich weiß nicht, wie es ihm gelang, der noch im letzten Kriegjahr schließlich an die Front mußte und gerade noch den Rückzug von Görz nach Wien als Sanitäter mitmachte. Aber daß es ihm gelang, ist eine erstaunliche Geschichte. Hegner führte vom Wiener Kriegspressequartier aus seinen ›Hellerauer Verlag‹ weiter. Er machte an Krieg und Chauvinismus nicht die geringsten Konzessionen. Er vollendete die Übersetzung von drei neuen Claudel-Stücken, ›Goldhaupt‹, ›Der Ruhetag‹ und ›Der Tausch‹ – von ›Goldhaupt‹ hatte man in dem von ihm für die Festaufführung 1913 herausgegebenen ›Claudel-Programmbuch‹ bereits eine Probe lesen können – und druckte und veröffentlichte diese Werke des feindlichen »Welschen«, der inzwischen zum französischen Botschafter aufgestiegen war, in Deutschland, mitten im Krieg, 1915 und 1916. Er veranstaltete von Wien aus eine Hellerauer Kierkegaard-Ausgabe und hatte den Mut, auch Theodor Haeckers Nachwort zu Kierkegaards ›Begriff des Auserwählten‹ zu veröffentlichen, was ihn als Defaitisten brandmarkte. Und er trat, im letzten Kriegsjahr, sogar mit einer neuen Zeitschrift auf den Plan.

Dies war die Vierteljahresschrift ›Summa‹, deren Redakteur Franz Blei war. Das waren keine losen dünnen Hefte, sondern jeweils ein dickes Buch von über zweihundert Seiten, im Großformat von 27 zu 20 Zentimetern, verschwenderisch-repräsentativ gedruckt, machtvoll, eindrucksvoll, von gebieterischer weltanschaulicher Strenge und Katholizität, dem umfassenden geistigen Neuaufbau nach dem Krieg gewidmet. Ich weiß nicht, wieviele Nummern dieses sumptuösen Unternehmens erschienen, es waren wohl im ganzen vier oder fünf, sie standen, in graue Pappe gebunden, ehrfurchtgebietend auf meines Vaters Bord, ich selbst habe nur einen Band, das Dritte Viertel, wieder auftreiben können. Erstaunlich die Beiträge, die hier zu einem Ganzen und Geschlossenen zusammengefügt waren: Ernst Bloch und Julius Meier-Graefe, Constantin Frantz und Hermann Broch, Max Scheler und Carl Schmitt, Paul Adler und Max Pulver, und zwischen diesen Lebenden Altes, das in die Zukunft wies: Wilhelm von Humboldt, Franz von Baader, Adam Müllers ›Über die Notwendigkeit einer theologischen Grundlage der gesamten Staatswissenschaften‹ und ein anonymes ›Schreiben an Seine Heiligkeit Papst Benedikt XV., eine europäische Verfassung betreffend‹. Kurzum: Hegners Weltsicht und Auffassung vom Sinn und Verstand der Literatur im Weltgebäude.

Mit dieser gewaltigen Vierteljahresschrift unter dem Arm kehrte Hegner bei Kriegsende, oder Anfang 1919 war es wohl, nach Hellerau zurück. Und jetzt trat er auch mit seinem eigenen Namen hervor. Die während des Krieges von Wien aus edierten und in Leipzig gedruckten Verlagswerke, Claudel, Kierkegaard, zwei Bände von Däubler, ›Der sternhelle Weg‹ und ›Wir wollen nicht verweilen‹, waren noch mit dem Impressum des ›Hellerauer Verlags‹ erschienen. Auf den ›Summa‹-Schriften indessen hieß der Verlag 1917–1918 bereits ›Hellerauer Verlag Jakob Hegner‹, und die ersten Werke nach der Rückkehr 1919, so Claudels Kantate ›Das ist die Stunde, die Frühling und Sommer trennt‹ – diesmal übrigens nicht von Hegner selbst, sondern von Roman Woerner übertragen – firmieren nun eindeutig: »Hellerau im Verlag von Jakob Hegner«.

Wie Hegner während des Krieges von Wien aus die Herstellung seiner Bücher bewerkstelligte, ist mir, der ich ein klein wenig davon zu verstehen meine – was ich von ihm gelernt habe! – ein Rätsel. Denn eben während dieser Kriegsjahre, in denen die Druckerzeugnisse stetig schundiger wurden, revolutionierte er die äußere Gestalt seiner Bücher zu jener höchsten Perfektion der Formgebung, die sich bald darauf maßgebenden Einfluß errang. Er hatte sich von Anfang an nicht auf die deutsche Zweischriftigkeit eingelassen; es findet sich bis in die Mitte der Zwanzigerjahre kein Hegner-Buch mit auch nur einer Zeile, einem Wort, einem Buchstaben in gebrochener Schrift, in Fraktur. Sein Buchbild war im Format, im Satzspiegel, in der Typographie gänzlich von der italienischen Renaissance geprägt, die er in acht florentinischen Jahren so durchaus studiert und in sich aufgenommen hatte; und von ihr schritt er behutsam weiter, zum Barock, zur Klassizistik.

Hegners erster Drucker, Rossberg in Leipzig, verfügte offenbar nur über einige recht denaturierte und verderbte Antiqua-Typen des späten 19. Jahrhunderts; in ihnen sind die frühesten Hegner-Bücher gesetzt, und sie genügten schon damals Hegners am klassischen Vorbild geschulter Vorstellung nicht; es waren für Hegners Begriffe recht häßliche kleine Bücher. Während des Krieges machte er einen Versuch mit der damals renommierten Druckerei von Mänicke und Jahn in Rudolstadt, die Däublers ›Wir wollen nicht verweilen‹ in einer guten Antiqua von Firmin Didot für ihn herstellte. Aber auch sie war noch nicht das rechte, und Hegner wechselte sogleich, noch 1915, zu Haberland in Leipzig über, der eine bessere Auswahl an Didot-Schriften, vor allem in ihrer Kursiv-Variante und in Versalien und Kapitälchen besaß und mit der Antiqua überhaupt feinfühliger umzugehen verstand. Haberland druckte die ›Summa‹ und die Claudel-Ausgaben der Kriegsjahre, und hier wird bereits das charakteristische Hegner-Satz- und Druckbild der späteren Jahre erkennbar: Hegner holte aus Haberland heraus, was herauszuholen war, und blieb bei ihm, bis er allen Fremddruckern ein für alle Mal Lebewohl sagte und selber zu drucken begann.

Das war im Winter 1918–1919. Die durch den Krieg zersprengte Genossenschaft hatte sich, teils reduziert, teils vermehrt, in Hellerau wieder zusammengefunden, und ich erinnere mich, daß mein Vater eines Tages sagte: Der Hegner ist verrückt geworden. Er hat sich eine Druckmaschine gekauft und will sich eine eigene Druckerei einrichten. Dabei versteht er doch gar nichts von Maschinen! Und wie soll denn das kleine Tessenow-Häuschen die Erschütterungen der Maschinen aushalten? Und dann: wie kann er denn einen Verlag und eine Druckerei leiten, wenn er gar keine Buchführung hat! Und schließlich: er hat doch gar kein Geld! Das alles stimmte nur zu genau. Hegner besaß keine Schreibmaschine, er schrieb alle seine Geschäftsbriefe, an Autoren, Papierlieferanten, Drucker, Binder und Sortimenter mit der Hand, ohne Kopien, und seine ganze Buchhaltung bestand aus einem kleinen, aber sehr dicken schwarzen Notizbuch, in dem in seiner kleinen, graziösen Schrift alles notiert war: Einnahmen und Ausgaben, Autorenhonorare und Lieferanten-Abrechnungen und alles, was sonst dazu gehörte. Das blieb unverändert so, so lange er ein selbständiger Unternehmer war. Es konnte nicht anders sein als daß er alles, was nicht in dem winzigen Büchel stand, im Kopf hatte.

Mein Vater sagte: Wir wollen uns das mal ansehen, das interessiert mich. Wir gingen zum ›Anstaltsplatz‹ hinauf, wo in der Tat vor dem Tessenow-Häuschen die große Schnellpresse, in ihre Bestandteile zerlegt, gerade abgeladen wurde, und ein baumlanger, mürrisch dreinblickender Mann mit graumeliertem Haar und riesenhaften, bärenstarken Händen, die einem beim Handschlag fast zerquetschten, namens Malte Müller die Aufstellung der Maschine überwachte. Das Innere des Häuschens hatte Tessenow inzwischen zweckdienlich umgestaltet, einige Wände herausgenommen, um einen großen Saal zu schaffen, den Fußboden, die Außenmauern und die Decke verstärkt, so daß alles sachgerecht war. Im Oberstock hatte Hegner in einem lichtdurchfluteten Raum mit meerblauen Vorhängen sein Verlagsbüro eingerichtet. Das kann ja gut werden, sagte mein Vater pessimistisch, und es wurde gut. So begann die nachmals berühmteste Druckerei Deutschlands. Von außen war dem liebreizenden Tessenow-Häuschen nichts anzusehen, ebenso wenig wie allen anderen Hellerauer Häuschen, in denen Handwerker-Betriebe hausten, der meines Vaters zum Beispiel, und andere.

Hegners erstes eigenes Druckerzeugnis war ein Aufruf Heinrich Tessenows betitelt ›Erste Mitteilung über eine Handwerkergemeinde in Hellerau‹, den er im Herbst 1919 in der von Carl Ernst Poeschel bei Enschede in Harlem aufgefundenen Unger-Fraktur von 1794 druckte, einer der ganz wenigen Fraktur-Drucke, die es von ihm aus dieser Zeit gibt, und ein heute seltenes und berühmtes Blatt. Tessenow mit seinem fuchsroten Bart – wir Kinder neckten ihn damit und riefen: Herr Tessenow, Sie haben ja Kakao im Bart! – Tessenow und sein Mitarbeiter Franz Schuster, Hegner, mein Vater waren die ersten Mitglieder dieser neuen Handwerker-Gemeinde, die sich nach dem Krieg in Hellerau zusammenfand. Ein frühes Mitglied, von Hegner herbeigeholt, war ein kleiner, etwas verwachsen wirkender Mann mit klugen Äuglein, einem graumelierten Spitzbart und geschwindem, geschäftigem Schritt, der ins Riemerschmid-Haus neben uns zog und dort seine Werkstatt einrichtete. Er war der griechische Meisterbuchbinder Peter Demeter, der hier seine herrlichen Handeinbände für Hegner und andere Auftraggeber fertigte.

Ich verschlang damals die Romane von Dickens in der schönen Dünndruckausgabe des Insel-Verlages, und dieser Mann erinnerte mich sofort an Herrn Quilp im ›Alten Raritätenladen‹, und ich nannte ihn fortan, als ich längst wußte, wer er war, immer »Herr Quilp«. Von ihm, dem liebevollgeduldigen kleinen Mann, lernte ich, der Schulbub, in meinen freien Nachmittagsstunden das Buchbinderhandwerk immerhin so gut, daß mein Deutschlehrer Oskar Schürer, der spätere Autor des berühmten Prag-Buches, mir erlaubte, eine vielbändige kleine Jean Paul-Oktavausgabe in kaffeebraune Pappe zu binden; Herr Quilp machte mir dazu die Rückenschildchen, denn das konnte ich noch nicht. Und von Malte Müller, Hegners unheimlich-genialischem Drucker-Faktor, der sich aus Schwermut dann eines Tages das Leben nahm, erlernte ich an anderen Nachmittagen das, was ich vom Setzen und Drucken halbwegs verstehe. Was für liebe, geduldige Männer diese großen Meister doch waren!

Es gab bei Hegner natürlich keine Setzmaschinen. Er arbeitete nur mit Handsatz und, so weit der Grundsatz irgend halten wollte, nur mit alten, unverderbten Schriften in ihren Originalschnitten. Er suchte sich mit unermüdlichem Spürsinn in ganz Deutschland, Holland, Frankreich, Italien diese alten Schriften zusammen, die seiner Vorstellung vom typographischen Bild seiner Verlagswerke entsprachen oder es zu verwirklichen vermochten, und dieses Bild gab er schon bald an andere Verlage weiter, für die er in Hellerau druckte und nur in seinem Stil und nicht anders zu drucken bereit war. Er verwendete die alte Jean Paul-Schrift, die Anton Kippenberg 1913 im Magazin von Breitkopf und Härtel gefunden hatte; er entdeckte selbst die Originalschnitte Justus Erich Walbaums, in Antiqua, Fraktur und Kursiv, auf dem Dachboden bei Brockhaus; er grub eine Anzahl holländischer Schriften aus der Mitte des 18. Jahrhunderts wieder aus, er belebte die Fleischmann- und die Janson-Antiqua wieder, die Caslon-Gotisch von 1760 und eine gewaltige Luther-Fraktur von 1650; er führte die Bembo-Antiqua wieder ein, holte die vergessene Bessemer hervor, und blieb bei alledem seiner ersten Liebe, der bezaubernden Didot-Antiqua, treu.

Es gab bei Hegner keinen Buchschmuck irgendwelcher Art, keine Bordüren, Einfassungen, Initialen, Sternchen, Schwelllinien und dergleichen, auch kein Signet. Es war das ganze Buch allein aus der Physiognomie der Schrift gestaltet, und er differenzierte dabei aufs feinste, indem er, bei seinen eigenen Verlagswerken, gewisse Schriften gewissen seiner Lieblingsdichter zuordnete. Das Werk Claudels war durchgehend aus den holländischen Schriften des frühen 18. Jahrhunderts gesetzt, das Werk Jammes' aus der geliebten Didot. Und bei seinem Freund Friedrich Schnack, der 1916 schon mit seinem ersten Gedichtband in seinen Verlag kam, differenzierte er noch feiner: er druckte seine Gedichte auf größerem Format hell, luftig, klassizistisch in der Didot, Schnacks Prosa-Erzählungen, das deutscheste vom Deutschen, im kleinen Hegner-Format und in der wuchtigen, gedrungenen, auf der geschlossenen Seite wie ein vielverästelter, undurchdringlicher Wald wirkenden Luther-Fraktur. Ich habe immer gefunden, daß Schnacks Gedichtband ›Das kommende Reich‹ von 1920 und sein Roman ›Die Orgel des Himmels‹ von 1927 zu Hegners gelungensten Werken zählen. Diese Bücher sind in ihrer Einfachheit von einer atemraubenden Schönheit.

Wann immer Hegner eine neue Schrift gefunden hatte, kam er zu meinem Vater und zeigte sie ihm. Er hatte längst herausbekommen, daß mein Vater, wie es sich für einen Metallhandwerker gehörte, ein kenntnisreicher Stempelschneider war, der sich alle seine ornamentalen Punzen, Tiere, Blumen, Ranken, die er für seine handgetriebenen Messingschalen brauchte, selber mit dem Stichel in Stahl schnitt und sie mit der Hand und dem Hammer ins Metall einschlug, und er sah, wie rasch diese stahlgeschnittenen Punzen sich abnutzten. Mein Vater warnte ihn, mit seinen Schriften in Originalschnitt werde es ihm ähnlich gehen, viel hielten diese alten Typen nicht aus. Hegner wußte es: die

Flachdruckschnellpresse nutzte die Schriften schnell ab, aber er lachte nur: ach, es geht schon, die Bücher meines Verlages haben gottseidank alle nur kleine Auflagen! Aber er war vorsichtig und behandelte seine Schriften pfleglich. Als S. Fischer ihm 1926 Thomas Manns Novelle ›Unordnung und frühes Leid‹ in der von ihm aufgefundenen Bessemer-Kursiv zu drucken gab – wohl das graziöseste Büchlein, das Fischer je herausgebracht hat – da druckte Hegner, um seine kostbare Schrift zu schonen, nur die ersten zwanzigtausend Exemplare. Danach mußte Fischer das Büchlein in einem Nachschnitt der ›Jakob Hegnerschen Bessemer-Kursiv‹, wie sie offiziell hieß, bei Poeschel und Trepte weiterdrucken. Die Ausgabe erreichte das 55. Tausend. Das hätte Hegners Originalschrift ruiniert, und Hegner wußte das.

Es konnte nicht ausbleiben, daß die beiden alten Freunde, Jakob Hegner und Georg von Mendelssohn, sich eines Tages zu einer gemeinsamen Unternehmung zusammenfanden. Das war im Jahr 1921 oder Anfang 1922. Mein Vater hatte längst, aus dem Umgang mit Hegners Arbeit, gespürt, daß der Typographie ornamentale Charakter-Elemente innewohnten, und in seinen eigenen Arbeiten Versuche damit unternommen. Hegner sah sie und kam eines Tages zu meinem Vater mit dem Vorschlag, er solle ihm eine neue Schrift schneiden. Ich weiß das genau, denn mein Vater erzählte es uns sogleich. Er brauche, sagte Hegner, neben seinen alten Schriften auch eine neue, moderne, dem neuen, heraufkommenden literarischen Bild entsprechende Schrift, etwa in der Richtung, die damals der ebenfalls in Hellerau arbeitende und mit meinem Vater eng befreundete Maler Felix Müller – später Conrad Felixmüller – auf seinen plakatartigen Holz- und Linoleumschnitten entwickelte. Die damals arbeitenden Schriftkünstler, erklärte Hegner, seien nicht das richtige für ihn: sie zeichneten alle ihre Schriften und ließen sie dann von anderen schneiden, und deshalb hätten diese Schriften nicht den echten Typo-Charakter, den er brauche. Mein Vater, der seine Punzen selber schnitt, könne doch wohl eine neue Schrift nicht nur entwerfen, sondern auch selber direkt in den Stahl schneiden? Mein Vater sagte, er glaube, das könne er.

So entstand die sogenannte Mendelssohn-Type. Ich war dabei, wie sie entstand. Ich begleitete meinen Vater ins berühmte Dresdener Antiquariat der Herren von Zahn und Jaensch, wo er allerlei deutsche, französische und italienische Folianten des 17. und 18. Jahrhunderts zusammenkaufte. Die studierte er wochenlang, monatelang und erklärte sie mir nebenher. Und dann setzte er sich hin an seine Werkbank und machte etwas vollkommen Neues und Eigenes. Er machte keine Zeichnungen. Er feilte und schnitt die Lettern direkt aus dem Kopf des Stahlstempels heraus, einen Buchstaben nach dem anderen, und in wenigen Monaten war die Schrift fertig. Eines Tages durfte ich meinen Vater in die Schriftgießerei der Gebrüder Butter in Dresden begleiten, verbrachte mit ihm, der sich für jedes technische Detail interessierte, dort den ganzen Tag und sah zum ersten und unvergeßlichen Mal, wie eine Schrift gegossen wird.

Man hat diese Schrift die erste und vielleicht überhaupt einzige echte Drucktype des Expressionismus genannt, und das stimmt wohl. Georg Kurt Schauer hat, glaube ich, richtig gesehen, worum es Hegner und meinem Vater damals ging: es war im Grunde ein Versuch einer neuen Gotisierung der klassischen Antiqua, ohne das lateinische Formgesetz zu verletzen, jene Brechung nachzuerleben und nachzuvollziehen im Geiste des zwanzigsten Jahrhunderts, die vordem zu den gotischen Schriftformen des späten Mittelalters führte. Die Schrift trachtete, die ruhende und ausgeglichene Antiqua in Bewegung zu versetzen, sie gehen, laufen zu machen, sie zu dramatisieren, und darin war sie tatsächlich eine dramatisierende Annäherung an Felixmüllers expressionistischen Holzschnitt. Hegner druckte eine Anzahl von Werken in ihr, vor allem, gleich 1922, den großartigen 31. Avalun-Druck von Schillers ›Räubern‹ für seinen Freund Brüll, der mit seinem Avalun-Verlag gleichfalls in Hellerau arbeitete und lebte. Auch Melchior Vischers ›Teemeister‹, ein gänzlich verrücktes, zierliches Buch, das vor exzentrischer Lebensfreude nur so einherhüpfte und sprang. Andere Druckereien verwendeten die Schrift gleichermaßen. Aber sie lebte nicht länger als die Zeit, der sie entsprang und als deren Ausdruck Hegner ihr zum Leben verholfen hatte. Die Gegenbewegung, die von Paul Renners ebenfalls von Hegner angeregter Futura-Antiqua ausging, wirkte länger. Gemeinsam war ihnen, wie allem, was Hegner in die Hand nahm, daß sie historisch fundiert waren.

Wie das Hegner-Buch jener klassischen Zeit aussah, wie es innen und außen gestaltet war, wie es sich in die Hand nahm, anfühlte, aufblätterte, das brauche ich nicht zu erläutern, denn dieser von einem genialen Mann geschaffene Buchtyp hat alle nachfolgenden Elendszeiten überlebt und überdauert. Auch wie es nachher ging, wissen wir alle, und ein Wort genügt. Hegners Hellerauer Werk wurde von der Wirtschaftskrise des Jahres 1930 zertrümmert. Er fand mit den Trümmern Unterkunft bei Brandstetter in Leipzig, erlebte die Schmachjahre des deutschen Buches, die allem ins Gesicht zu speien schienen, was er je geschaffen, flüchtete 1936 nach Wien, wo er nochmals von vorn begann, und schließlich 1938 nach London, wo er fast zehn Jahre in Untätigkeit warten mußte, bis er nach Italien, der Schweiz und Deutschland zurückkehren und noch einmal, zum letzten Mal, neu beginnen konnte. Ach, Herr Hegner, sagte damals ein junger Frankfurter Buchhändler zu ihm, jetzt müssen Sie wohl wieder ganz klein anfangen? Nein, mein Lieber, antwortete Jakob Hegner, in meinem Alter fängt man nicht klein an. Und das war wahr. Er hatte in seinen Glanzjahren eine so breite, so tief verwurzelte und unerschütterliche Tradition begründet, der alle Elendszeiten nichts hatten anhaben können, daß seine letzten zehn Lebens- und Schaffensjahre eine gewaltige geistige Ernte reifen ließen, die er, gewissenhafter und treulicher Kärrner, der er war, nur noch einzubringen hatte.

Man erlaube mir, daß ich noch einmal die Kernsätze von Jakob Hegners Credo ins Gedächtnis rufe. Sie sind beherzigenswert:

»Einen Verlag macht man nicht, man lebt ihn, opfert sich für ihn. Anders wird er nicht bestehen als aus der Kraft und der besonderen Sendung seiner Werke.«

Ich für mein Teil bin glücklich, daß ich in meiner Kindheit und Jugend einen Hauch von dieser Sendung mich umwehen fühlte.

UNTERWEGS MIT REISESCHATTEN

Eine verwilderte Geschichte

Bücher gibt es, von denen man mit aller Bestimmtheit meint, man kenne sie überhaupt nicht; von denen man sein Lebtag aufs wahrhaftigste versichern möchte, man habe ihre Titel nie gehört, und kein Gedanke daran, daß man sie gar je in der Hand gehabt und gelesen habe. Und doch geschieht es nach Jahr und Tag, daß man sie plötzlich wiedererkennt und entdeckt, daß sie einen schattenhaft auf der ganzen Lebensreise begleitet haben. Wie kann denn sowas nur sein?

Mit völliger Gewißheit erinnere ich mich, daß ich in meiner frühen Jugend, zehn- oder zwölfjährig, als ich zu »dichten« begann, gleich nach dem Ersten Weltkrieg wird es gewesen sein, eine kleine Geschichte schrieb, die in einer Reisekutsche spielte. Allerlei absonderliche Leute, Herren und Damen, ein Schauspieler, eine Gräfin, zwei Handwerksburschen, ein Dichter und ein Bauernmädchen mit einer Kiepe voller Äpfel, waren in einer romantischen Landschaft irgendwohin unterwegs; man sah ihre Gesichter jedoch nur durch das Fenster der Postkutsche, wie sie dahinrollte, Schattenrissen gleich in der Abenddämmerung, sah sie sich bewegen, gestikulieren, sprechen, hörte aber natürlich nichts infolge der hochgezogenen Fensterscheibe und des Geratters der Räder und des Pferdegetrappels. Der Witz der Geschichte war, daß der Erzähler, der neben der Kutsche zu Pferde einherritt, aus den Gesichtern und Gesten der Schattenrisse auszumachen suchte, wer die Reisenden wohl seien und worüber sie sich so angeregt unterhielten. Wie diese Schattenreise ausging, dessen entsinne ich mich nicht mehr. Wahrscheinlich wußte ich nicht weiter und ließ den Schluß auf sich beruhen.

Diese Geschichte, wie alle meine damaligen »Werke« in ein Schulheft geschrieben, zeigte ich meinem Freund Eckart Peterich. Wir nannten ihn Ecki, und er war mein ›Grand Meaulnes‹, mein Großer Kamerad. Alain-Fourniers traumhaft verzauberte Knabengeschichte kannten wir damals noch nicht; aber wir lebten sie. Ecki war acht Jahre älter als ich, wir waren zusammen in Hellerau aufgewachsen, und er, mit zwanzig schon ein erfahrener Literat, begutachtete meine ersten kleinen Sachen. Er war entzückt. Da hast du was Feines gedichtet, sagte er, ich weiß es wie heute. Wo hast du das her? Ich dachte natürlich, er meinte: wo hast du das abgeschrieben? Nirgends, versetzte ich treuen Herzens, es ist mir so eingefallen. Ganz erstaunlich, sagte der Große Kamerad, es erinnert mich an etwas, aber ich weiß nicht, an was. So? fragte ich. Mir ist, als hätte ich's geträumt. Das wird es wohl sein, meinte er. Das Schulheft habe ich nicht mehr, muß es wohl bald darauf verloren haben, aber ...

Aber nein. So geht's doch wohl nicht recht. Wo komme ich denn hin? Mir scheint, diese verwilderte Geschichte muß ich anders »andrehen«, wie man bei uns daheim sagte. Am besten wohl so:

Zu eben jener Zeit, 1919 oder 1920 muß es gewesen sein, kam eine Truppe umherziehender Schauspieler zu uns nach Hellerau. Ich hatte damals schon allerlei richtiges Theater gesehen, ›Die Räuber‹, ›Wilhelm Tell‹, ›Götz von Berlichingen‹, und war mit meinen zwölf Jahren schon ein rechter Theaternarr, aber dieses Komödiantenvölkchen warf mich völlig um. Sein Direktor, Regisseur und Hauptdarsteller war ein Mann namens Gottfried Haass-Berkow, seine Truppe bestand aus acht oder höchstens zehn Leuten, nicht mehr, und das Umherziehen fiel ihnen nicht schwer, denn sie brauchten für ihre Darbietungen keine Kulissen oder Requisiten, führten nur ihre Kostüme in ein paar Koffern mit sich und spielten überall, wie es sich traf, in Schulhäusern, Gasthöfen, zuweilen auch in Dorfkirchen, wenn man es ihnen erlaubte, sommers wohl auch unter freiem Himmel vor der Kirche oder auf dem Marktplatz, wo man rasch aus einigen Böcken und Brettern eine Art Podest aufschlug, mehr brauchten sie nicht. Bei uns in Hellerau natürlich spielten sie in Wolf Dohrns und Tessenows herrlichem Festspielhaus, zwischen Salzmanns ›Lichtwänden‹, einen solchen großartig »abstrakten« Rahmen fanden sie nicht überall. Sie blieben zwei, drei Tage lang am Ort, spielten, wenn mir recht ist, nachmittags und abends, immer etwas anderes, so daß man vier oder gar sechs Stücke zu sehen bekam, und dann waren sie wieder weg, anderswohin. Das Eintrittsgeld war so gering, daß selbst das verhärtetste Vaterherz es spendierte; mein Vater war ein kunstsinniger Mann, und so sah ich alles, was es zu sehen gab. Und übers Jahr waren sie wieder da.

Gottfried Haass-Berkow machte einen unverlöschlichen Eindruck auf mich; von allen Erinnerungen aus jener Hellerauer Knabenzeit ist seine Gestalt mir fast als einzige gänzlich unverblichen geblieben. Er war damals – das habe ich inzwischen nachgelesen – dreiunddreißig Jahre alt, mittelgroß, schlank und feingliedrig, mit braunem, welligem Haar und einem Kopf, einem Gesicht wie von Veit Stoss oder Tilman Riemenschneider geschnitzt, sparsamen, beherrschten und doch gebieterischen Gesten und einer tiefen, volltönenden, wie mir schien, unendlich modulationsfähigen Stimme, die ohne sich anzustrengen über den ganzen Marktplatz trug. Dieser herrliche spätgotische Kopf, diese wie aus einer anderen, überirdischen Welt herüberrufende Stimme verwirrten meine Sinne, griffen mir ans Herz, ließen dem Zwölfjährigen den Atem stocken. Später mußte ich manchmal denken, sogar der große Moissi sei eigentlich ein Waisenknabe gewesen im Vergleich mit diesem außerordentlichen Mimen.

Tatsächlich war Haass-Berkow, 1888 in Stuttgart geboren, schon einmal zuvor – was ich damals alles nicht wußte – in Hellerau gewesen: er hatte als Dreiundzwanzigjähriger, 1911, bei Dalcroze in Hellerau rhythmische Gymnastik und Bewegungsgestaltung studiert, seit 1913 an Max Reinhardts Schauspielschule des Deutschen Theaters in Berlin als Lehrer für Stimmbildung und Sprachgestaltung gewirkt und 1914 mit Aufführungen von Laienspielen wie dem Oberuferer Christgeburtsspiel begonnen. Eugen Diederichs in Jena und Rudolf Steiner hatten ihn angeregt und gefördert. 1919 hatte er seine eigene Wandertruppe gegründet, mit der er Fahrten durch ganz Deutschland und auch ins Ausland unternahm, und so war er auch zu uns nach Hellerau gekommen. Ich wußte nicht, daß es für ihn gleichsam eine Rückkehr zu seinem Ausgangspunkt gewesen war.

Er spielte mit seiner Truppe vor allem Mysterienspiele des Hochmittelalters, eine von ihm selbst zusammengestellte Neufassung des alten Totentanz-Spiels, ein Christgeburtspiel, die schönsten Stücke von Hans Sachs und, ergreifendstes von allem, eine Neufassung des niederdeutschen Theophilus-Dramas, die ihrerseits auf das Theophilus-Schauspiel des Rutebeuf vom Ende des 13. Jahrhunderts zurückging. So sah ich ›Faust‹ zum ersten Mal. Aus diesem Spiel machte Haass-Berkow eine ungeheure Tragödie, die durch Mark und Bein ging und einem die Kehle zuschnürte. So erschien es dem Knaben. Der Mann mit dem Riemenschneider-Kopf und der Stimme wie Gott aus dem Jenseits, kam, wenn mir recht ist, drei Sommer hinter einander mit seinen Spielern zu uns und gab uns einen ganz neuen Begriff davon, daß Theater und Leben dasselbe sind.

Danach sah ich ihn nie wieder, hörte nur hier und dort, seine Truppe sei inzwischen hochberühmt. Im Lexikon lese ich, der wunderbare Mann sei von 1933 bis 1953 Intendant der Württembergischen Landesbühne gewesen und 1957, noch nicht siebzigjährig, in Winterthur gestorben. Gern wüßte ich mehr über ihn und wie es ihm erging. Irgend ein Leser dieser Geschichte wird's wohl wissen und mir vielleicht kundtun.

Unter seinen Spielern sind mir nur zwei in Erinnerung geblieben, diese jedoch unvergeßlich. Die eine war das zarte, dunkelhaarige junge Mädchen mit den Mandelaugen und der betörenden Stimme, dessen Namen ich nie erfuhr. Sie spielte, glaube ich, im Mirakelspiel von den klugen und den törichten Jungfrauen und vor allem immer, wenn ein Engel vorkam – das war sie. Sie hatte noch kaum die Lippen geöffnet, und mir war das Auge schon verschleiert von fassungslosen Tränen. Ich hatte nie an Engel geglaubt, aber jetzt, dachte ich, weiß ich, daß es sie gibt und wie sie aussehen. Ich konnte und konnte sie nicht vergessen. Ihre liebreizende, ein wenig wehmütig-klagende Stimme blieb mir lange im Ohr; aber eines betrüblichen Tages war sie weg, ich hörte ihren Klang nicht mehr, und so sehr ich mich auch mühte, es gelang mir nicht, mir ihren Ton zurückzurufen oder nachzuahmen.

Wie hatte sie nur gesprochen? sann ich, indem ich, Disteln köpfend, durch meines Vaters Garten strich. Nun gab es aber in diesem verwilderten Garten, gegen die Hauswand und halb in den Boden versenkt, eine große alte Regentonne. Nur ganz drunten in ihrer Tiefe war ein wenig Wasser, man blickte in eine unergründliche Schwärze hinab, aus der ein unverwechselbarer, besonderer, fauliger Geruch aufstieg, welcher, zugleich betäubend und anregend, auf eigentümliche Weise die Sinne des hinabblickenden Knaben betörte. Auch dies weiß ich wie heute: ich beugte mich tief in die Tonne hinab und sprach ein paar Worte in die Schwärze, und auf einmal klang mir gänzlich unverfälscht aus der Tiefe des Engelsmädchens Stimme zurück. Wie konnte denn das nur sein? War sie in Wahrheit kein Engel, sondern eine Brunnennixe gewesen? Ich wiederholte den Versuch, er gelang abermals: kein Zweifel, es war die geliebte Stimme, die zurückkam aus der Tonne. Ich war überglücklich. Andern Tags schlich ich mich heimlich wieder zur Tonne, um sie sprechen zu hören. Aber die einzigartige Verwandlung meiner eigenen Stimme blieb aus, es gelang nicht wieder, auch am folgenden Tag nicht. Nun wußte ich, ich hatte sie gänzlich verloren.

Der andere unvergessene Spieler war ein Mann, nicht sehr groß, schlank, sehnig, von einer schlangenhaft sich windenden Behendigkeit, mit einem klugen, gewitzten, ein wenig teuflischen Gesicht. Und wie's nicht anders sein konnte, spielte er die Schlange im Paradies-Spiel und den Teufel im ›Theophilus‹. Er war noch jung, wohl kaum fünfundzwanzig, seine offenkundige Blitzgescheitheit faszinierte mich, es gelang mir, der ich mich von den Schauspielern zu keiner Stunde des Tages trennen konnte, mit ihm in ein Gespräch zu kommen, er ließ gern mit sich reden, war ein ernster und zugleich lustiger Schlangenteufel in seinem eng anliegenden schwarzen Trikotkostüm. Von irgendwoher flog mir zu, ich weiß nicht mehr, wie, daß er ein Graf von Miltitz sei. Was war denn das nun wieder? Ein richtiger Graf und dabei ein Schauspieler in einer Wandertruppe? So schien es sich in der Tat zu verhalten. Aber es kam noch erstaunlicher.

Am letzten Tag, als die Truppe zusammenpackte, fragte ich ihn, wohin sie nun zögen, denn heimlich hatte ich den Plan, von Haus wegzulaufen und mitzuziehen. Irgend einen halbwüchsigen Buben würden sie in ihren Stücken wohl brauchen können, und daß in mir ein Schauspieler stecke, davon war ich überzeugt. Wohin also? Jetzt, sagte der Teufel, gehen wir erst einmal auf unser Schloß und ruhen uns aus und studieren etwas Neues ein. Sie haben ein Schloß? fragte ich. Freilich, erwiderte er, die Miltitz haben sogar zwei Schlösser, beide nicht weit von hier, bei Meissen. Kennst du Meissen, den Dom und die Albrechtsburg? Das eine heißt Schloß Miltitz, das andere...

Wenn Sie Siebeneichen meinen, sagte ich, dann kenne ich es. Es liegt auf dem linken Ufer der Elbe und hat einen großen Park, in dem blühen Tausende von Rhododendron-Büschen. Das ist es, sagte der Teufel, von dem es hieß, er sei in Wahrheit der Graf von Miltitz in Person. Woher kennst du es? Wir machen zuweilen eine Wanderung dorthin, meine Freunde und ich, es ist nur ungefähr drei Stunden von hier. Und das ist Ihr Schloß? Das Schloß vom Fürsten Boleslaw? Ja, antwortete der Teufelsgraf, aber der Wendenfürst Boleslaw, der es erbaut haben soll, ist doch wohl eine Legende. Wie denn? rief ich entsetzt. Der Fürst Boleslaw hatte sieben Söhne, und für jeden der Söhne pflanzte er vor seiner Burg eine Eiche zur Erinnerung, denn alle sieben waren in der Schlacht gefallen, und dann fiel er selbst im Krieg. Aber die sieben Eichen stehen noch da, das wissen Sie doch! Ja, das weiß ich, antwortete der Teufel, aber woher weißt du denn das alles? Ich, erwiderte ich, ich habe ein Theaterstück darüber geschrieben. Es heißt ›Siebeneichen‹, und deshalb hat es sieben Akte. Finden Sie das richtig?

Er finde es sehr richtig, versetzte der Teufel. Wie schade, daß ich ihm mein Drama nicht vorlesen könne, denn morgen ziehe die Truppe hinweg von unserem Ort. Nein, sie wanderten nicht zu Fuß nach Meissen, mit ihren Koffern, sie führen von Dresden mit der Eisenbahn. Da sagte ich: lassen Sie doch die anderen fahren und wandern Sie mit mir zu Fuß, ich kenne den Weg, bin ihn schon oft gewandert. Gut, meinte der Teufel, das wollen wir machen, und unterwegs erzählen wir uns Geschichten. So geschah es. Im hellen Morgenlicht brachen wir auf, gelangten in die alte Domstadt und setzten von dort über die Elbe nach Siebeneichen. Was wir einander unterwegs für Geschichten erzählten, weiß ich nicht mehr; weiß nur, daß ich unversehens, Schritt für Schritt, indes wir durchs liebliche Sachsenland zogen, in die deutsche Romantik hineinwanderte, ich wußte nicht, wie, wußte kaum, was die Romantik war. Auf dieser Wanderfahrt erfuhr ich's von meinem neuen Freund, dem umherziehenden Schauspieler-Grafen.

Den Wendenfürsten Boleslaw und seine sieben Söhne hatte ich bald vergessen. Die Miltitze, von denen er erzählte, eines der ältesten sächsischen Adelshäuser, füllten meinen ganzen Sinn. Da war Karl von Miltitz, zu Luthers Zeit Herr auf Siebeneichen, der 1518 im Auftrag des Papstes Leo X. den Kurfürsten Friedrich den Weisen zu überreden versuchte, den Luther herauszugeben, was ihm gänzlich mißlang, und der dann zur Strafe in der Elbe ertrank; da war Dietrich von Miltitz, der zu Beginn des 19. Jahrhunderts auf Siebeneichen die Häupter der romantischen Bewegung um sich versammelte – der Freiherr von Hardenberg, Novalis' Vater, war Vormund der damaligen Miltitz-Kinder, und Novalis selber war häufig auf Siebeneichen zu Gast. Ich verbrachte den Tag und die Nacht auf dem Schloß und wanderte anderntags heim. Ich war nie wieder dort. Schloß Siebeneichen steht noch. Schloß Scharffenberg, das ältere der beiden Miltitz-Schlösser, wurde 1945 von den Russen und ihren Gehilfen, die Dringlicheres nicht zu tun hatten, abgerissen.

Als Haass-Berkow und seine Spielschar das letzte Mal zu uns kamen, spielten sie nicht im Hellerauer Festspielhaus, sondern auf einer richtigen Bühne, im Dresdener Albert-

Theater, dem einstigen Hoftheater, und füllten das Haus, wie stets und überall, wohin sie kamen, bis auf den letzten Platz. Und sie spielten bei dieser Gelegenheit auch nichts Mittelalterliches mehr, keinen herzergreifenden ›Totentanz‹, keinen mit Gott hadernden ›Theophilus‹, sondern ein richtiges Theaterstück von einem richtigen Verfasser, wenngleich ein höchst skurriles. Wie hieß es nur? Es handelte, so entsann ich mich, von einem, der sich vom Schmied ein Paar Flügel machen ließ, mit denen er zum Mond fliegen wollte, um aller irdischen Trübsal zu entfliehen, dabei aber Weib und liebreizendes Töchterlein mit sich ins Unglück riß und selbst ein jämmerliches Ende nahm. Aber der Flieger hatte eine große, wenngleich von holdem Wahnsinn beflügelte Vision von Gott, Himmel und Ewigkeit, und so blieb er doch, auch in seinem schaurigen Untergang, allen hoch überlegen, die ihn vordem verspottet. Meister Haass-Berkow machte jedes Wort dieser herzzerreißend-schnurrigen romantischen Moritat völlig glaubhaft.

Jahrzehntelang glaubte ich mich zu erinnern, das Stück habe ›Der Schneider von Ulm‹ geheißen und habe von jenem Schneidermeister Albrecht Berblinger zu Ulm gehandelt, der sich im Jahr 1811 ein Paar Flügel zimmerte, sich von der Adlerbastei in die Lüfte schwang, um die Donau zu überfliegen und bei diesem Unternehmen zu Tode stürzte. Wer hatte das Trauerspiel, das groteske, gedichtet? Ich wußte es nicht mehr und konnte es nicht herausbekommen. Der Stoff war ja oft behandelt worden. Brecht hatte ›Ein Kinderlied‹ über das Thema gedichtet, Max Eyth – der von ›Pflug und Schraubstock‹ – hatte 1906 einen Roman ›Der Schneider von Ulm‹, Otto Rombach noch 1936 eine Erzählung ›Der Ikarus von Ulm‹ geschrieben; aber das war es alles nicht. Ich hatte keinen Roman, kein Gedicht gelesen, sondern ein grausig poetisches Theaterstück gesehen. Von wem war es denn?

Unfug und törichtes Zeug! Was ist's nur mit dieser Geschichte, daß sie so kraus und verwildert daherkommt und durchaus nicht gerade laufen will? Es sah nicht so aus, als sollte ich die Sache mit dem Schneider von Ulm jemals herausbekommen. Doch halt! An dieser Stelle erwische ich sie vielleicht doch bei ihrem Schopf!

Ein halbes Jahrhundert ist nämlich inzwischen vergangen, und nun entdecke ich kürzlich in einem Antiquariatskatalog dies: ›Die Reiseschatten‹ von Justinus Kerner. Herausgegeben von Hermann Hesse. Keine Ahnung, was das sein mochte. Was kennt man denn heutzutage von diesem vergessenen Dichter und Arzt des schwäbischen Romantikerkreises? ›Die Seherin von Prevorst‹ bestenfalls, mit welcher ja wohl die Schilderung psychopathologischer Phänomene in der deutschen Literatur beginnt. Aber ›Reiseschatten‹? Von zehn literarischen Freunden, die man fragt, haben neun nie davon gehört, einer kennt den Titel, ein halber hat sie gelesen oder einer hat sie halb gelesen, es kommt aufs gleiche heraus. Doch sagte ich mir: wenn der alte Onkel Hesse, der sich auf derlei verstand, das Büchlein ausgegraben hat, dann wird es bestimmt was Schnurriges sein, und ließ es mir kommen. Insgeheim aber hatte ich eine Ahnung: das ist wohl eines der Bücher, von denen man schwören möchte, man habe sie nie in der Hand gehabt, und dann entdeckt man nach Jahr und Tag, daß sie einen auf der ganzen Lebensreise begleitet haben. So verhielt es sich.

Ich packte das kleine Buch, 1913 in Kiepenheuers Liebhaberbibliothek in Weimar erschienen, aus und wußte sofort: das kenne ich, das habe ich schon einmal so in der Hand gehalten, als Knabe, in Hellerau, das stand in meines Vaters Bücherwand, in der Gegend von Tieck und Uhland, zwischen ›Des Knaben Wunderhorn‹ und Brentanos Märchen, die ich als Kind fast auswendig kannte. Aber gelesen –?

Nein, das wohl nicht. Ich blätterte die hübsche kleine Halbleder-Ausgabe durch, stieß in dem verschachtelten, in zahllose kurze Kapitel und noch kürzere Unterkapitel aufgeteilten, geradezu zerbröselten Erzählungstext auf nichts, das mir bekannt war. Und plötzlich dann doch auf etwas, das mir zurief: das hast du zwar nicht gelesen, aber das hast du gesehen!

In die Erzählung sind nämlich mehrere kurze Zwischenspiele, skurrile kleine Theaterstücke eingeschoben. Das habe ich bei den Romantikern immer besonders geliebt. Das phantasmagorische Zwischenspiel vom ›Letzten König von Orplid‹, das der Schauspieler Larkens in Mörikes ›Maler Nolten‹ als Schattenspiel vorführt, hatte ich als Kind auf meinem Puppentheater inszeniert. So auch hier. Im ersten Drittel der ›Reiseschatten‹ des jungen Medizinstudenten Justinus Kerner steht das ›Nachspiel der zweiten Schattenreihe‹, das den Titel trägt ›Der Totengräber von Feldberg‹. Und plötzlich sah ich Haass-Berkows Programmzettel im Dresdener Albert-Theater wieder vor mir: Der Totengräber von Feldberg. Das war es. So hieß das Stück. So hatte ich es als Kind schon einmal gedruckt gesehen.

Die Handlung beginnt auf einem Kirchhof, neben dem die Wohnung des Totengräbers ist. »Erster Akt. Frühling. Sonntag morgens. Ein Handwerksbursche (geht des Wegs und singt):«

Mir träumt, ich flög' gar bange
Weit in die Welt hinaus,
Zu Straßburg durch alle Gassen,
Bis vor Feinsliebchens Haus.

Feinsliebchen ist betrübet,
Als ich so flieg und weint:
Wer dich so fliegen lehret,
Das ist der böse Feind.

Feinsliebchen, was hilft lügen,
Da du doch alles weißt!
Wer mich so fliegen lehrte,
Das ist der böse Geist.

Feinsliebchen weint und schreiet,
Daß ich am Schrei erwacht;
Da lieg ich, ach! in Augsburg
Gefangen auf der Wacht.

Und morgen muß ich hangen,
Feinslieb mich nicht mehr ruft,
Wohl morgen als ein Vogel
Schwank ich in freier Luft.

Das war es. Das war der ›Schneider von Ulm‹! Es war seine Geschichte, nur hatte Kerner aus dem Schneider einen Totengräber gemacht, und Haass-Berkow hatte in dem Totengräber, der sich Flügel schmieden läßt, um mit den Geistern und Gerippen der Abgeschiedenen zum Himmel aufzufliegen, einen neuen Theophilus erkannt und das verrückte, von den absonderlichsten Einfällen wimmelnde Stückchen des Romantikers in ein gewaltiges Ringen der irdischen Kreatur mit dem »bösen Feind« umfunktioniert. Das Liedchen des Handwerksburschen war das Leitmotiv. Nur was Straßburg und Augsburg in der gräßlichen Sache zu schaffen haben, verstehe ich noch immer nicht.

Oder stimmt da überhaupt etwas nicht? Justinus Kerner kann die schaudervolle Geschichte vom Schneidermeister Albrecht Berblinger gerade eben erst vernommen haben – sie ereignete sich 1811 und wurde in der Ulmer Chronik von D. A. Schultes sogleich berichtet –, als er sie bereits, flugs dramatisiert, in seine ›Reiseschatten‹ einkomponierte, denn sein Buch erschien noch im nämlichen Jahr 1811. Als Berblinger zu Tode stürzte, waren die ›Reiseschatten‹ bereits zu zwei Dritteln geschrieben. Rasche, blitzartig inspirierte Arbeit das. Oder war's nur ein zufälliges Zusammentreffen, hatte der Totengräber mit dem Schneider gar nichts zu tun? Der Schneider stürzt sich, wie nicht anders vorauszusehen, zu Tode. Nicht so der Totengräber. Der versucht und versucht, aufzufliegen und bringt's nicht zuwege; schon sind Frau und Töchterlein über seinem Starrsinn halb um den Verstand; da meint sein Freund, der Schmied, der ihm die Flügel gefertigt, gleich würde es gehen, er müßte nur dem Teufel sich verschreiben!

Das unglückliche Weib lamentiert:

> Weh! o weh! ich bemerk es schon lange,
> Er sieht immer mehr wie ein Vogel aus!

Freund Schmied meint: »Er war immer tiefsinnig und nachdenklich und ein verdammter Brauskopf.« Der Totengräber aber versichert: »Diese Nacht flog ich mit einem Totengerippe dem Monde zu.« Wahr gesprochen. Er hat es auf dem Kirchhof noch einmal versucht, vergeblich, da ist ihm der böse Geist erschienen, der ihm zu helfen verspricht und einen Pakt mit ihm macht: »Gelöst soll dir das große Rätsel sein / Dem Vogel gleich in Lüften frei zu schweben / Wirst blindlings du nach meinem Willen leben.« Nun kann er fliegen. Aber der Böse zwingt ihn als Entgelt, Frau und Töchterlein zu ermorden, und es bleibt ihm nichts, er muß es tun, und er endet am Galgen. Der Handwerksbursche tritt auf und wiederholt sein trauriges Liedchen. Der Vorhang fällt.

Das hatte nun allerdings mit Berblinger gar nichts mehr zu tun. Mich beschlich ein Verdacht, daß vielleicht doch kein Zusammenhang bestehe. Vielleicht kannte Kerner die Ulmer Geschichte zu jener Zeit noch nicht? Aber wie sollte er sie nicht gekannt haben! Tatsächlich verfaßte nahezu sechzig

Jahre später Theobald Kerner, sein Sohn, doch wahrhaftig ein Singspiel ›Der fliegende Schneider‹! Also doch ein Schneider-Theaterstück! Nun, ich jedenfalls hatte den ›Totengräber von Feldberg‹ gesehen, mit dem bewunderten Haass-Berkow als dem vom »bösen Feind« verführten und dennoch zuletzt über alles Irdische triumphierenden armen Mann. Der »böse Feind« – in Kerners Stück heißt er »Der böse Geist« – wurde, wie sich's gehörte, von meinem Teufelsfreund gespielt.

Jetzt weiß ich es alles wieder. Und noch etwas dazu. Gesehen hatte ich es. Aber gelesen? Ich nahm mir die ›Reiseschatten‹ nun gehörig von Anfang an vor. Das Büchlein ist in zwölf ›Schattenreihen‹ gegliedert, die wieder in eine Anzahl von ›Vorstellungen‹ unterteilt sind, und in die Vorstellungen sind hin und wieder die Nach- oder Zwischenspiele eingefügt. Das Nachspiel zur ersten Schattenreihe heißt ›König Eginhard – ein chinesisches Schattenspiel‹; ›Der Totengräber von Feldberg‹ ist das Nachspiel zur zweiten ›Schattenreihe‹; und das Zwischenspiel der zwölften ›Schattenreihe‹ ist ›Das Krippenspiel in Nürnberg‹ in vierzehn (!) Aufzügen. Der Hans Sachs-Wiedererwecker Haass-Berkow wußte genau, was er tat: er war instinktsicher auf der richtigen Fährte von den Mirakelspielen des Hochmittelalters zur »paradoxen Entgegenstrebung« (wie Bonaventura-Klingemann es nannte) der poetisch-polemischen Romantik. Sein verfremdeter Schneider von Ulm war ein spätgotisch-romantischer Totentanz mit nicht wenigen Anklängen des deutschen Expressionismus.

Man denkt sogleich an Bonaventuras ›Erste Nachtwache‹, wenn man in der ›Ersten Vorstellung‹ der ›Reiseschatten‹ liest:

»Ich ging der schönen gotischen Kirche zu; ein schwarzer Sarg stand sie, noch nicht vom Monde beleuchtet, in Trauer da; lange Seufzer ertönten in ihr, die Pulse der Uhr. Immer schauriger und ernster wurden Nacht und Stille um sie... Da kam der Mond aus den Wolken und die heiligen Bilder traten in verklärtem Scheine hervor. Auf flogen mit hellem Klang die Tore der Kirche, und ein langer Zug weißgekleideter Männer und Frauen schwebte durch sie ein ... da sang eine dumpfe Stimme, wie aus den Tiefen ihres Chores, es war der Geist der Kirche...«

Oder an den Anfang von Varnhagens ›Doppelroman‹:

»Schon in tiefster Stille lag die ganze Stadt; auf den leeren Gassen und Plätzen regte sich nichts als ein streifender Wind, von dessen Anstoße die Schilder an den Häusern hin und her schwankten, und mit seltsamem Geräusch das Schweigen unterbrachen... Kalt wehte ihm die Nachtluft entgegen, widrig, feucht und erfüllt von durchbebenden Gliederschauern. Die Wolken flogen düster vorbei, wenig nur von der Hellung des Mondes durchschimmert. Unerfreulich standen die Häuser in grauen Massen, ohne fröhlichen lebendigen Reiz, die schwarzen Fenster sahen herab wie dunkle Feindesaugen...«

Es ist eine geschlossene Welt, in sich völlig stimmig auch in den Lebensaltern derer, die sie schufen. Zwischen zweiundzwanzig und achtundzwanzig – das ist der schöpferische Augenblick der romantischen »paradoxen Entgegenstrebung«: Varnhagen schrieb den ›Doppelroman‹ mit zweiundzwanzig; Kerner und Brentano waren vierundzwanzig, als der eine die ›Reiseschatten‹, der andere ›Godwi‹ schrieb; Tieck sechsundzwanzig, als er den ›Gestiefelten Kater‹ schrieb, von dem vieles in die ›Reiseschatten‹ einging; Klingemann und Mörike sieben- und achtundzwanzig zur Zeit des ›Bonaventura‹ und des ›Maler Nolten‹, der nun das chinesische Schattenspiel aus der Skurrilität zwanzig Jahre später in die lauterste Poesie erhebt.

Doch was sag' ich? Schon wieder verläuft sich die Sache.

Denn auf den Anfang der ›Reiseschatten‹ kommt es mir ja an. In der ›Dritten Vorstellung‹ der ›Ersten Schattenreihe‹ nämlich – jetzt, da ich es ordentlich lese – nimmt der reisende Ich-Erzähler in Nürnberg eine Postkutsche, mit anderen Reisenden, einem Chemikus, einem Pfarrer, einem Schreiner und dem »wahnsinnigen Dichter Holder«. Der ist kein anderer als der arme Hölderlin, der zur Zeit, da die ›Reiseschatten‹ geschrieben wurden, sich schon seit einigen Jahren in der Obhut des ›Clinicums‹ befand. Holder – es war der Name, bei dem seine Freunde Hölderlin zu nennen pflegten! – gerät, »mit starker Liebeswut« rezitierend, alsbald in »konvulsivische Verzuckungen«, so daß man ihn auf den Bock zum Postillon setzen muß; aber er entweicht und taucht – nachdem »vier Zwerge, die sich auf der Leipziger Messe um Geld sehen lassen wollten, in einer Art von Kasten in den Wagen gestellt worden waren« – in der ›Ersten Vorstellung‹ der Zweiten Schattenreihe wieder auf:

»Der Mond stieg immer heller und voller über die Berge. Da ersah ich plötzlich, wie ein Reiter auf einem weißen, dürren Gaule einhergeritten kam; der alte Gaul war gar seltsam mit Blumen behängt, der Reiter aber hatte ein langes weißes Tuch im sonderbarsten Faltenwurf um sich geschlungen und eine hohe Lilie in der Hand. Ich erkannte alsbald in ihm den wahnsinnigen Dichter Holder. Mit wildem Singen kam er durchs Tal her, und die Zwerge schlichen furchtsam wieder in ihre Kästen.«

Nun, da ich, noch ganz am Anfang des Buches, zu dieser Stelle gekommen war, wußte ich auch dies: mein Großer Kamerad hatte recht gehabt, als er mich fragte: wo hast du das her? und ich unrecht, als ich versicherte: nirgends, es hat mir geträumt. Da war der Reiter, der neben der Postkutsche einherritt, während drinnen das lebhafteste Gespräch mitsamt chinesischen Schattenspielen, welche der

Erzähler den Mitreisenden vorführt, vor sich ging. Nichts davon geträumt! Ich hatte die ersten Seiten der ›Reiseschatten‹ offensichtlich als Kind gelesen, in des Vaters Bücherwand standen sie ja, war über den Anfang wohl nicht hinausgekommen und hatte sie, indem ich den Erzähler von innen nach außen und aufs Pferd versetzte, weiter gesponnen auf meine naseweise Kinderart, und was Wunder, daß mir nachher kein Schluß einfiel! Ich wußte von dem Buch, ohne es zu wissen; ich kannte es, ohne es zu kennen; hatte es gelesen, ohne es wirklich gelesen zu haben. Und nun, Jahrzehnte später, auf den verwildertsten Pfaden, ist es zu mir zurückgekommen und hat sich mir enthüllt in der Neujahrsnacht.

Doch schäme ich mich nicht, da ich ja nicht wußte, daß ich den Großen Kameraden irregeführt hatte. Und schon gar nicht, da ich unterdessen entdeckt habe, daß ich mich in guter Gesellschaft befinde. Hat Gerhart Hauptmann die ›Reiseschatten‹ von Justinus Kerner gelesen, wußte er, erinnerte er sich, daß er sie von frühauf kannte? Denn was ist denn seine Erzählung ›Die Spitzhacke‹ anderes als eine skurrile Ausspinnung einer der lustigsten und dabei kürzesten kleinen Episoden in den ›Reiseschatten‹; wie nämlich in der ›Zwölften Vorstellung‹ dem in der Ecke des Postwagens schlummernden Erzähler träumt:

»– als wäre ein Tumult, Aufruhr und Krieg in allen Wirtshäusern des Ortes, alle Schilde der Wirte waren lebendig geworden und liefen in Effigie in den Straßen umher und suchten einander zum Kampfe auf« ... Die Drei Mohren, der König von England, der Goldene Esel, das Lamm, der Bär, der Elefant, der Engel, die Goldene Sonne [ziemlich haargenau so bei Hauptmann], bis schließlich in allen Wirtshäusern ein Ball mit freiem Eintritt und freier Tafel stattfindet, »in welche Wirtshäuser alle zu gleicher Zeit ich den Bronnenmacher mit dem Pfarrer siebenfach zur Tür eingehen und alsbald auch in allen siebenfach an der Tafel sitzen sah.«

Und nicht nur der Krieg der Wirtshausschilder bei Hauptmann! Unter Hauptmanns nachgelassenen Fragmenten gibt es ein Dramenbruchstück betitelt ›Die hohe Lilie‹. Ist sie es, die der arme Holder in der Hand hielt? Aber nein. Bei Hauptmann ist die ›hohe Lilie‹ der Name eines Wirtshauses und des schönen Wirtstöchterleins!

Was für ein absonderlicher Bursche der junge Medizinstudent Kerner gewesen sein muß um die Zeit, als er auf seine große Wanderfahrt durch die deutschen Lande ging, auf welcher die ›Reiseschatten‹ entstanden! Der dreiundzwanzigjährige Varnhagen hat den um ein Jahr Jüngeren geschildert, wie er ihn in Tübingen kannte. Das schmuddlige enge Städtchen mißfiel ihm sehr, und Varnhagen wäre wohl gleich wieder abgereist, wenn er nicht den Medizinstudenten Kerner kennengelernt hätte, der ihm alsbald ein lieber Freund wurde. Sie logierten im selben Haus, und durch Kerner lernte er Uhland kennen – »zwei liebe, herrliche Menschen, ächte, ursprüngliche Seelen, reich begabt mit innerem Leben und äußerem Talent«. So in Varnhagens ›Denkwürdigkeiten‹:

»... mich freut es jedesmal, wenn der liebe treue Mensch Abends zur mir hereintritt, und an meinem Tische seine Dissertation schreibt, während ich an meinen Sachen fortarbeite, als wäre niemand zugegen. Später sieht er dann mit Bewunderung, wie ich Thee trinke, anstatt des Schoppen Weins, der den Leuten hier so wohlschmeckt, und wir plaudern dann offen und frei über alles Mögliche. Er hat den lebendigsten Sinn für Scherz, für alles Komische und Barocke, und eine Art von Leidenschaft, dasselbe ans Licht zu bringen und zu fördern. Da er es mit der Einsiedlerzeitung hält, so hat er deren Gegner, die Herausgeber des

Morgenblatts und Cotta'n selbst, durch manchen launigen Einfall geärgert. Sobald er Doktor geworden, reis't er nach Hamburg, und von da nach Kopenhagen oder Wien; auf ihn werden die großen Städte schon wirken! Zu seiner Dissertation hat er Bemerkungen über das Gehör gewählt und deßhalb ganz neue Versuche mit Thieren angestellt. In seiner Stube lebt er mit Hunden, Katzen, Hühnern, Gänsen, Eulen, Eichhörnchen, Kröten, Eidechsen, Mäusen, und man weiß was noch sonst für Gethier, ganz freundschaftlich zusammen, und hat nur seine Noth, Thür und Fenster zu verwahren, daß ihm die Gäste nicht entschlüpfen; ob seine Bücher oder Kleider in Gefahr sind, ob ihn ein Thier im Schlaf anschnopert, oder unversehens aufgeschreckt nach ihm beißt, das kümmert ihn nicht.«

»Seine Versuche sind schlau und sinnreich, und er sucht alle Quälereien zu vermeiden. Überhaupt steht er der Natur sehr nah, und besonders ihrer dunklen Seite. Seine Augen haben etwas Geisterhaftes und Frommes; sein Herz kann er willkürlich schneller schlagen machen, aber es ist nicht eben so wieder zu hemmen; die Erscheinungen, welche neulich Ritter an Campetti beobachtet hat, die Pendelschwingungen des Ringes am seidnen Faden, das Umdrehen des Schlüssels mit dem Buche, und alles dergleichen zauberhaft Magnetisches tritt bei ihm in auffallender Stärke hervor. Er selbst hat etwas Somnambüles, das ihn auch im Scherz und Lachen begleitet. Er kann lange sinnen und träumen, und dann plötzlich auffahren, wo dann der Schreck der Andern ihm gleich wieder zum Scherze dient. Wahnsinnige kann er nachmachen, daß man zusammenschaudert, und obwohl er dies possenhaft beginnt, so ist ihm doch im Verlauf nicht possenhaft dabei zu Muthe.«

»In der Poesie ist ihm das Wunderbare der Volksromane, der einfache Laut und die rohe Kraft der Volkslieder am verwandtesten, Dichtungen höherer Art läßt er gelten, aber er begehrt ihrer nicht; so spricht er auch mit Vorliebe die rohe Landsmundart, will sie nicht ablegen und verstockt sich wohl gar gegen die Schriftsprache. Der Sinn für gebildete Kunst tritt zurück; in der Musik hat er sich die Maultrommel zugeeignet, und weiß dem geringen und doch wunderlichen Instrument die zartesten und rührendsten Töne zu entlocken. Nun denkt euch noch die einfachste, ganz vernachlässigte Kleidung, völlige Gleichgültigkeit gegen die Dinge, mit denen man sich berührt, vorgebeugte Haltung, ungleichen, ungraden Gang, eine stete Neigung sich anzulehnen oder niederzulegen, wie er denn lieber auf einem Stuhl unbequem liegt als bequem sitzt, und bei allem diesen einen doch schlanken, wohlgewachsenen, ganz hübschen Jungen – so habt ihr ein vollständiges Bild meines Kerner's.«

So haben auch wir es. Damals, im Winter 1808 in Tübingen, hatte der zweiundzwanzigjährige Kerner außer Gedichten noch nichts Größeres geschrieben oder veröffentlicht. Eines Tags jedoch, Ende Dezember führte er Varnhagen zu Hölderlin:

»Wie ein Strafschauder traf es mich, als ich zuerst vernahm, Hölderlin lebe hier seit ein paar Jahren als Wahnsinniger! Der edle Dichter des Hyperion, und so manchen herrlichen Liedes voll Sehnsucht und Heldenmuth, hatte allerdings eine Uebersetzung des Sophokles in Druck gegeben, die mir ziemlich toll vorgekommen war, aber nur litterarisch toll, worin man bei uns sehr weit gehen kann, ohne grade wahnsinnig zu sein, oder dafür gehalten zu werden. Diese Tollheit zu rügen, war völlig erlaubt, und ich hatte mir für den Doppelroman, zu den übrigen litterarischen Figuren, auch einen Uebersetzer Wacholder ausgedacht, der wie Hölderlin's Sophokles werden sollte.« Was der ›Doppelroman‹ war, ist an späterer Stelle erzählt.

Die Sophokles-Übersetzung war im April 1804 in Frankfurt erschienen. Im Juni holte Sinclair – den Varnhagen zehn Jahre später auf dem Wiener Kongreß kennenlernte – den kranken Freund nach Homburg, wo er zwei Jahre bei ihm lebte. Im September 1806 lieferte Sinclair den Freund im Autenriethschen Clinicum in Tübingen ein, und im Jahr darauf wurde Hölderlin in Pflege zu dem Schreinermeister Zimmer in Tübingen gegeben. Dort, in seinem »Turm«, dämmerte er noch sechsunddreißig Jahre hin. Als Varnhagen und Kerner ihn im Dezember 1808 besuchten, war Hölderlin achtunddreißig Jahre alt und lebte erst seit einem Jahr in seinem Turm. Der junge Varnhagen war unendlich erleichtert, daß er sein ursprüngliches, frevlerisches Vorhaben nicht verwirklicht hatte:

»Nur durch Zufall unterblieb es, und wahrlich mir zum Heil! Denn mir wäre es ein schrecklicher Gedanke, einen Geisteskranken verspottet zu haben, eben so schauderhaft, wie eine Leiche prügeln zu wollen! Wie kläglich erscheint das irdische Beginnen, wie ohnmächtig der Haß und die Liebe, gegen das unerreichbare Entrückte! wie heiligend der Tod und großes Unglück! Der Scherz gegen Hölderlin hätte freilich ihn selber nie berührt, wäre nicht böse gemeint gewesen, war in seiner Voraussetzung nicht unrecht einmal, und diese Voraussetzung war die argloseste: aber doch ist es mir unendlich lieb, daß dieser Ausfall nicht geschah, ich fühle mich wie einer großen Gefahr, einem tiefen Frevel entgangen. Der arme Hölderlin!«

Nicht so Kerner. Er tat eben das, wovor Varnhagen zurückschauderte, freilich nicht ganz ohne Bedenken und Zweifel, ob er recht getan, wovon seine Briefe an Uhland zeugen, aber letztlich doch guten und reinen Gewissens, daß sein Scherz den umnachteten Dichter nicht berühren konnte. Scherz? Varnhagen hatte wohl einen Scherz im Sinn gehabt;

Kerner vielleicht auch, aber er gelang ihm nicht, denn in diesem ganzen tollen und übermütigen Buch ist unter allen Reiseschatten der wahnsinnige Dichter Holder die einzige Gestalt, die in all ihrer wilden romantischen Kostümierung als ergreifend tragisch im Gedächtnis bleibt.

Holder-Hölderlin war für die Zeitgenossen leicht zu entschlüsseln. Bei anderen Figuren fällt es schwerer. Herausgeber Hesse fand es nicht der Mühe wert – und man muß es ihm verargen – uns zu sagen, wer sie alle sind, die da in der Postkutsche, dann zu Schiff und wieder zu Pferd oder zu Fuß aus Schwaben nach Norden und von dort wieder nach Süden bis in die Stadt Wien reisen, unterwegs die merkwürdigsten Erlebnisse haben und die sonderbarsten Gespräche führen. Er sagt uns nur, daß der Dichter mit den »Plattisten«, die in der Kutsche sitzen, die Aufklärer und Feinde der Romantik verhöhnt; daß ihr Organ ›Der schmekkende Wurm‹ und ihr Verleger, der »Popanz« Cotta und sein ›Morgenblatt für gebildete Stände‹ sind; daß der am Ende der zweiten ›Schattenreihe‹ verspottete Dichter Schönaich kein anderer als Kotzebue sei. Mehr nicht, und mir ist's nicht genug.

Selber habe ich noch einiges herausgebracht. Der Balladendichter Kullikeia scheint ein Selbstporträt Kerners zu sein. Der Antiquarius Haselhuhn, über den der Scherze kein Ende ist, ist kein anderer als der hochwürdige und berühmte Übersetzer der alten Griechen Karl Philipp Conz, der zwischen 1788 – damals selber noch ein junger Mann von sechsundzwanzig Jahren – und 1793 Hölderlins Lehrer am Tübinger Stift war. Auch ansonsten hatte Kerner eine Anzahl Tübinger Professoren verspottet, was man in Tübingen wohl erkannte, ohne aber die Getroffenen recht herauszufinden. Wie Kerners und Uhlands Freund Karl Mayer in einem Brief mitteilt, bat eine Tübinger Bekannte Kerner um eine Erklärung der Personen. Der erwiderte indessen, er habe keine bestimmten Personen im Auge gehabt, sondern habe »bloß seine Verachtung aller Gelehrsamkeit an den Tag legen wollen«. Und was das ›Wirtshaus zum grünen Rezensenten‹ und die ›blühenden Schuhbürsten‹ zu bedeuten haben – wer weiß.

Endlich die Marionetten- und Schattenspiele! Die erste Ausgabe der ›Reiseschatten‹ erschien nicht unter Kerners Namen, sondern anonym. Als Verfasser war lediglich angegeben ›Von dem Schattenspieler Luchs‹, womit gewiß ›Lux‹, ›Licht‹, gemeint ist. Sogenannte ›chinesische Schattenspiele‹ waren unter den Romantikern hochbeliebt. Varnhagen zum Beispiel war als junger Student ein geschickter Silhouettenschneider, und möglicherweise kam Kerner durch Varnhagen auf diesen Spaß. Schattenspiele und Marionettenspiele gehen hier freilich durcheinander. Kerner war von beidem fasziniert. Varnhagen gab jedenfalls Kerner, als er sich auf die verheißene Reise machte, einen Brief an seine Schwester Rosa Maria mit, die in Hamburg Kindererzieherin bei einer Madame Oppenheimer war, und durch sie sah Kerner in Hamburg »ein jüdisches Marionettenstück«. Eine Figur, berichtete Kerner an Uhland, sei »bald ein Riese, bald ein Zwerg« gewesen, und Rosa Varnhagen habe ihm gar von einem Marionettenstück erzählt, »wo eine Jungfrau vorkomme, die plötzlich zu einem Luftballon wurde, die Kinder springen in das Schiffchen, und der Ballon fährt mit ihnen davon«. Derlei Hokuspokus ereignet sich in den ›Reiseschatten‹ beinahe auf jeder Seite.

Es ist, wir sagten es schon, Justinus Kerners eigene Medizinstudenten-Reise von Schwaben nach Hamburg und von dort nach Wien, die er in den ›Reiseschatten‹ schildert, in den Jahren 1809–1810, und es scheint, daß er das Büchlein unterwegs schrieb, so wie er es erlebte. »Kerner«, schrieb

Uhland an den gemeinsamen Freund Karl Mayer, »ist heute drei Wochen abgereist, ich habe ihn mit Kölle nach Reutlingen begleitet, wo er über Nacht blieb und am andern Tage mit der Diligence weiterfuhr ... Kerner ist noch in Ludwigsburg, von wo aus er bereits angefangen, mir eine Reisebeschreibung unter dem Namen Ombres Chinoises oder Schattenbriefe zu schicken, worin das meiste im Äther der Poesie flattert und nur auf einen geringen Boden von Wirklichkeit gegründet ist. Es ist viel Herrliches darin ...« Das Büchlein, durchaus planlos in seiner Komposition, folgt jedoch nicht dem Weg, den Kerner auf seiner Reise nahm. Es spielt bald in Hamburg, bald in Tübingen, bald in Nürnberg und ist ganz episodenhaft: Bilder, die wie in einer Laterna Magica vorüberziehen und immer einzelne Episoden darstellen. Wohl möglich, daß er die Episoden ohne bestimmte Reihenfolge schrieb und sie erst, als er sie alle beisammen hatte, daheim in einer Ordnung zusammenstellte. Das könnte erklären, wie der fliegende Schneider von Ulm doch noch hineingelangte.

In Wien begegnete er Freund Varnhagen wieder. Als dieser in einem Laden zufällig hörte, es sei ein sonderbarer Fremder in der Stadt eingetroffen, der eine Maultrommel spiele, wußte er sogleich: das konnte nur »unser Kerner« sein, machte ihn ausfindig und fiel ihm um den Hals. Im Frühjahr 1810 verließ Kerner Wien. Um diese Zeit hatte er, wie Uhland berichtet, bereits »den größten Teil seiner Reise in phantastisch humoristischen Schattenbriefen geschrieben«. Er reiste über München, Regensburg und Nürnberg nach Augsburg und ließ sich im Oktober 1810 als Badearzt in Wildbad nieder. Neun Jahre später ging er dauernd als Amtsarzt nach Weinsberg, und dort begegnete ihm in seiner Praxis die Kaufmannsfrau Friederike Hauffe, deren mediale Erscheinungen ihn fesselten. Er beherbergte sie mehrere

Jahre lang bei sich, wie einstmals in Tübingen seine Hühner, Mäuse und Eichhörnchen, und beobachtete sie, und aus diesen Beobachtungen entstand der zweibändige Roman ›Die Seherin von Prevorst‹, der 1829 erschien und heute wohl das einzige Buch ist, das man von Kerner noch kennt. Und hier taucht eine letzte Vertracktheit der ›Reiseschatten‹ auf, und sie hängt mit dem ›Totengräber von Feldberg‹ zusammen, mit dem diese ganze Geschichte begann.

In der dritten Vorstellung der zweiten ›Schattenreihe‹ ist die Reisegesellschaft in einem Städtchen angelangt, wo gerade ein Volksfest gefeiert wird und eine Komödiantentruppe eine Schaustellung vorbereitet. »Ich hatte viel zu schaffen, bis ich Holder dem Gegaff der Bauern entzogen und in das Wirtshaus gebracht hatte: denn er blieb vor einem Stiefel, der an eines Schuhmachers Haus gemalt war, stehen und wollte mit Gewalt den gemalten Stiefel anziehen. Endlich zog ich ihn mit Hilfe der Studenten ins Zimmer.« Aber der wahnsinnige Dichter springt zum Fenster hinaus und entweicht – aus der Stadt und aus der Geschichte.

»Die Komödianten hatten im Sinne, noch diesen Abend das herrliche Schauspiel von Schönaich, die Sonnenjungfrau, aufzuführen, deswegen befand sich schon ein großer Haufe gebildeten Publikums in den oberen Zimmern des Wirtshauses versammelt. Die untern Zimmer und die freien Plätze vor dem Hause waren voll von Studenten, die von der benachbarten Universität herbeigeritten kamen, alle Freunde und Bekannte von uns. Als die Studenten den angeschlagenen Komödienzettel gelesen, entstand bald ein großes Murren unter ihnen; einige zogen ihre Stockdegen und durchstachen Schönaichs Namen, andere drohten in Gegenwart der Schauspieler laut, wenn die Sonne im Stück aufsteige, einstimmig Feuerjoh! zu schreien.«

Der Schauspieldirektor ist verzweifelt. Was solle er denn

anderes spielen? Das gebildete Publikum – der Anschlagzettel – Aber die Studenten sind unerbittlich: Schönaich-Kotzebues Stück darf nicht gespielt werden, sie sind entschlossen, die ganze Veranstaltung »umzufunktionieren«, und ihr Anführer, der »studierende Graf Wolf« – wer mag das nun wieder gewesen sein? – nötigt den Direktor, statt der ›Sonnenjungfrau‹ etwas anderes aufzuführen: »Das kleine Spiel ›Der Totengräber von Feldberg‹, das bringt Sie nicht außer Atem.« Und so geschieht es.

Kerner schwärmte, wie er selbst bekannte, für Tiecks ›Gestiefelten Kater‹ und borgte sich für das nun Folgende seinen berühmten Kunstgriff mit dem mitspielenden Publikum aus. Das Theater ist in einer Scheune errichtet, und das Publikum, das nicht weiß, daß ein ganz anderes Stück gespielt werden wird als das angekündigte, unterhält sich über das zu Erwartende. Da tritt der Schauspieldirektor vor den Vorhang und kündigt die Änderung an:

»Es herrschte einige Minuten Totenstille, das gebildete Publikum saß ganz erstarrt und erbleicht, da brüllten auf einmal die vierzig Studenten unisono: bravo! und wieder bravo! und bravissimo ... ›Der Totengräber von Feldberg‹, ergriff ein Plattiste endlich das Wort, ›diese grelle, unmoralische, gehaltlose Fratze, ohne allen Zusammenhang, ohne alle Haltung und Verwicklung, wo in einer Szene nur drei Worte gesprochen werden wie in einem Krippenspiel, die einem gebildeten Publiko vorzulegen? Nein!‹

»›Nein! nein! die Aufführung einer so abergläubischen Fratze‹, sprach ein Pfarrherr zu dem neben ihm sitzenden Magister, ›darf schon von Polizei wegen nicht geduldet werden. Es erscheint in dieser Fratze gegen alle Aufklärung der Teufel, und zwei Totengerippe erheben sich aus dem Grabe und sprechen. Der Verfasser ist dem Publiko nicht so bekannt, ich weiß aber von sichrer Hand, daß es der Herausgeber der Seherin von Prevorst ist, jener abergläubischen Geschichte, die man auch schon längst hätte verbrennen sollen.‹ – ›Nun, in einer Dichtung‹, erwidert der Magister, ›will ich den Teufel und Geister noch passieren lassen; aber freilich sie als wirklich existierend anzunehmen, wie es jener famöse Geisterseher sonst in seinen Schriften tut, das ist abominabel und höchst verpönt.‹«

So geht es noch ein Weilchen weiter. »Ein so albernes, kindisches Machwerk sollten wir anhören?« schreit ein Schulprovisor. »Wer gebildet, wer geistreich ist, der gehe!« Das gebildete Publikum schickt sich an, die Theaterscheune empört zu verlassen, aber die Studenten ziehen ihre »Hieber« und drohen jeden zu erstechen, der sich der Türe naht. »Was war zu machen? Das gebildete Publikum ward gezwungen, zu seinem Ärger zu bleiben ... Es herrschte Totenstille, der Vorhang ward aufgezogen, und das Spiel nahm seinen Anfang: Der Totengräber von Feldberg.«

Was aber ist das nun wieder? Die ›Reiseschatten‹ erschienen im Frühjahr 1811. Justinus Kerner liebte es, wie alle Romantiker, sich selbst zu zitieren, die ›Reiseschatten‹ geben mehrere Beispiele. Aber wie konnte er die »abergläubische Geschichte« von der ›Seherin von Prevorst‹ zitieren, die er erst achtzehn Jahre später, 1829, schrieb, wie sich selbst 1811 als den »famösen Geisterseher« mit seinen abominablen Schriften anführen, der er damals noch lange nicht war, der er mit seinen Untersuchungen medialer Erscheinungen erst mehr als ein Jahrzehnt später wurde? Sollte er den ›Totengräber‹ mit seiner Tieck'schen Rahmengeschichte erst viel später in das Jugendwerk hineingeflickt haben? Wenn er es tat, dann wäre auch die Parallele mit dem fliegenden Schneider plausibler. Aber ich weiß mir's nicht zu erklären. Dieses Buch ist so voller Anspielungen, daß man es wohl niemals ganz entschlüsseln wird. Und warum auch?

Am 29. Mai 1811, als es eben erschienen war, schrieb Gustav Schwab an Kerner:

»Liebster Kerner ... empfangen Sie hier den herzlichsten Dank für die Übersendung Ihrer Reiseschatten; das herrliche Buch war mir wieder ganz neu, und ich habe auch schon recht viele meiner Freunde mit der Lektüre desselben erquickt; es findet allgemeinen Beifall, auch bei den Nichtromantikern, denn die Tafel ist hier für jeden, der Sinn fürs Bessere hat, gedeckt.«

Nachschrift

Nachdem ich das Vorstehende niedergeschrieben und zum größeren Teil in unserem landeshauptstädtischen, zwar durchaus aufklärerisch-plattistischen, aber dem romantisch-poetischen Höheren und Besseren immerhin zugänglichen Morgenblatt für gebildete Stände veröffentlicht hatte, erhielt ich, wie erbeten, von vielen Lesern Briefe mit neuen Auskünften, welche ich dem Publiko nicht vorenthalten darf. Denn es erwies sich, daß die Erinnerung des zwölfjährigen Knaben im ganzen wohl klar und richtig, in einigen Einzelheiten aber gänzlich in die Irre gegangen und der Berichtigung bedürftig war.

Mit der Hauptsache, dem Totengräber-Stück, verhält es sich gottlob so wie geschildert. Eine Leserin erklärte freilich streng, es sei keineswegs Kerners Stück, sondern Friedrich Lienhards ›Wieland der Schmied‹ gewesen, das Haass-Berkow aufführte, aber eine andere Leserin schickte mir alte Programme und Spielpläne der Wandertruppe, aus denen hervorging, daß sie in der Tat, zu verschiedenen Zeiten, beide Stücke spielte, und in Dresden war's nachweislich der ›Totengräber‹. Eine dritte alte Dame meldete sich und berichtete, sie habe damals des Totengräbers Kind gespielt. Eine vierte erinnerte sich an einen jungen Schauspieler, der voller Begeisterung eine Zeitlang Haass-Berkows Truppe angehörte; er hieß Werner Finck.

Mit den Miltitz und dem Teufel hingegen verhielt es sich anders, als der Knabe meinte; da hat er vieles durcheinander gebracht. Es gab keinen Grafen Miltitz, der der Truppe angehörte und den Teufel spielte. Es gab überhaupt keine Grafen von Miltitz. Die Schloßherren von Siebeneichen waren Freiherrn von Miltitz. Die damalige Schloßherrin, Monica von Miltitz, eine aufgeschlossene, an allen Künsten lebhaft interessierte Dame, die selbst zuweilen schrieb und einige Bücher veröffentlichte – sie ist erst kürzlich gestorben – lud Haass-Berkow und seine Truppe, als sie einmal in Meissen gastierte, zu sich aufs Schloß. Hieraus entwickelte sich eine enge, langjährige Freundschaft und Zusammenarbeit. Die Baronin Miltitz räumte der Truppe schon bald einen ganzen, unbenutzten Flügel ihres schönen Hauses ein, der zu ihrem ständigen Standquartier wurde, wo sie sich von ihren Fahrten ausruhen, aber auch proben und studieren und neue Aufführungen vorbereiten konnten. Die Baronin Monica begleitete die Truppe oft auf ihren Fahrten, und der Baron, obwohl er sich mehr für die Jagd und im Grunde wenig für die Komödianten interessierte, kam zuweilen auch mit und reiste mit ihnen, so wie sie es taten, in der vierten Klasse und auf den Koffern sitzend, durch die deutschen Lande.

Die Miltitz auf Siebeneichen hatten zwei Söhne, aber sie waren damals noch kleine Buben wie ich, zehn und zwölf Jahre alt, und kein Gedanke daran, daß einer von ihnen den Teufel gespielt hätte. Das weiß ich nun bestimmt von einem von ihnen, dem Freiherrn Ulrich von Miltitz, der mir einen herzlichen Brief geschrieben hat. Den Teufel – den ich, wie der Freiherr mir versichert, treffend geschildert habe – spielte ein junger Balte aus Riga namens Bevan Redlich, dessen Mutter Hausdame bei den Miltitz auf Siebeneichen war. So mag es wohl sein, daß er zu mir von »unserem Schloß« gesprochen hat, denn in gewissem Sinn war es das ja auch, und er und sie alle waren dort lange Zeit daheim, und mein Kindergemüt muß wohl gemeint haben, daß er dann nur der Herr von Miltitz in Person sein könne. Er sei, schreibt mir der Freiherr, ein »echter Mephisto« gewesen. Und wenn er mich gar zum Besten hielt, dann war dies Beste doch sehr gut und schön.

Und die liebreizende, betörende Stimme in der Regentonne? Auch sie habe ich wiedergefunden. Einen Engel spielte sie nicht, da haben mich die Briefe eines anderen belehrt, auch hier hat die Kindheitserinnerung etwas durcheinander gebracht. Aber einem der Briefe lag ein Päckchen alter, schon halb verblichener Amateur-Photographien von der ›Totentanz‹-Aufführung bei, und auf ihnen erkannte ich Gestalt und Antlitz der Entschwundenen sofort: sie war die »kranke Maid«, die der Gevatter Tod behutsam an der Hand in den Himmel führt. Ihren Namen weiß ich noch immer nicht. Aber ich werde sie nie vergessen.

Und damit, valete, liebe Freunde, lebet wohl.

DIE VERSUCHE UND HINDERNISSE KARLS

Von den Fährnissen eines Doppelromans

Im Oktober 1808 reiste Karl August Varnhagen von Ense, dreiundzwanzigjährig und Student der Medizin, mit seinem Freund Harscher von Berlin nach Tübingen, wo sie ihre Studien fortzusetzen gedachten. Sie unterbrachen die Reise auf einige Tage in Bayreuth, um dem verehrten Jean Paul ihre Aufwartung zu machen. Als sie anlangten, war Harscher, der häufig Übellaunige, mißgestimmt und ging nicht mit. Varnhagen sprach allein vor. Der Student war in den Dichterkreisen der Berliner Romantik bereits wohlbekannt, hatte schon manches an Gedichten und Aufsätzen veröffentlicht, und die Menschen, die Fouqué auf dem Gut Nenndorf seines Schwiegervaters, des Herrn von Briest, um sich versammelte, gehörten zu seinen engsten Freunden. Der Besuch bei Jean Paul war also durchaus keine impertinente Zudringlichkeit.

Jean Paul war damals fünfundvierzig Jahre alt und auf der Höhe seines Ruhms. Er lebte mit seiner Familie seit vier Jahren in Bayreuth. ›Titan‹ und ›Die Flegeljahre‹ waren erst jüngsthin erschienen, ›Doktor Katzenbergers Badereise‹ und ›Feldprediger Schmelzle‹ standen fürs nächste Jahr bevor. Varnhagen indessen begab sich nicht ohne Grund mit einer gewissen Bangigkeit zu ihm. Denn erst kürzlich hatten seine Freunde und er ein übermütig-ungezogenes Werklein an den Tag gegeben, das sie gemeinsam geschrieben hatten und das sie unter sich ihren ›Doppelroman‹ nannten. Jean Paul figurierte darin, und es stand zu befürchten, daß er darüber mißvergnügt sein könne. Freilich war das kleine Buch anonym erschienen, auch bisher wenig beachtet worden, und so hoffte der Student, Jean Paul werde vielleicht von ihm gar nichts gehört, geschweige denn es gelesen haben. In seinen ›Denkwürdigkeiten‹ berichtet Varnhagen über den Besuch:

»Als er sich neben mir auf das Sopha niedersetzte, hätte ich ihm beinahe in's Gesicht gelacht, denn indem er sich etwas bückte, sah er genau so aus, wie ihn unser Neumann in den ›Versuchen und Hindernissen‹ scherzhaft beschrieben, und wie und was er sprach, verstärkte den Eindruck in derselben Weise.«

Es ging alles gut. Die Rede kam nicht auf das fatale Buch; Varnhagen erkannte, daß Jean Paul nichts davon wußte. Man verstand sich vorzüglich, Varnhagen suchte die Familie wohl drei- oder viermal auf und fertigte auch, geschickter Scherenschneider, der er war, zum Entzücken Jean Pauls einige hübsche Schattenrisse der Kinder an. Aber er konnte es doch nicht lassen und mußte bei seinem Abschiedsbesuch doch von selber von der mißlichen Sache anfangen:

»Als ich mir den trefflichen Mann in seinem Werthe so betrachtete und erwog, schlug mir plötzlich das Gewissen. Ich mußte an unseren Doppelroman, die ›Versuche und Hindernisse‹ gedenken, und an die komische Figur, welche Jean Paul unter diesem seinen Namen und in seiner eigensten Manier darin spielt. Zwar hatte ich gerade an dieser Figur den wenigsten Anteil, sie war, ihren besten und eindringlichsten Zügen nach, das Werk von Neumann, aber an dem ganzen war ich doch mitschuldig, und es kam mir wie eine Treulosigkeit vor, von Jean Paul jetzt zu scheiden, ohne ihm den Frevel zu bekennen. Ich erzählte ihm also die Entstehung des Buches, den ungefähren Inhalt, und daß und wie neben Johannes von Müller und Johann Heinrich Voss auch er selber darin vorkomme.«

Jean Paul hörte ihn gelassen an, freute sich des Scherzes, hoffte, er werde ihn als gut und gelungen anerkennen können, und rechnete es dem jungen Literaten besonders an, daß er den Drang verspürt hatte, ihm davon zu sprechen. Varnhagen fährt fort:

»Er verstand vollkommen, wie es gemeint war, und begriff die Stimmung, die uns verleiten gekonnt, gerade unsre gefeierten Helden mit dergleichen Muthwillen anzugreifen. ›Alles, alles aber, rief er aus, kommt darauf an, daß die Sache wirklich gelungen ist! Das Ästhetische muß euch retten, ist das nicht gut, dann habt ihr auch das Moralische zu verantworten; kann ich jenem aber Beifall geben, so nehm' ich dieses auf mich.‹ Es gefiel ihm nicht übel, daß auch wir uns selber, wie ich ihm erzählte, in dem Buche nicht geschont, sondern zu starken Zerrbildern verarbeitet hatten. ›So ist die Jugend‹, sagte er lachend, ›gilt es einen durch den Regen zu jagen, so scheut sie selber die Traufe nicht! Doch wenn die Wirthe denn mitessen, werden die Gäste ja wohl auch das Vorgesetzte noch hinunterbringen!‹

»Von Müller und Voss meinte er, sie würden sich doch sehr ärgern, die verständen nicht so Spaß wie er. Indeß empfand er auch einigen Schreck und Entrüstung, als er vernahm, daß wir Goethe'n zu necken gewagt, und auch die Figur Wilhelm Meisters frevelhaft mißbraucht hätten. ›Kinder, was habt ihr da gethan!‹ sagte er bedenklich, ›das hättet ihr unterlassen sollen! Goethe ist ein geweihtes Haupt, der steht anders, als alle Übrigen. Den geb' ich weniger preis, als mich selbst!‹«

Varnhagen vermochte Jean Paul zu beruhigen, es sei gar so schlimm nicht ausgefallen, und sie schieden aufs herzlichste. In der Tat ist Varnhagens Porträt von ›Jean Paul en pantoufles‹, in seiner Häuslichkeit mit Weib und Kindern, eines der gelungensten, die wir besitzen.

Im Unterschied zu der ausführlichen Schilderung Jean Pauls beschreibt Varnhagen den kranken Hölderlin, den er, wie vordem berichtet, in Tübingen aufsuchte, nur mit wenigen Sätzen, aber sie sind von plastischer Eindringlichkeit:

»Der arme Hölderlin! Er ist bei einem Schreiner in Kost und Aufsicht, der ihn gut hält, mit ihm spazieren geht, ihn so viel als nöthig bewacht; denn sein Wahnsinn ist nicht grade gefährlich, nur darf man den Einfällen nicht trauen, die ihn plötzlich anwandeln könnten. Er raset nicht, aber spricht unaufhörlich aus seinen Einbildungen, glaubt sich von huldigenden Besuchern umgeben, streitet mit ihnen, horcht auf ihre Einwendungen, widerlegt sie mit größter Lebhaftigkeit, erwähnt großer Werke, die er geschrieben habe, andrer, die er jetzt schreibe, und all sein Wissen, seine Sprachkenntnis, seine Vertrautheit mit den Alten, stehen ihm hierbei zu Gebot; selten aber fließt ein eigenthümlicher Gedanke, eine geistreiche Verknüpfung, in den Strom seiner Worte, die im Ganzen nur gewöhnliches Irrereden sind...«

Als ich, auf der Suche nach etwas ganz anderem, in Varnhagens ›Denkwürdigkeiten‹ blätternd, auf diese beiden Schilderungen und den wiederholten Hinweis auf den ›Doppelroman‹ stieß, dachte ich: was ist denn nun das? und sogleich fiel mir ein: aber das Buch besitze ich ja! Ich hatte es, in entschwundener Zeit, als ich entlegene Kuriosa der deutschen Romantik sammelte, einmal antiquarisch erworben, nicht freilich in der Originalausgabe von 1808, die ist längst unauffindbar, sondern in dem einzigen Nachdruck, den es davon gibt, einer schmucken kleinen Faksimile-Ausgabe, die Helmuth Rogge, ein gelehrter Mann, mit vorzüglichem Kommentar und reichlichen Anmerkungen 1926 in der hübschen Reihe der Klinkhardt-Drucke in Leipzig herausgegeben hatte, auch dies wohl heute schon beinahe eine Rarität. Ich glaube, ich kaufte das Büchlein wohl mit dem

Hintergedanken, dies sei etwas, das man einmal werde brauchen können, und stellte es derweilen ungelesen ins Bücherbord.

Nun holte ich es hervor, um die fatalen Passagen nachzulesen, von denen Varnhagen in seinen Denkwürdigkeiten spricht. Sowas ist nicht eben leicht zu finden, wenn man das ganze Buch nicht kennt. Also las ich's getreulich von Anfang bis Ende und hatte mein helles Vergnügen daran. Und alsbald erwies sich, wiewohl es eine einzige, jugendlich heitere und übermütig beschwingte ironische Durchleuchtung und bewundernd parodistische Nachahmung von Goethes Bildungsroman ist, daß sein eigentlicher Ahnherr doch Jean Paul war. Von ihm – das gibt Varnhagen in seinen Erinnerungen anderwärts ohne weiteres zu – stammte die Idee wie auch überhaupt der Begriff des »Doppelromans«. Nämlich so:

Im Winter 1806–1807, als Napoleon Halle erobert und seine Universität geschlossen hatte, saßen der zweiundzwanzigjährige Varnhagen und sein um vier Jahre älterer Studien- und Dichterfreund Wilhelm Neumann mißmutig in der verwaisten Musen- und Gelehrtenstadt und versuchten, indes sie auf bessere Zeiten hofften, sich inzwischen durch privates Studium weiterzubilden. »Daß wir in diesem Zustande die Dichter nicht zu lesen vergaßen, versteht sich von selbst, wir lebten so sehr mit den Gestalten ihrer Welt als mit denen der wirklichen. Da regte sich der Eifer eigenen Hervorbringens, und durch Jean Pauls Flegeljahre, die uns wie alle Schriften dieses Autors sehr angezogen, gerieten Neumann und ich auf den Einfall, gemeinschaftlich einen Roman zu schreiben.« So Varnhagens Bericht.

Gemeinschaftlich – das war das entscheidende. Jeder für sich allein zweifelte an seinen dichterischen Gaben; zusammen jedoch konnten sie wohl was zuwege bringen. Die Idee kam aus den ›Flegeljahren‹. Dort fassen Walt und Vult, die beiden gegensätzlichen und doch urverwandten Zwillingsbrüder den Plan, gemeinsam einen Roman zu schreiben, einen ›Doppelroman‹, genannt ›Hoppelpoppel oder das Herz‹, in dem sie die Gegensätzlichkeit und Verwandtschaft ihrer Doppelheit auch literarisch ausleben und im Zusammenwirken steigern konnten. Vult erklärt Walt: »Ein paar Zwillinge müssen als ihr eigenes Widerspiel zusammen einen Einling, Ein Buch zeugen, einen trefflichen Doppelroman. Ich lache darin, du weinst dabei oder fliegst doch – du bist der Evangelist, ich das Vieh dahinter – jeder hebe den anderen – alle Parteien werden befriedigt, Mann und Weib, Hof und Haus, ich und du ... Und was sagst du nun zu diesem Projekt und Mühlengang – wodurch wir beide herrlich den Mahlgästen Himmelsbrot verschaffen können und uns Erdenbrot, was sagst du zu dieser Musengroßmühle?« Das war, so schien es, genau der Fall der beiden Studenten! Gesagt, getan – Anfang 1807 gingen Varnhagen und Neumann ans Werk. Varnhagen erzählt:

»Ich schrieb flugs das erste Kapitel, Neumann ebenso rasch das zweite, so ging es mit dem dritten und den folgenden weiter, und wir hielten uns mit widerstreitenden Richtungen, mit störenden Wendungen und absichtlich bereiteten Schwierigkeiten so treulich Wort, daß eine Reihe von mehr als zehn Kapiteln sich in größter Spannung und ganz besonderem, dieser Entstehungsart zu verdankenden Reize darstellte, wir uns aber auch so verfahren hatten, daß wir kaum noch hoffen konnten, ohne Gefährde des auch äußerlichsten Zusammenhanges weiterzukommen.«

Der Titel des Doppelromans stand von Anfang an fest: ›Die Versuche und Hindernisse Karls – Eine deutsche Geschichte aus neuerer Zeit‹. Unter sich nannten sie ihn aber auch zuweilen, Jean Paulisch ihren ›Hoppelpoppel‹. Als sie

Mitte April 1807 Halle verließen und nach Berlin gingen, hatten sie zwar zehn Kapitel fertig – jeder hatte fünf geschrieben – aber sie hatten sich verrannt, saßen fest und wußten nicht weiter. In Berlin stießen sie auf den dicken alten Onkel August Ferdinand Bernhardi, den schriftstellernden Schwager Ludwig Tiecks, der unbedingt immer mitmischen mußte, wenn es um dichterische Gemeinschaftsarbeit ging. Er hatte schon zusammen mit Tieck die ›Bambocciaden‹ verfaßt und erbot sich sogleich, dem in seine Wirren verstrickten Karl wieder auf die Sprünge zu helfen.

Dieser Karl ist zum guten Teil ein Selbstbildnis des mit sich selbst, seinem Talent, seinem Lebensweg und Gott und der Welt zerfallenen Varnhagen, aber da er vom Zwillingsdichter Neumann mitgeschaffen ist, noch ungleich wirrer, konfuser und unseliger als sein halbautobiographisches Vorbild. Dieser junge Mann aus vornehmer Familie tritt, noch vollkommen unfertig und – schlimmer noch – großer Gesinnungen unfähig, in die Welt. In blinder, sich selbst täuschender Leidenschaft wird er zum Mörder am Gatten seiner Geliebten, in hochmütigem Trotz sogleich auch noch an dessen Rächer. Zur Flucht gezwungen, kommt er unter vielerlei Abenteuern mit den unterschiedlichsten Menschen zusammen – allesamt Porträts aus Varnhagens und Neumanns Freundes- und Bekanntenkreis. Anders als Wilhelm Meister ist er ein charakterschwacher Mensch, der alles, was er anfängt, um aus sich etwas Ausgeglichenes zu machen, wider sich selbst kehrt. Jeder seiner Versuche wird sogleich an einem selbst errichteten Hindernis zunichte. Er sehnt sich nach Liebe und verscherzt sich die Geliebte; er sehnt sich nach Freundschaft und verscherzt sich die Freunde. Keiner Situation gewachsen, fällt er schließlich der allgemeinen Verachtung anheim und muß die schlimmsten Demütigungen einstecken. Erst als Preußen in den Krieg gegen Napoleon eintritt, scheint sein zerrüttetes Wesen unter dem Eindruck kriegerischer Ereignisse und der Wirkung heldenhafter Charaktere Läuterung und Halt und Festigkeit zu gewinnen. An dieser Stelle jedoch hört das Buch auf.

Aber noch sind wir ja nicht so weit. Zehn Kapitel von insgesamt achtundzwanzig waren fertig, als am Pfingsttag 1807, es war der 17. Mai, der hilfreiche Bernhardi mit Varnhagen zum Schloß und Rittergut Nennhausen hinauswanderte. Dies war der Besitz des Rittmeisters von Briest, dessen sehr schöne und hochbegabte Tochter – nicht Effi, sondern Caroline – mit Friedrich de la Motte Fouqué verheiratet war. Fouqué wohnte auf seines Schwiegervaters Schloß und hatte dort den ganzen jungen Berliner Romantikerkreis um sich versammelt. Es fiel Bernhardi nicht schwer, zwischen dem dreißigjährigen Fouqué und dem acht Jahre jüngeren Varnhagen ein Dichterbündnis zu stiften, aus dem eine Lebensfreundschaft wurde. Die zehn Kapitel wurden sogleich vorgelesen, und Fouqué erbot sich, den Roman wieder flott zu machen. Er löste, wie Varnhagen schrieb, durch ein hübsches Kapitel, das elfte, das er drei Tage nach Varnhagens Abreise schrieb, »den Knoten, den er aber sofort wieder schürzte«. Ursprünglich wollte auch Caroline Fouqué mitdichten, aber dazu kam es nicht; ›Serena‹, wie sie sich nannte, war damals eine berühmte und vielgelesene Dichterin und hatte zuviel mit ihren eigenen Werken zu tun; ihr zweibändiger romantischer Roman ›Roderich‹ erschien in eben diesem Jahr 1807. Hingegen ließ Bernhardi es sich nicht nehmen, das zwölfte Kapitel beizusteuern.

So war aus dem Doppelroman unversehens, wie Varnhagen schrieb, ein »Quadrupelroman« geworden. Aber den allergrößten Teil steuerten Varnhagen und Neumann bei. Bernhardi lieferte nur dieses eine Kapitel. Fouqué schrieb von den achtundzwanzig Kapiteln insgesamt fünf. Aber auch so kam das graziöse Werklein bei all seiner anmutigen Leichtflüssigkeit nicht eben behende vom Fleck. Varnhagen arbeitete wohl rasch und fleißig, aber seine beiden Mitarbeiter brachten ihn mit ihrer Trödelei zur Verzweiflung. Ein ganzes Jahr verging. Im Mai 1808 war erst das zweiundzwanzigste Kapitel fertiggestellt. Daß der Doppelroman zur Ostermesse erscheinen werde, war an Neumanns »unsäglich verdrießlicher Schreibescheu« zuschanden geworden. »In Gottes Namen zur Michaelismesse!« verlangte Varnhagen nun gebieterisch Mitte Juni, und der ›Hoppelpoppel‹ setzte sich wieder in Trab. Ende Juli waren sechsundzwanzig Kapitel zurückgelegt, und die beiden letzten schrieb Fouqué zwischen dem 6. und 23. August 1808 in einem Zug schwungvoll nieder. Der Doppelroman erschien in der Tat zur Herbstmesse 1808, angekündigt als ›Erster Theil‹, anonym und ohne Angabe des Verlags bei der Georg Reimerschen Realschulbuchhandlung, nur mit der Angabe »Berlin und Leipzig 1808« in einer Auflage von einigen hundert Exemplaren und erregte wenig Aufsehen. Aus einem zweiten Teil, der folgen sollte, wurde nichts, denn der Verleger hatte keine Lust mehr. Es sind von ihm nur zwei Kapitel Neumanns und ein Kapitel erhalten, das Chamisso geliefert hatte.

Der Doppelroman ist ein einziger Schlüsselroman. Von den gut drei Dutzend Figuren der krausen Geschichte läßt sich jede einzelne mit einem mehr oder minder bekannten Zeitgenossen der Dichterfreunde identifizieren. Varnhagen hat sich selbst in seinem Helden Karl und dessen treulosem Freund Warner abgebildet, Neumann in der Gestalt des unglücklichen Ludwig, und der Student ist Chamisso. Ihre Erzfeinde, der korrupte politische Wetterhahn Johannes von Müller und Johann Heinrich Voss, kommen als die abscheulichen und urkomischen Schelme und Kujone Striezelmeier und Focks vor. Im Obristen in russischen Diensten ist der unrühmliche Freiherr von Massenbach, in seinem Adjutanten Kleists Freund Rühle von Lilienstern unschwer zu erkennen. Der »preußische Offizier« ist Louis Ferdinand von Preußen, bezaubernd geschildert von Fouqué, in der anmutigen, lebensklugen Gräfin und Schloßherrin ist ein liebreizendes Porträt von Caroline Fouqué zu erkennen. Auch Rahel Levin kommt vor, und nicht eben günstig. Varnhagen war ihr um diese Zeit bereits in innigster Liebe verbunden, wiewohl er sie erst sechs Jahre später heiratete, aber er stand nicht an, sie im Doppelroman, wo sie Henriette heißt, als ein wenig ansprechendes Weibsbild zu schildern: »... eher häßlich als schön; sie hat diesen Mangel durch Bildung zu ersetzen gesucht, spricht vielerlei Sprachen, übt Musik, sogar Poesie, mit einem Wort, sie ist eine Gelehrte.« Späterhin wird freilich einiges Liebenswerte von ihr gesagt. Rahel nahm's nicht übel. Sie war mehr besorgt, was die anderen sagen würden.

Voss-Focks soll sich, wie Jean Paul voraussah, sehr geärgert haben, erwiderte aber nichts. Müller starb schon im nächsten Jahr und scheint den Doppelroman nicht zu Gesicht bekommen zu haben. Von den anderen weiß man nichts. Wie aber stand es denn nun eigentlich mit den »fatalen« Stellen, derentwegen Varnhagen insgeheim bangte und um derentwillen ich ja das Büchlein vom Bord holte? Das ist sogleich erzählt.

Karl verliert, nach tödlich ausgegangenem Duell auf der Flucht, in regenschwarzer Nacht in unbekannter Gegend seine Gesellen, gerät, einsam einherreitend, in eine andere Reisegesellschaft, in der sich natürlich seine ärgsten Feinde befinden, sucht zu entfliehen, büßt, während der Wagen der anderen stürzt, sein Pferd ein, taumelt, sein Mißgeschick verfluchend, zu Fuß durch die finstere Nacht weiter und wird endlich von einer Karosse eingeholt, in welcher seine Freunde Wilhelm Meister und der Markese – so schreibt ihn der Roman – sitzen, die zu einer Hochzeit aufs nahegelegene Schloß einer schönen Gräfin fahren. Sie nehmen ihn im Wagen mit.

Karl erkennt die beiden ohne Mühe »aus Wilhelm Meisters Lehrjahren wie sie Göthe geschrieben hat«. Er fragt Meister nach seinem Felix aus und wie alt der Knabe eigentlich sei, denn »nach dem was Göthe über Sie geschrieben, werde ich durchaus nicht klug«, aber Wilhelm Meister meint, man solle es so genau nicht mit ihm nehmen – »ich weiß am besten, wie das Buch geschrieben worden ist.« Karl verwundert sich über Wilhelms verändertes Aussehen (er ist ja inzwischen um einiges älter geworden!), aber Meister meint lächelnd: »Konnten Sie denn etwas anderes von mir erwarten, als Sie sehen, daß ich geworden bin? Mich dünkt, der vierte Band, wo noch alles Poetische die letzte Anstrengung macht, um dann unterzugehen, muß klar darthun, wie all mein folgendes Leben in edler Prosa bestehen wird, und wahrlich nicht mühelose Lehrjahre habe ich durchlebt, um diese vernünftige Lebensweise zu ergreifen!« Eine Lust war es zuzuhören, wie Wilhelm und der Markese sich weiter unterhielten, fand Karl: » – dasjenige was früher Wilhelmen gegen seine damaligen Ansichten belehrend war gesagt worden, trug er nun selber alles vor als seine eigene Überzeugung, so brav hatte man ihn gebildet.«

Auch die andere Karosse mit Karls Feinden ist, inzwischen repariert, unterwegs zur Hochzeit auf dem Schloß der Gräfin und bei der Einfahrt durch den Park –

»... entdeckten sie zur Seite des Weges im Gebüsch einen Mann, der trotz der ziemlich ansehnlichen Dicke und Größe seines Körpers sich die Mühe nicht verdrießen ließ, in ein Körbchen, das er mit sich führte, Erdbeeren zu sammeln, obgleich ihm das Bücken sehr beschwerlich zu sein schien, und der Schweiß stromweis von seiner breiten Stirn zur Erde lief. Friedrich näherte sich dem Manne und sagte neckend: die

Erdbeeren müssen wahrlich sehr süß sein, daß Sie es sich so sehr sauer darum werden lassen. Nicht eben mehr als andere, sagte der Fremde, indem er sich aufrichtete, aber dadurch werden sie es erst; und thut nicht unsere weise Mutter sehr wohl daran, daß sie die Him-, Brom- und Erdbeeren dieses Lebens so niedrig wachsen läßt, damit sie uns süßer werden durch die Mühe?

»Sie kommen mir äußerst bekannt vor, sagte Friedrich, und doch kann ich mich durchaus nicht erinnern, Sie sonst schon irgendwo gesehen zu haben. Ach Freund, erwiderte der Unbekannte, das ist ja eben das hohe Vorrecht, das jus imaginum der Edlen, daß sie gegenseitig ihre Bilder besitzen können, ohne sich jemals gesehen zu haben, und daß eine Bruderseele der andern die warme Liebeshand reichen kann über die grüne Erde ... Jetzt kenne ich Sie, sagte Friedrich, oder ich müßte mich sehr irren. Aber wie kommen Sie hier her?«

Der Unbekannte, man weiß es sogleich, ist Jean Paul, und er wird in der Folge auch kurzweg bei seinem richtigen Namen genannt.

»Weiß ich das selbst? versetzte jener; nur das weiß ich, daß ich bei einer Zauberin lebe, die diese Frühlingsblumenduft- und Farbentriften mit ihrem Freudenthau benetzt und befruchtet und belebt, und daß der berauschende Hauch aus soviel tausend Lustkelchen und Freudentöpfchen und Wonneflacons, die aus ihrem bezauberten Grund und Boden aufsprießen, mich so berauscht hat, daß ich in diesem bunten, glänzenden Labyrinth herumtaumle und keinen Ausgang zu suchen, geschweige denn zu finden vermag, und daß ich immer wieder zurück schwanken muß zu jener Mausefalle und Fußangel und Fischreuse des Vergnügens, die da in der Mitte steht und in die man immer wieder hineingezogen wird ...«

Es ist die schöne Gräfin und ihr Schloß, von der sie sprechen, und in ihrem Garten, bei einer Teegesellschaft, treffen sie alle zusammen, Jean Paul, Wilhelm Meister, der Markese, Karl und noch viele andere. Es erweist sich, daß der Markese und Meister nach Weimar unterwegs sind, um Goethe ihre Aufwartung zu machen. Aus dieser Mitteilung erwächst ein heftiger Meinungsstreit:

»Ich freue mich unendlich, sagte der Markese, diesen wunderbaren Mann endlich kennen zu lernen, und ihn zu fragen, aus welchem Munde er meine Geschichte erfahren hat, für deren Niederschreibung ich ihm gar nicht so übel will wie mein Freund Meister, der gar nicht lassen kann, bei aller Bewunderung, die er dem Dichter zollt, eine kleine Bitterkeit gegen ihn zu bewahren. Und das mit Recht! fiel Wilhelm ein, ich habe gute Autoritäten dafür, wenn Sie auch mir mein eigenes Urteil nicht wollten gelten lassen. Wahrhaftig, wäre nicht der göttliche Schiller dort, den ich an mein Herz drücken will, ich ließe Sie allein nach Weimar reisen. Ist das nicht seltsam, sagte darauf der Markese, indem er sich zu Karl wandte, daß Ihr Freund diesen Dichter bei weitem vorzieht, da er doch den unmittelbaren Einfluß von jenem auf seine ganze Bildung erfahren hat?«

Diese Undankbarkeit, wirft die Gräfin freundlich ein, falle ihr sehr schwer, Meistern zu verzeihen. »Ist das denn nicht, rief der Markese, gerade die Krankheit, woran Ihre Literatur darniederliegt? die allgemeine Undankbarkeit gegen jedes Talent? die Vernachlässigung, die Unherzlichkeit, mit der Sie Ihre Schriftsteller behandeln?« Bei den Deutschen gebe es »ganze Literaturen, die von einander nichts wissen wollen, und die Schriftsteller mittlerer Gattung werden fast garnicht genannt . . .«

Die Unterhaltung wird heftig, und Jean Paul versucht ihr eine andere Wendung zu geben, indem er einige Bemerkungen über den Wahnsinn einflicht. »Der Kopf eines Wahnsinnigen, sagte Jean Paul, kommt mir immer so vor wie die Ruinen von Herkulanum und Pompeji; alles, was er sagt, ist wie Trümmer einer untergegangenen Vernunftwelt, woraus scharfsinnige Archäologen sich den ehemaligen Zustand des Ganzen recht gut zusammensetzen können. Sehr wahr, versetzte Wilhelm Meister, übrigens glaube ich, daß wahrhaft Gebildete niemals in diesen Zustand versinken können, daher auch die meisten Wahnsinnigen aus den unteren Ständen sind. Aus demselben Grunde, sagte der Markese, ist es auch höchst töricht zu glauben, daß solche Krankheiten jemals geheilt werden können, denn um den Patienten zu heilen, müßte man ihn bilden, um ihn aber bilden zu können, müßte er zuvörderst gesund sein. Die psychische Heilkunde, sagte Jean Paul, ist auch einer von den vielen Steinen der Weisen, womit unsere Literaturstraße gepflastert ist und die einem jeden Augenblick zu Steinen des Anstoßes werden.«

Es ist das fünfundzwanzigste Kapitel des ›Doppelromans‹, von Varnhagens Freund Neumann geschrieben, und an dieser Stelle, scheint mir, recht eigentlich nur an dieser, hätte Varnhagen seine Idee, Hölderlin in Gestalt des tollen Sophokles-Übersetzers Wacholder auftreten zu lassen, einschieben können. Wacholder hätte sich gut in die Gesellschaft auf dem Schloß der schönen Gräfin eingefügt – es kommt in der Tat, statt seiner, ein anderer Wahnsinniger, aber ein unbedeutender, wahnsinnig-verliebter, vor –, und er wäre der Gegenbeweis zu Karls und des Markeses Theorie gewesen. Was hätte Jean Paul dazu gesagt? Wir können es nicht ahnen, denn Hölderlin-Wacholder blieb ausgespart. Wie hätte er sich auch in dem nun folgenden ausgenommen? Der junge hitzköpfige Herr Friedrich nämlich erkennt plötzlich in Karl seinen verhaßten Duell-Feind und stürzt sich wild-wütig auf ihn. Jean Paul, Wilhelm Meister, der Markese legen sich begütigend ins Mittel, aber es hilft nichts, und in seiner Wut versetzt der rabiate Friedrich dem »lästigen Friedenstifter« Wilhelm Meister ein paar kräftige Ohrfeigen:

»Wilhelm Meister, der einen solchen Ausgang der Sache nicht für möglich gehalten hatte, stand wie eingewurzelt da und glich in seiner regungslosen Betäubung denen, die das Haupt der Medusa erblickt haben. Durch die Celebrität, die ihm Göthe gegeben, war er gewohnt sich in ganz Deutschland mit einer Art von heiliger Verehrung betrachtet zu sehen, und durch das Unglück, das ihn jetzt so unerwartet betraf, fand er sich mit einemmale von seiner Höhe so tief herabgestürzt, daß alle seine Erfahrungen, alle Bildung, die ihm ein so interessantes Leben gegeben hatte, nicht hinreichte, ihm die mit einem Schlage verlorene Fassung wieder zu geben. Alle seine Seelenkräfte waren vernichtet, sein Wille gelähmt, und ein Kind hätte ihn leiten können, wohin es gewollt hätte, daher er auch ohne das mindeste Widerstreben dem Markese folgte.«

Gewaltige Wirkung einer simplen Maulschelle: Exit Wilhelm Meister. Die beiden reisen ab. »Kinder, was habt ihr da getan!« hatte Jean Paul bedenklich gesagt, und Rahel, als sie's las, pflichtete ihm bei. Der »tolle Einfall« mit der Ohrfeige, hielt sie ihrem Varnhagen vor, sei doch ein recht frecher Scherz; aber sie gestand zugleich, daß sie im stillen doch recht herzlich gelacht habe. Die Sache hatte überdies Folgen. Ein schriftstellernder Pfarrer namens Pustkuchen-Glanzow – er hieß wirklich so – nahm die Idee auf und veröffentlichte fünfzehn Jahre später, 1823, eine dreibändige Parodie auf die ›Wanderjahre‹, ein abscheuliches Machwerk, das alle Goethe-Bewunderer in Harnisch brachte und vielerorts, wo man Pustkuchen für ein Pseudonym hielt, Varnhagen angelastet wurde. »Ich erlebte«, schrieb er in seinen ›Denkwürdigkeiten‹, »für meinen Antheil an der Ungebühr die gerechte Strafe, an vielen Orten und auch in Weimar selbst eine Zeit lang für den Verfasser der falschen Wanderjahre gehalten zu werden. Im Hamburg war das Gerücht so allgemein verbreitet und so bestimmt geglaubt, daß ich mich zu einer öffentlichen Berichtigung gedrungen sah.« Aber Pustkuchen hieß wirklich Pustkuchen, und die Meister-Kapitel im ›Doppelroman‹ waren ja überhaupt nicht von Varnhagen, sondern von Wilhelm Neumann.

Jean Paul übrigens hatte späterhin seine Freude an der höchst gelungenen Parodie, und E. T. A. Hoffmann meinte 1815, die ›Versuche und Hindernisse Karls‹ seien »eins der witzigsten, geistreichsten und lebendigsten Bücher«, die ihm »jemals vorgekommen«.

ENTHÜLLUNG EINES NACHTWÄCHTERS

Bücher gibt es, die wollen bei aller innigen Liebe und pfleglichen Anhänglichkeit, die man ihnen erweist, einfach nicht bei einem bleiben. Auf das geringste freundliche Zwinkern eines vorübergehenden Fremden springen sie, ehe man sich's versieht, wie ein dummes, vertrauensseliges Hündchen davon und werden nicht mehr gesehen. Ein solches treuloses Hündchen, will sagen Büchlein, das kann ich versichern, sind die berühmten ›Nachtwachen‹ des Bonaventura. Wie oft habe ich das geliebte schnurrige Werk gekauft, und immer, wenn ich es wiederlesen wollte, war es weg, hatte es einer mitgehen lassen. Ich sage auch nichts dawider, denn es ist ja begreiflich.

»Die Nachtstunde schlug; ich hüllte mich in meine abenteuerliche Vermummung, nahm die Pike und das Horn zur Hand, ging in die Finsternis hinaus und rief die Stunde ab, nachdem ich mich durch ein Kreuz gegen die bösen Geister geschützt hatte. Es war eine von jenen unheimlichen Nächten, wo Licht und Finsternis schnell und seltsam miteinander abwechselten. Am Himmel flogen die Wolken, vom Winde getrieben, wie wunderliche Riesenbilder vorüber, und der Mond erschien und verschwand in raschem Wechsel. Unten in den Straßen herrschte Totenstille, nur hoch oben in der Luft hauste der Sturm, wie ein unsichtbarer Geist. Es war mir schon recht, und ich freute mich über meinen einsam hallenden Fußtritt –«

So beginnt es, und wer liest da nicht weiter? Ich las die ›Nachtwachen‹ schon als Kind mit glühenden Wangen und entwendete das kleine Buch selber, das gestehe ich, der Bibliothek meines Vaters, der es mir als eines der witzigsten und tiefsinnigsten der deutschen Literatur empfohlen hatte; ich konnte mich einfach nicht davon trennen. Später gab ich meinen eigenen, aufs Skurrile und Abstruse versessenen Kindern das verrückt-komische Werklein zu lesen, und es geschah dasselbe. Dazwischen und danach habe ich es mir wohl sechs oder acht Mal in den verschiedensten Ausgaben angeschafft, und eben jetzt, da ich es brauche – denn es ist mir eine faszinierende Schrift ins Haus gekommen, betitelt ›Bonaventura – Der Verfasser der Nachtwachen‹ von Jost Schillemeit, hundertfünfundzwanzig hochgelehrte und hochamüsante Seiten – eben jetzt, sage ich, da ich's brauche, weil ich dieses schreiben will, ist es doch wieder weg. Und bei den renomiertesten Buchhändlern in der ganzen Stadt nicht aufzutreiben. Endlich erwischte ich es wenigstens als Reclamheft. Aber wie legt man ein Reclamheft an die Kette? Ich hoffe, es bleibt wenigstens bei mir, bis Besagtes fertig abgefaßt ist.

Wer der Verfasser dieser köstlich verwilderten und dabei so teuflisch glasklaren Nachtwächter-Spinnereien war, wer sich in den sonderbaren Decknamen Bonaventura vermummt hatte, wußte ich nicht, weil niemand es wußte, und es war mir eingestandenermaßen auch nicht sehr wichtig. Das Büchlein konnte unmöglich besser oder schlechter dadurch werden, daß sich der Nachtwächter enthüllte. Außerdem hatte es hundertsiebzig Jahre lang niemand herausgebracht, und so würde es gewiß dabei bleiben; ein Meisterwerk war es auf alle Fälle. Und das ist und bleibt es, meine ich, auch jetzt, da der literarhistorische Meisterdetektiv Schillemeit – ja, wer ist das nun wieder, könnte einer fragen, deshalb sage ich es gleich: ein junger, pfiffiger Professor in Braunschweig, und Braunschweig nicht so von ungefähr! – den Nachtwächter enthüllt, den geheimnisvollen Bonaventura seiner »abenteuerlichen Vermummung« entkleidet hat. Konnte das Buch noch interessanter werden durch diese Entdeckung? Ich hätte es nicht gedacht; aber jetzt weiß ich es. Es ist eine ganz und gar verrückte und verwickelte Geschichte, wie die verrückten und verwickelten ›Nachtwachen‹ sie wohl verlangen können. Das freut den Laien, und der Fachmann wundert sich. Nämlich: warum das nicht schon längst einer herausgekriegt hat.

Die Geschichte beginnt in Penig.

Dieses winzige, verschlafene sächsische Städtchen in der Zwickauer Mulde, halbwegs zwischen Glauchau und Rochlitz, war keine Hochburg der Literatur, aber es besaß eine gewisse literarische Reputation. In Penig gab es von altersher bedeutende Papiermühlen, und wo Papier fabriziert wird, da wird gemeinhin auch gedruckt, und wo gedruckt wird, da wird verlegt. So in Penig. Hier gab seit 1802 der Verlag F. Dienemann & Comp. das ›Journal von neuen deutschen Original Romanen in 8 Lieferungen jährlich‹ heraus. Dies war keine Zeitschrift, sondern eine Buchserie oder Reihe, und sie zählte neben damals bekannten und erfolgreichen Unterhaltungs- oder Trivialschriftstellern wie Franz Horn, Küchelbecker, Karl Nicolai, Julius Werden und Christian Vulpius zu ihren Autoren auch Sophie und Clemens Brentano, deren Übersetzungen spanischer und italienischer Novellen 1804–1805 in zwei Bänden oder Lieferungen bei Dienemann herauskamen. Auch Jean Paul, damals auf der Höhe seines Ruhms, war mit Dienemann bekannt, der auf seine Veranlassung die ›Kleine Handreise‹ seines Freundes Kanne druckte. In Dienemanns ›Romanenjournal‹ erschien als siebente und vorletzte Lieferung des Dritten Jahrgangs 1804 (auf 1805 vordatiert) das schmale Büchlein ›Nachtwachen. Von Bonaventura‹ – ohne weitere Erklärung.

Das Buch wurde kaum beachtet und war kein Erfolg; und

Dienemann, von allerlei Mißgeschick bedrängt, stellte 1806 seine Verlagstätigkeit überhaupt ein. Jean Paul jedoch, der freilich einfach alles las, dessen er irgend habhaft werden konnte, übersah die ›Nachtwachen‹ nicht. »Lesen Sie doch«, schrieb er am 14. Januar 1805 an seinen Freund Thieriot, »die Nachtwachen von Bonaventura d. h. von Schelling. Es ist eine treffliche Nachahmung meines Gianozzo; doch mit zuviel Reminiszenzen und Lizenzen zugleich. Es verräth und benimmt viele Kraft dem Leser. Selten les' ich in neueren Zeiten etwas sehr Gutes oder sehr Schlechtes, ohne daß mir meine Bescheidenheit sagt: hier bist du denn wieder nachgeahmt. Am Ende glaub' ich, haben die Alten mich fliegend durchblättert und mir Sachen gestohlen, die ich lieber nicht hätte schreiben sollen nachher.«

Auch dieser originelle letzte Satz hätte durchaus in den ›Nachtwachen‹ stehen und von dem verkrachten Poeten und Komödianten stammen können, der sich Kreuzgang nannte und, um seinen brotlosen Verhältnissen abzuhelfen, sich als Nachtwächter verdingt hatte. Kreuzgang hieß er, wie er erzählte, weil er als ausgesetztes Neugeborenes im Kreuzgang des Klosters gefunden wurde. Aber wie in diesem Buch voller verschlüsselter Anspielungen alles eine doppelte Bedeutung und einen dreifachen Boden hat, so scheint mir der Name mit guter Absicht auch zu bedeuten, daß in diesem verqueren Menschen und seiner krausen Erzählung alles kreuzweis hin und her geht: die Mitte steht am Anfang, der Anfang in der Mitte und der Schluß überall und nirgends. »Es ist zu arg, ich mag heute nicht weiter rekapitulieren, und will mich schlafen legen«, heißt es am Ende der achten Nachtwache. Auch das könnte von Jean Paul sein. Denn die Ähnlichkeit der sechzehn Nachtwachen oder Kapitel mit den vierzehn ›Fahrten‹ aus ›Des Luftschiffers Gianozzo Seebuch‹ im Anhang zum ›Titan‹ ist freilich unübersehbar.

Jean Paul war überzeugt, das Buch sei von Schelling, und dies war die allgemeine Meinung der wenigen, die von den ›Nachtwachen‹ Notiz nahmen. Auch Varnhagen, der das vergessene Werk vierzig Jahre später in Rahels Bibliothek fand und las, nahm als selbstverständlich an, daß Schelling – zur Zeit des Erscheinens dreißigjährig und Professor in Würzburg – der Verfasser sei, obwohl das Buch, wie er im Tagebuch 1843 notierte, ein »unglaublich schwaches Erzeugnis und für Schelling allzu gering« sei. Varnhagen fand das Buch »unreif, willkürlich, unorganisch«, aber auch »eben so talentvoll, aufblitzend und versprechend«, und auch an »Keckheit« fehle es ihm nicht. Kurzum, es sei halt eine Jugendsünde, aber von Schelling sei es gewiß. Der in Bedrängnis geratene Dienemann, vermerkte Varnhagen, habe sich an einige »ihm den Namen nach bekannte Anhänger der neuen Schule« um Beiträge gewandt, die »er stracks und gut bezahlen wollte«, und Schelling, damals in »peinlicher Geldverlegenheit«, habe das Buch »wahrscheinlich binnen weniger Wochen in guter Laune verfaßt.«

Daran war kein wahres Wort; es war der reine Literatenklatsch. Die Schelling-Zuschreibung hatte einen anderen Grund. Drei Jahre vor Erscheinen der ›Nachtwachen‹ nämlich waren in dem von A. W. Schlegel und Ludwig Tieck herausgegebenen Musenalmanach für 1802 einige Gedichte unter dem Pseudonym ›Bonaventura‹ erschienen, und diese Gedichte waren, wie jedermann wußte und auch der Verfasser nicht leugnete, tatsächlich von Schelling; vor allem eines, eine nächtlich-schauerliche Begebenheit betitelt ›Die letzten Worte des Pfarrers zu Drottning auf Seeland‹ mochte wohl an die ›Nachtwachen‹ erinnern.

Bei Schelling also blieb es, jahrzehntelang. Die Literaturkalender des neunzehnten Jahrhunderts führten ihn zweifelsfrei als den Verfasser an, und der einzige, der diesen Unfug hätte beiseite wischen können, nämlich Schelling selbst, der erst 1854 starb, äußerte sich in vornehmer Zurückhaltung nicht mit einem Wort dazu. Natürlich fand man vieles in dem Buch, was gar nicht auf Schelling paßte, vor allem die Formlosigkeit, die Skurrilität, der düster-schrille Humor, die Hanswurstiaden und Kasperliaden, aber sogar Schellings Söhne meinten, trotz aller Bedenklichkeiten stamme das absonderliche Machwerk doch wohl von ihrem Papa.

Das Buch war siebzig Jahre lang nicht nur vergessen, sondern überhaupt verschwunden. Erst als Alfred Meissner es 1876 mit einem Vorwort, das Schellings Autorschaft nicht anzweifelte, neu herausgab (es erschien schon 1881 eine zweite Auflage), wurden die ›Nachtwachen‹ einem größeren Kreis bekannt, und man begann sich für dieses ›Geistesprodukt ganz eigentümlicher Art« auch literarisch zu interessieren. Und nun erklärte Wilhelm Dilthey, die ›Nachtwachen‹ könnten unmöglich von Schelling sein. Nichts spreche dafür, nahezu alles, vor allem der tiefe Pessimismus, die wild-satirischen, geradezu nihilistischen Züge des Buches, der schauerliche »Widerhall im Gebeinhause«, der am Schluß »zum letzten Male – ›Nichts‹« ruft, spreche dagegen.

Aber wenn ›Bonaventura‹ nicht Schelling war, wer konnte es sein? Bonaventura, wer immer er war, hatte sich ebenso wenig geäußert wie Schelling. Warum auch hätte er seine Vermummung lüften sollen? Er war nun gewiß schon seit langem tot, und zu seinen Lebzeiten hatte sich niemand für sein Buch interessiert.

Nun gab es Theorien und Vermutungen die Fülle. Der Germanist Richard M. Meyer, der Diltheys ihm gegenüber im Gespräch geäußerte Meinung 1903 im ›Euphorion‹ veröffentlichte, hielt dafür, die ›Nachtwachen‹ könnten von E. T. A. Hoffmann sein, aber diese Theorie kam ihm selber nicht recht glaubwürdig vor. 1904 brachte Hermann Michel abermals eine kommentierte Neuausgabe heraus und vermutete als Verfasserin Schlegels Gattin Caroline: so sei der unleugbare Jean Paul'sche Einfluß zu erklären. Kurioserweise führte damit die Spur zu Schelling zurück, denn um 1803, als Caroline sich von Schlegel trennte und Schelling heiratete, dürften die Ende 1804 erschienenen ›Nachtwachen‹ entstanden sein. Denkbar schon, daß Caroline das krause Büchlein gleichsam in die Ehe mit Schelling mitbrachte oder im ersten Ehejahr geschrieben hätte. Denkbar – aber ein Holzweg.

1912 legte Erich Frank einen weiteren Neudruck der ›Nachtwachen‹ vor, die er – aufgrund vorgeblicher Parallelen zu Brentanos ›verwildertem‹ Roman ›Godwi‹ – kurzerhand, sogar auf dem Titelblatt Clemens Brentano zuschrieb, der ja unter anderem auch ein Dienemann-Autor gewesen war. Aber waren die ›Nachtwachen‹ denn überhaupt ein romantisches Buch, gehörten sie überhaupt in die Romantik, enthielten sie nicht zugleich auch stark aufklärerische Elemente, waren sie nicht überhaupt etwas völlig anderes – ein Rückgriff auf den Sturm und Drang und zugleich ein kühner Vorgriff auf Büchner, mit dessen ›Woyzek‹, vor allem im Irrenhaus-Kapitel, und seiner rasanten Sprache sie nicht nur Atmosphärisches, sondern trefflich-spitzfindig Gedankliches gemeinsam hatten? Die Brentano-Theorie wurde nicht ernst genommen, denn sie kam zu spät.

Inzwischen nämlich hatte Franz Schultz 1909 mit seiner Neuausgabe wieder eine neue Hypothese aufgestellt, die alles bisherige aus dem Felde schlug. Schultz hatte in Dienemanns ›Romanenjournal‹ ein Werk des Dresdener Romantikers und Schelling-Schülers Gotthilf Heinrich Schubert aufgespürt, das dort 1804 anonym erschienen war, und Schuberts Spur führte zu seinem Freund, dem bis dahin wenig bekannten Verfasser von Gedichten, Trauerspielen, Romanen, Satiren, aber auch medizinischen Schriften, Karl Friedrich Gottlob Wetzel, der 1779 in Bautzen geboren wurde und 1819 in Bamberg starb. Schultz breitete eine Fülle von Material aus Wetzels Schriften aus, vor allem aus den humoristisch-satirischen, aus dem Roman ›Kleon der letzte Grieche‹ und den medizinischen Abhandlungen, die Parallelstellen zu einzelnen ›Nachtwachen‹-Passagen, zu gewissen Motiven, stilistischen Eigentümlichkeiten und nicht zuletzt »Einflüsse« nachweisen, die bei Bonaventura auf der Hand liegen:

Jean Paul, Shakespeare – der grotesk-rührende Briefwechsel zwischen dem Komödianten Kreuzgang und der Darstellerin der Ophelia, die »nicht aus ihrer Rolle heraus kam« – Tieck (hier die direkten Parallelen in der Hanswurst-Theateraufführung zum ›Gestiefelten Kater‹) und endlich Novalis, auf den sich zweifellos manches Gedanklich-Philosophische in den ›Nachtwachen‹ zurückführen läßt. Kurzum, Schultz erklärte bündig, von allen Hypothesen sei die seine die bei weitem glaubwürdigste, und die Fachleute, unter ihnen auch Richard M. Meyer, nahmen sie ihm, staunend ob soviel Scharfsinns, willig ab.

Dabei blieb es bis heute; das heißt, bis gestern. Der Verfasser der ›Nachtwachen‹ war der unbekannte und verschollene Wetzel, und als solcher figurierte er bisher in allen Literaturgeschichten. Wobei anzumerken ist, daß alle diese Hypothesen sich in einem Punkt einig und in der Tat auf der richtigen Spur sind: die ›Nachtwachen‹ stammten von keinem reifen, erfahrenen Schriftsteller, der sich aus irgendeinem Grund in ein Pseudonym hüllte; sie waren ein gewitztes, sogar weises Buch, aber kein weiser, abgeklärter Mann hatte sie geschrieben. Sie waren ein übersprudelnd jugendliches Buch, nur ein junger, unbändig sein Talent genießender Dichter konnte sie geschrieben haben; älter als fünfundzwanzig konnte man sich ihn kaum vorstellen.

Und das traf auf alle bisherigen Kandidaten zu. Im Erscheinungsjahr der ›Nachtwachen‹ war Schelling neunundzwanzig, Hoffmann achtundzwanzig, Brentano sechsundzwanzig. Einzig Caroline paßte in dieses Schema nicht hinein: sie war zwölf Jahre älter als Schelling und hätte die ›Nachtwachen‹ als eine Frau von vierzig Jahren geschrieben, und das konnte nicht sein. Der wahre Verfasser der ›Nachtwachen‹, den Schillemeit jetzt ermittelt und jenseits allen denkbaren Zweifels richtig identifiziert hat, paßt indessen in die Reihe genau hinein und steht zwischen Hoffmann und Brentano.

Bonaventura war, als er sein Buch veröffentlichte, siebenundzwanzig Jahre alt und hieß Ernst August Friedrich Klingemann, geboren zu Braunschweig am 31. August 1777, gestorben daselbst, vierundfünfzig Jahre alt, am 25. Januar 1831, ein Vierteljahrhundert nach dem Erscheinen des zu seinen Lebzeiten schon längst verschollenen jugendlichen Geniestreichs. Wie hat der literarhistorische Meisterdetektiv das herausbekommen?

Jean Paul war schon ein richtiger Wegweiser gewesen. Wetzel war so völlig abwegig nicht. Brentano lag in der Luft. Und über Dienemann in Penig führte die richtige Spur. Das hatten die vorangegangenen Hypothesen richtig geschnuppert. Aber andere Indizien, die viel näher lagen, wenn man die ›Nachtwachen‹ aufmerksam las, hatten sie nicht oder zu wenig beachtet. Wer immer Bonaventura war, er war ein besessener Theatermann, der sich zugleich übers Komödiantentum totlachen konnte. »Nun wird eine tragische Situation sehr schlecht ausgeführt« – so heißt es in der ›Vierten Nachtwache‹ bei der Schilderung des Hanswurst-Puppenspiels. So einen Satz schreibt nur ein Mann vom Bau. Er konnte außerdem Kotzebue nicht leiden und verhöhnte ihn an vielen Stellen. Er war ein genauer Kenner der Tagesliteratur, ein scharfer Kritiker und gewitzter Polemiker, der es sich mit Schiller anlegte, ein Mann von schöner Einbildungskraft dazu, der die Schmetterlinge »fliegende Blumen« nennt; weiters einer, der von Leben und Tod, von Gesundheit und Krankheit etwas verstand, was man rundweg Thomas Mann zuschreiben könnte, zum Beispiel:

»O, aus diesem Widerspruche ist ja der Mensch geschaffen; er liebt das Leben um des Todes willen, und er würde es hassen, wenn das, was er fürchtet, vor ihm verschwunden wäre ... Die Sache ist von Wichtigkeit, denn sagen Sie, wie kann man gegen Krankheit sich auflehnen wollen, wenn man selbst, wie Sie wissen, mit dem Systeme nicht im reinen ist, ja wohl gar das für Krankheit hält, was höhere Gesundheit ist, und umgekehrt.« So im Gespräch des Nachtwächters, der, ehe er Nachtwächter wird, einige Wochen als Unteraufseher im Tollhause verbringt – seiner »unschädlichen Narrheit halber« – mit dem visitierenden Arzt Doktor Oehlmann oder Olearius, in welches der ›Monolog des wahnsinnigen Weltschöpfer‹ eingebaut ist.

»›Sehen Sie nur, Herr Doktor‹, fuhr ich fort als der Weltschöpfer endete, ›wie grimmig der Kerl es auf die Welt angelegt hat; es ist fast gefährlich für uns andere Narren, daß wir den Titanen unter uns dulden müssen, denn er hat ebensogut sein konsequentes System wie Fichte, und nimmt es im Grunde mit dem Menschen noch geringer als dieser, der ihn nur von Himmel und Hölle abtrennt, dafür aber alles Klassische ringsumher in das kleine Ich, das jeder winzige Knabe ausrufen kann, wie in ein Taschenformat zusammengedrängt. Jeder vermag jetzt aus der unbedeutenden Hülse, wie es ihm beliebt, ganze Kosmogonien, Theosophien, Weltgeschichten und dergleichen, samt den dazugehörigen Bilderchen herauszuziehen. Groß und herrlich ist das allerdings; wenn nur das Format nicht so klein wäre!‹«

So ein Witzbold ist das, der seinen Hogarth nicht weniger genau kennt als den Dichter des ›Titan‹. Und er ist endlich ein Mann, der ein ganz besonderes Verhältnis zum Teufel hat, wie man es erst zwanzig Jahre später bei Grabbe wiederfindet. ›Des Teufels Tagebuch‹, zu dem nur die an die ›Nachtwachen‹ angehängte Einleitung existiert, ist eine so unerschöpflich komische Erfindung, daß sie wohl Jean Paul, niemals aber Schelling oder gar Wetzeln eingefallen wäre.

Schillemeit, der Detektiv, geht der Jean-Paul-Spur nach und gerät von Dienemann zum Hofrat Karl Spazier. Dieser Name, die ganze Figur könnte von Jean Paul sein – der übrigens in ›Des Teufels Tagebuch‹ nachdrücklich persönlich apostrophiert wird – aber es gab den Mann wirklich, und er war Jean Pauls Schwager. Spazier hatte als Opernsänger in Rheinsberg begonnen, dann in Göttingen Philosophie studiert, war in Berlin Schullehrer geworden und hatte 1801 in Leipzig die ›Zeitung für die elegante Welt‹ gegründet, die gegen die Feinde Goethes und der Romantiker, besonders gegen Merkel und Kotzebue kämpfte und rasch zu einem führenden belletristischen Journal Deutschlands wurde. In dieser Zeitschrift erschien am 21. Juli 1804 ein Vorabdruck aus dem zur Michaelismesse angekündigten Roman ›Nachtwachen von Bonaventura‹, nämlich der Prolog des Hanswursts zu der Tragödie ›Der Mensch‹ aus der ›Achten Nachtwache‹, darin es heißt:

»Ich trete als Vorredner des Menschen auf. Ein respektives zahlreiches Publikum wird es leichter übersehen, daß ich meiner Hantierung nach ein Narr bin, wenn ich für mich anführe, daß nach Doktor Darwin eigentlich der Affe, der doch ohnstreitig noch läppischer ist als ein bloßer Narr, der Vorredner und Prologist des ganzen Menschengeschlechts ist, und daß meine und Ihre Gedanken und Gefühle sich nur bloß mit der Zeit etwas verfeinert und kultiviert haben, obgleich sie ihrem Ursprunge gemäß doch immer nur Gedanken und Gefühle bleiben, wie sie in dem Kopfe und Herzen eines Affen entstehen konnten. Doktor Darwin, den ich hier als meinen Stellvertreter und Anwalt aufführe, behauptet nämlich ...«

Doktor Darwin? Kann das stimmen? Charles Darwin, 1809 geboren, war doch erst ein fünfjähriges Bübchen, als die ›Nachtwachen‹ erschienen, er veröffentlichte seine Evolutionstheorie doch erst 1859, achtundzwanzig Jahre nach Klingemann-Bonaventuras Tod! Es stimmt trotzdem. Denn gemeint ist hier nicht Charles Darwin, sondern sein Großvater Erasmus Darwin, Biologe und Dichter, der 1802 starb und in seinen Schriften schon manchen Gedanken seines Enkels vorweggenommen hatte. Das weiß heute niemand mehr, wenn es heißt, der Mensch stamme vom Affen ab, aber Klingemann-Bonaventura wußte es. Ein belesener Mann in jedem Fall.

Nun aber – am 26. März 1805 (die ›Nachtwachen‹ waren inzwischen erschienen und Hofrat Spazier im Januar selben Jahres verstorben) brachte dieselbe Zeitung ohne Verfasserangabe die Einleitung zu ›Des Teufels Taschenbuch‹, aber mit einer erklärenden Fußnote, die ›Bonaventura‹ gezeichnet war. Die Einleitung knüpfte so genau an die ›Teufelsphantasien‹ an, daß kein Zweifel bestehen konnte: diese beiden Bonaventuras waren einer und derselbe, und wer immer er war, der ›Nachtwachen‹-Verfasser stand mit Hofrat Spazier und der ›Zeitung für die elegante Welt‹ in enger Beziehung und war möglicherweise ihr regelmäßiger Mitarbeiter.

Damit ergab sich die Frage, ob dieser unbekannte Verfasser sich vielleicht in anderen Nummern der Zeitschrift, sei es in einer Rezension, einer Abhandlung oder einem sonstigen Beitrag durch irgendwelche Anzeichen verraten hatte. Der Detektiv ging, dieser Vermutung folgend, die in Betracht kommenden Jahrgänge sorgfältig durch und stieß auf eine große Anzahl von Artikeln, die sich mit Themen beschäftigten, welche allesamt auch in den ›Nachtwachen‹ abgehandelt werden – Jean Pauls ›Flegeljahre‹, Schillers ›Braut von Messina‹ und ›Wilhelm Tell‹ – und zum Teil in ganzen Sätzen mit identischen Formulierungen. Alle diese Rezensionen waren mit dem Namen des Verfassers gezeichnet: August Klingemann. Diesen Mann, der den Germanisten keineswegs unbekannt war, hieß es nun schleunigst sich genauer ansehen.

August Klingemann hatte das Carolinum seiner Vaterstadt Braunschweig besucht und war dann nach Jena gegangen, wo er Rechtswissenschaft und Philosophie studierte. Er hörte bei Fichte, Schelling und August Wilhelm Schlegel und machte die Bekanntschaft Clemens Brentanos. Der Einfluß dieses Kreises auf den jungen Klingemann war sofortig und nachhaltig. Er begann unverzüglich zu »dichten« und ästhetische Abhandlungen zu verfassen, und der alles lesende Jean Paul wurde sofort auf ihn aufmerksam; in der Vorrede zur zweiten Auflage seiner ›Vorschule der Ästhetik‹ nannte er ihn in einer Reihe mit den beiden Schlegels, Bouterwek und Franz Horn, der ein Schulfreund Klingemanns war und später ein Dienemann-Autor wurde. Goethe führte 1797 das Trauerspiel ›Die Maske‹ des zwanzigjährigen Klingemann in Rudolstadt durch die Weimarer Truppe auf. Zuvor waren bereits zwei Ritterstücke des blutjungen Autors in Braunschweig erschienen: ›Wildgraf Eckart von der Wölpe‹ (1795) und ›Die Asseburg‹ (1797). Es folgten die Schauerromane ›Die Ruinen im Schwarzwalde‹ (1799), der zweibändige, an Tiecks ›Sternbald‹ angelehnte Roman ›Romano‹ (1800) und die ebenfalls zweibändige lyrische Abenteurergeschichte ›Albano der Lautenspieler‹ (1802).

Dies alles ist längst vergessen. Aber es machte Klingemann zu seiner Zeit sehr bekannt, geradezu berühmt. Für einen knapp Fünfundzwanzigjährigen war es bereits ein recht beachtliches Werk; ein sehr fleißiger Jüngling war Klingemann gewiß. Mitte des Jahres 1802 gab er zusammen mit Brentano und ihrem gemeinsamen Freund August Winkelmann überdies noch die Zeitschrift ›Memnon‹ heraus, die freilich über die erste Nummer nicht hinauskam, die Goethe aber zu »den merkwürdigen Erscheinungen und Zeichen der Zeit« rechnete, während Schiller sie abscheulich, weil allzu abhängig von Schlegels Ideen fand: Die Sonne, von der diese Memnonssäule tönt, ist das ›Athenäum‹. Jakob Böhmes ›Morgenröthe‹ indessen wird hier sehr nachdrücklich erwähnt, und mit gleichem Nachdruck geschieht die Erwähnung in den ›Nachtwachen‹.

Klingemann kam 1801 aus Jena nach Braunschweig heim, ließ die Jurisprudenz fahren und etablierte sich als freier Schriftsteller. Ab 1802 erschienen seine regelmäßigen Beiträge in der ›Zeitung für die elegante Welt‹. Sie erhielt 1803 mit der von Kotzebue und Merkel in Berlin gegründeten Gegenzeitschrift ›Der Freimüthige‹ einen Widersacher, der dem Polemiker Klingemann unablässig und mit großem Spaß zu schaffen machte. 1806 war freilich der ganze Spaß schon wieder zu Ende, denn Kotzebues Blatt ging ein. Die Frucht war jedoch ein überaus komisches satirisches Possenspiel mit einem Hanswurst, betitelt ›Freimüthigkeiten‹, von dem nur ein Dialog-Bruchstück in Spaziers Zeitung erschien, während das Ganze den Zeitgenossen unbekannt blieb und erst von Schillemeit als eine Arbeit Klingemanns identifiziert worden ist. In den ›Nachtwachen‹ finden sich zahllose thematische Motive daraus wieder.

In der Tat erwies sich das Theater als Klingemanns wahre Leidenschaft und wahrer Beruf. Seine Kritiken und theatralischen Abhandlungen, eine dramaturgische Programmschrift

›Was für Grundsätze müssen eine Theaterdirektion bei der Auswahl der aufzuführenden Stücke leiten?‹, seine umfangreiche, gegen Kotzebue und Merkel gerichtete kritische Schrift über Schillers ›Jungfrau von Orleans‹ – das alles erwies ihn nachgerade als bedeutenden Theaterfachmann, und 1813 wurde er denn auch, sechsunddreißigjährig, Direktor des Hoftheaters seiner Heimatstadt Braunschweig und blieb es bis zu seinem Tod. Er schrieb weiter eine große Anzahl von Theaterstücken, darunter 1815 auch einen ›Faust‹. Am 19. Januar 1829 jedoch führte er an seinem Theater zum erstenmal nicht seinen eigenen, sondern Goethes ›Faust‹ auf, ein großes Ereignis, welches alle Literaturkalender dem ansonsten Vergessenen bis heute zu hohem Ruhm anrechnen. 1818 erschienen seine ›Vorlesungen für Schauspieler‹, im selben Jahr in drei Bänden unter dem Titel ›Kunst und Natur‹ seine gesammelten ästhetischen Betrachtungen und Abhandlungen.

Das alles, die Romane, die Theaterstücke, die theoretischen Schriften, die journalistischen Beiträge zur Spazier-Zeitung, einmal sorgfältig studiert, ergaben eine solche Unzahl von Indizien, die keinen Zweifel lassen: die ›Nachtwachen‹ stammen aus derselben Feder. Die Detail-Übereinstimmungen sind zum guten Teil so schlagend und verblüffend, daß man sie samt und sonders zitieren möchte. Aber das darf man bei einem Detektivroman wie diesem nicht, vor allem nicht, wenn man schon vorher die Auflösung verraten hat. Man lese und ergötze sich.

Ein Wort jedoch über Penig, von wo die ›Nachtwachen‹ ausgingen. Wie kam Klingemann zu Dienemann? Auch hierauf weiß Forscher Schillemeit eine plausible Antwort. Klingemann war in den Jahren 1801–1803 durch seine Fehde mit Kotzebue so berühmt, daß Dienemann seinen Namen selbstverständlich kannte; außerdem zeigte er seine Verlagswerke auch regelmäßig in der Spazier-Zeitung an. Sein Autor Horn war Klingemanns Freund, und zumindest durch ihn wußte Klingemann auch von Dienemanns Verlag. Nichts ist wahrscheinlicher, als daß Dienemann in seiner Autoren-Bedrängnis sich mit oder ohne Horns Vermittlung an Klingemann um ein Manuskript wandte. Klingemann hatte zu dieser Zeit, bald nach seiner Rückkehr nach Braunschweig, noch hart zu kämpfen, um sich mit seiner Feder sein Leben zu verdienen. Gute zehn Jahre lang tat er sich, wie es scheint, recht schwer, ehe seine Stücke schließlich die Bühnen eroberten und überall gespielt wurden. Gewiß konnte er Bezahlung »stracks und gut«, wie Dienemann sie verhieß, dringend brauchen, und auch daraus macht er in den ›Nachtwachen‹ auf seine närrische Weise durchaus kein Hehl; da heißt es gleich in der ›Zweiten Nachtwache‹:

»... es bleibt doch heutzutage mit der Dichterei überall bedenklich, weil es so wenige Verrückte mehr gibt und ein solcher Überfluß an Vernünftigen vorhanden ist, daß sie aus eigenen Mitteln alle Fächer und sogar die Poesie besetzen können. Ein rein Toller wie ich findet unter solchen Umständen kein Unterkommen. Ich gehe deshalb auch nur jetzt bloß noch um die Poesie herum, das heißt, ich bin ein Humorist worden, wozu ich als Nachtwächter die meiste Muße habe. Meinen Beruf zum Humoristen müßte ich hier freilich wohl zuvor erst dartun, allein ich lasse mich nicht darauf ein, weil man es überhaupt jetzt mit dem Berufe selbst so genau nicht nimmt, und sich dagegen mit dem Rufe allein begnügt. Gibt es doch auch Dichter ohne Beruf, durch den bloßen Ruf – und somit ziehe ich mich aus dem Handel.«

Oder in der ›Siebenten Nachtwache‹:

»Ein debütierender Autor hat mit großen Schwierigkeiten zu kämpfen, da er sich erst überhaupt durch seine Werke bekannt machen muß; hingegen ein schon aufgetretener und einmal applaudierter bloß durch seinen Namen seine Werke berühmt macht; indem die Menschen es sich nimmer überreden können, daß große Poeten und große Helden ihre Stunden haben, in denen sie schlechtere Werke und schlechtere Handlungen ans Licht fördern als die schlechtesten anderer höchst alltäglicher Erdensöhne. Höhe und Tiefe sind nie ohne einander, auf der Fläche dagegen ist der Sturz nicht zu befürchten.«

Schließlich in der ›Sechzehnten Nachtwache‹:

»Die Unsterblichkeit ist widerspenstig, die Verleger zahlen bogenweis und die Honorare sind heuer sehr schmal; da wirft dergleichen Schreiberei nichts ab, und ich will mich wieder in die Dramen werfen!«

Daß Klingemann die ›Nachtwachen‹ sehr rasch schrieb, ist offenkundig: die letzten Kapitel weisen allerlei Flüchtigkeiten auf. Daß es ihm jedoch, trotz der schmalen Honorare, Spaß machte, sich unerkannt, unter einem Pseudonym, von unerwarteter Seite her über Kotzebue und Merkel, ihren Himmel und ihre Hölle, ihren Gott und ihren Teufel mit Witz und Aberwitz lustig zu machen, das leuchtet jedem ein, der erkannt hat, was Schillemeit vorzüglich heraushebt, während die früheren Enthüller des Nachtwächters es überhaupt nicht begriffen: daß nämlich dieser Bonaventura vor allem und immer ein großer Spaßvogel und Possenreißer ist. »Ich verspreche einem respektiven Publikum zum voraus«, erklärt der Hanswurst in seinem Prolog, »daß ich spaßhaft sein will bis zum Totlachen, der Dichter mag es noch so ernsthaft und tragisch anlegen!«

Er ist ein junger Mann von überwältigender histrionischer Begabung, der einfach alles, was ihm über den literarischen Weg läuft – Jean Paul und Schlegel, Shakespeare und Schiller, Kant und Schelling, Hans Sachs und Goethe, Ritterromane und Schauerdramen, romantische Lyrik und abstruse medizinische Haarspaltereien – sich mit genialischem Zaubertrick anverwandelt und auf hochkomödiantische Weise persifliert. Bis jetzt, heißt es in der ›Dritten Nachtwache‹, habe er nur an einen poetischen Teufel geglaubt, keineswegs aber an den wirklichen:

»Was den poetischen anbetrifft, so ist es gewiß sehr schade, daß man ihn jetzt so äußerst vernachlässigt, und statt eines absolut bösen Prinzips, lieber die tugendhaften Bösewichter, in Iffland- und Kotzebuescher Manier, vorzieht, in denen der Teufel vermenschlicht und der Mensch verteufelt erscheint. In einem schwankenden Zeitalter scheut man alles Absolute und Selbständige; deshalb mögen wir denn auch weder echten Spaß, noch echten Ernst, weder echte Tugend noch echte Bosheit mehr leiden. Der Zeitcharakter ist zusammengeflickt und gestoppelt wie eine Narrenjacke, und was das Ärgste dabei ist – der Narr, der darin steckt, möchte ernsthaft scheinen.«

Schon sein erstes Theaterstück hieß ›Die Maske‹. Daß er sich für diese ingrimmig-übermütige Possenreißerei die Maske ›Bonaventura‹ vors wohlbekannte Gesicht hielt, kann einen jetzt kaum mehr wundern. Denn er kannte natürlich das Pseudonym aus dem Musenalmanach und dürfte gewußt haben, daß es Schelling war. »Ein Kerl wie ich, der aus Haß und Grimm zusammengesetzt ist –« so ironisiert der Dichter-Nachtwächter sich selbst. Welche Super-Posse, wenn die Cognoscenti auf das Pseudonym hereinfielen und die ›Nachtwachen‹, wie sie es taten, dem inzwischen zum Generalsekretär der Akademie der Bildenden Künste in München aufgestiegenen Professor in die Schuhe schoben. Oder, wie es in der ›Fünfzehnten Nachtwache‹ steht:

»Das Nachtwächteramt war eben vakant geworden, und ich glaubte mich allenfalls tüchtig, ihm mit Ehre vorzustehen. Die Welt ist jetzt sehr gebildet und man fordert mit Recht große Talente von jedem einzelnen Bürger.«

Man sieht, das Reclamheft ist wunderbarerweise und gottlob noch da. Mehr und besser noch: es hat sich auf liebenswürdige Weise ungeahnt vermehrt und vervielfältigt. Seit ich nämlich dies zu schreiben begann, tauchte plötzlich überall das lange so sehnlich vermißte Büchlein wieder auf, jeder Antiquariats-Katalog, der ins Haus kam, hatte ein Exemplar anzubieten – das ich mir flugs beschaffte! – Freunde schenkten mir ausgefallene Ausgaben davon, illegale Entleiher brachten reumütig das Diebsgut zurück. Kurzum, gleich den heimwehkranken verlaufenen Hündchen kamen die ›Nachtwachen‹ aus allen Himmelsgegenden mir zugelaufen. Ich habe sie alle bei mir aufgenommen, man kann ihrer gar nicht zu viele haben. Und vielleicht werden sie jetzt, da sie gemütlich alle beisammensitzen und sich von den Dutzenden verschiedener Verleger, die sie im Lauf der Jahrzehnte herausgebracht haben, erzählen, auch bei mir bleiben.

DEM ANDENKEN EINES MENTORS

Er hat mein ganzes Leben begleitet. Er war, nicht nur nach Lebensjahren gezählt, mein ältester Freund. Schon vor dem Ersten Weltkrieg durch den Kreis um Kurt Wolff meinem Vaterhaus verbunden, tauchte der zweiundzwanzigjährige Willy Haas, großer Bewunderer Paul Claudels, 1913 bei uns in Hellerau auf, als dort im Festspielhaus Jakob Hegners Übersetzung der ›Verkündigung‹ aufgeführt wurde. Damals saß er mit seinen Prager Jugendfreunden und einstigen Schulkameraden Paul Adler, Franz Werfel und Franz Kafka in meines Vaters Garten und debattierte mit ihnen die Sommernächte hindurch. Ich saß, fünfjährig, nur dabei und hörte zu, bis ich ins Bett geschickt wurde. Daran erinnerte er mich Jahrzehnte später. Damals waren wir gescheite Jünglinge, sagte er. Hast du das gemerkt? Ich hatte es gemerkt. Dein Vater, sagte er, hatte immer einen sehr guten Frankenwein, und du wurdest in den Keller geschickt, allemal ein paar neue Bocksbeutel zu holen. Das hatte er sich gemerkt, ich hatte es vergessen.

Elf Jahre später sah ich ihn wieder, in Hellerau, und wußte inzwischen genau, wer er war. Nun war ich ein sechzehnjähriger Gymnasiast, der gleich nach dem Abitur Dichter werden wollte, und er ein Mann von dreiunddreißig, kriegserfahren und doch noch immer ein Enthusiast, ein namhafter Kritiker in Berlin, erfolgreicher Filmautor zudem, der sich aber eben anschickte, mit Ernst Rowohlt ›Die Literarische Welt‹ zu gründen. Wenn du so weit bist, sagte er, kommst du zu mir. Es war ganz selbstverständlich beim Kindheits-

Du geblieben, beiderseits, und daran änderten die nächsten fünfzig Jahre nichts. Zwei Jahre darauf klopfte ich, ein ahnungsloser Anfänger, an seiner Berliner Redaktionstür an, und er ließ mich meine ersten kleinen Sachen schreiben; ein halbes Jahrhundert später, an seiner Hamburger Redaktionstür zum letzten Mal. Was ich in dieser Zeit ganz nebenher, wie im Vorbeigehen, von ihm an literarischem Handwerk gelernt habe, läßt sich nicht aufzählen.

Was habe ich, was hat eine ganze Generation, was sage ich, was haben zwei Generationen nicht von Willy Haas gelernt? Begeisterung und Skepsis vor allem. Du bist entweder zu tolerant oder zu unerbittlich, sagte er dem achtzehnjährigen Anfänger einmal zu einer seiner ersten Rezensionen; die Essenz der kritischen Tätigkeit ist das Gleichgewicht zwischen toleranter Unerbittlichkeit und unerbittlicher Toleranz. Das hielt ich damals für ein pragerisches Kaffeehaus-Bonmot. Ich sagte es ihm. Er legte den Kopf schräg zur Seite, wie er es immer tat, wenn er nachdachte, wackelte ein wenig mit ihm, zwinkerte und sagte: Natürlich ist es das; aber außerdem und trotzdem stimmt es. Wie die meisten Prager Kaffeehaus-Bonmots.

Das Berliner Jahrzehnt war Willy Haas' schönste und beste Zeit, und seine Zeitschrift seine vorzüglichste Leistung, die neben seinen Essaybänden, vor allem ›Gestalten‹, ebenbürtig besteht. Die ›Literarische Welt‹, die er schuf und von 1925 bis 1933 edierte, war etwas springlebendig Neues, das es bis dahin in Deutschland nicht gegeben hatte – keine gewichtige Literaturzeitschrift herkömmlichen Typs, sondern nach dem Vorbild der ›Nouvelles Littéraires‹ eine literarische Wochenzeitung, in der buchstäblich nicht nur die deutsche Szene, sondern die ganze Kulturwelt gespiegelt war. Aber zugleich lasen wir dort auch zum ersten Mal den Namen Walter Benjamin. »Es ist heute fast unvorstellbar, was mir damals alles zur Verfügung stand«, schrieb Willy Haas ein Vierteljahrhundert später in seinen Lebenserinnerungen. Wir sprachen, als er 1948 nach einem Umweg über die halbe Welt nach Deutschland zurückkam, mehr als einmal darüber, ob man die unvergessene Literaturzeitung nicht neu aufleben lassen solle, denn gebraucht wurde sie wahrhaftig, gebraucht wird sie noch immer.

Damals war Willy Haas noch kein alter Mann, siebenundfünfzig gerade, aber er redete uns, skeptisch-schrägen Kopfes, das Vorhaben aus: »Die ›Literarische Welt‹, ob sie gut oder schlecht war, kann heute nicht wiederholt werden, weder vor mir noch von irgendeinem anderen. Es fehlt die ganze, ungemein breite Basis, das unermeßlich reiche Material. Damals mußte man eine redaktionelle Idee nur träumen, und sie war schon halb ausgeführt. Damals habe ich nie das Gefühl gehabt, daß es da irgendwelche Grenzen gab.« Jetzt hatte er dieses Gefühl nur zu sehr: es schien vor allem und überhaupt nur Grenzen zu geben; tolerante Unerbittlichkeit und unerbittliche Toleranz, wie er sie verstand, hatten im Kalten-Kriegs-Garten keinen Boden.

Sechzig Jahre lang ein vorzüglicher Herausgeber, Kritiker, Kommentator und Mentor in der literarischen Welt sein, das ist viel, wenn man es vom ersten bis zum letzten Tag mit nie nachlassender enthusiastischer Gewissenhaftigkeit war; aber Haas war mehr und noch anderes. Er war auch ein vorzüglicher Essayist, einer der allerbesten, die wir hatten, und das sind nicht viele. Die große Traumliebe seiner Jünglingsjahre war Hofmannsthal, und ihr blieb er sein Lebtag treu – sein schmaler Briefwechsel mit Hofmannsthal ist ein hochmerkwürdiges Dokument. An Hofmannsthal wurde der virtuose Artist, der Haas zeitlebens war, zum Künstler. Er besaß die eigentümliche Gabe in seinen Essays, einen Einzelzug, eine Einzelepisode im Bildnis eines Menschen herauszugreifen, aus ihr die ganze Erscheinung herauszuspüren und herauszulocken und sie in ihrer ganzen Vielfalt vor dem Betrachter aufzubauen. Das geschah mit einer unerhört geschwinden Aneignung, und sein großer Essay zu Hofmannsthals Tod ist hierfür ein Beispiel.

Ich erinnere mich an viele Gespräche mit ihm hierüber, damals 1929, später, immer wieder. Er wies auf Hofmannsthals Handschrift: »... ein lockeres Häkelwerk aus dünnen Fäden. Vieles griff, oder zuckte fast, schnörklig zurück nach hinten, und verschlang sich dort, es war aus der Ferne sehr gleichmäßig, aus der Nähe sehr nervös ...« Auf den skizzierten Entwürfen, »auf einem Blatt Papier waren drei, vier Lagen Texte übereinander geschrieben, kreuz und quer, ohne jede Rücksicht auf die etwa ausgesparten Reste weißer Fläche, und daher völlig unleserlich ... gewissermaßen perspektivisch übereinander geschrieben ... sie erstrebten das Plastische aus übereinandergelagerten dichten Schichten ...«

Ich sagte ihm einmal, nachdem ich dies gelesen hatte, dieser Zugang durch das Palimpsest scheine mir allzu willkürlich, verspielt, artistisch. Er meinte, Palimpsest sei richtig, und meine Bemerkung beweise ihm, daß der Zugang legitim sei: Hofmannsthal war eine ganze Kette von Menschen, die sehr weit zurückreicht. Diese Wahrheit sei ihm erst aufgegangen, nachdem er spielerisch-willkürlich das Gleichnis aus der Handschrift erfunden. Da wandte ich nichts mehr ein. Ich hatte etwas gelernt, wieder einmal, von einem Künstler.

Man hat ihn um dieser Artistik willen einen Literaten par excellence genannt. Dagegen hatte er gar nichts einzuwenden. Mir ist er eine jener wenigen, seltenen Mentor-Gestalten der literarischen Welt, bei deren Hintritt der zurückgebliebene Jüngere sich bange fragt, wie es denn ohne ihn weitergehen solle. Natürlich geht es weiter. Aber es ist auch danach.

DEM ANDENKEN EINES FREUNDES

Gute zwanzig Jahre lang habe ich ihn gekannt, in aller Herren Länder und Städte, und obwohl in dieser Zeit weite Strecken waren, auf denen wir, durch Ozeane von einander getrennt, einander nicht sahen und selten von einander hörten, war doch kein Tag darin, an dem wir nicht Freunde gewesen wären.

Daran kann ich, wenn ich zurückblicke, nicht einen Augenblick lang zweifeln. Wir waren beide weniger denn zwanzig Jahre alt, als wir einander begegneten, und die Aussicht, ja auch nur die Möglichkeit, daß wir uns in weiteren zwanzig Jahren noch kennen und schätzen würden, wäre uns, hätten wir sie damals in Betracht gezogen, so überaus altväterisch und gravitätisch vorgekommen, daß wir über sie nur zu lachen vermocht hätten. Daran hatte sich im Grunde nichts geändert, als diese zwanzig Jahre wirklich herum waren. Wir sprachen neue Sprachen, hatten neue Pässe in den Taschen, trugen gar militärische Uniformen, aber zum Lachen war es noch immer. Über das Altwerden hätten wir mit uns reden lassen; über das Älterwerden nicht. Es blieb uns, unausgesprochen, die ein wenig alberne und verächtliche Sache, die es in Wahrheit ist. Klaus Mann besaß die große und unnachahmliche Gabe, Freundschaft ins lächelnd-scherzende Gewand der Zeitlosigkeit zu kleiden. Aus ihr entwickelte er, der rastlos an seine stürmende Zeit Gefesselte, seinen Lebensstil. Sie brach ihm, so ahne ich, auch das Herz.

Im Grund verbanden uns nicht allzu viele gemeinsame

Neigungen, das war das Eigentümliche; ich mochte manche seiner Freunde nicht besonders, wie auch er wohl mit einigen der meinen nur herzlich wenig anzufangen wußte. Doch verschlug uns das nichts; wir billigten einander unsere täglichen Welten einmischungslos zu; hierin übten wir zuweilen kritische Verwunderung, ja Erstaunen – er zum Beispiel, als ich's mir einfallen ließ, dreiundzwanzigjährig, ein sehr liebliches Mädchen mit einem verrückten Adelsnamen zu heiraten – aber Scherze machten wir darüber nicht. Er war mir ein Bruder; ich habe ihn geliebt wie einen Bruder und gedenke seiner als eines Bruders; und ich wünsche mir, er möge meiner zuweilen in der nämlichen Weise gedacht haben. Ich glaube, er tat es. Ich habe nie sehr tief in sein Herz geschaut, und er nicht in das meine. Aber wie weit wir immer, in jedem Sinne, von einander entfernt waren, wußten wir doch, daß wir uns in wichtigen und entscheidenden Dingen unverbrüchlich auf einander verlassen konnten. Solche Freunde hatte ich in meinem Leben nicht viele; ich glaube gar, nur diesen einen.

Klaus Mann war der treueste und loyalste Mensch, den ich auf dieser Erde gekannt habe. Das zu lesen, mag manchen erstaunen. Es möge. Es ist die Wahrheit.

Von Rechts wegen hätte es eine Kindheitsfreundschaft sein müssen.

Und doch, obwohl in der gleichen Stadt geboren, sind wir dort, wie es leicht hätte sein können, einander nicht zuerst begegnet. In unserer gemeinsamen Vaterstadt standen unsere Elternhäuser nicht weit von einander, aber als Kinder wußten wir von einander dort nichts. Gemeinsam nach dem gemeinsamen München reisten wir erst als erwachsene Menschen. Doch las ich in München, in einer zufällig auf dem Autositz liegengebliebenen Zeitung, daß ich ihn nicht wiedersehen würde. Das hatte wohl so zu sein.

Dabei bestand ein frühes zartes Band der Anteilnahme zwischen den Familien. Zu dem nachgelassenen Roman ›Nacht und Tag‹ Erich von Mendelssohns, des jüngsten, in frühen Jahren dahingerafften Bruders meines Vaters, hatte Thomas Mann 1913 ein langes und zärtlich-ergreifendes Vorwort geschrieben. Ich habe dieses Buch immer geliebt und durch alle Jahre des Wirrwarrs mein Exemplar nie verloren; es verband mich, wie ich erklären werde, auf vielfältige Weise mit Klaus, seinem Vaterhaus und seiner Welt.

Ich spürte, und spüre noch heute, viel innig Verwandtes mit diesem jungen, früh dahingegangenen Onkel und bemerke mich zuweilen bei dem Gedanken, daß ich dort weiter schreibe, wo ihm mit sechsundzwanzig Jahren der Tod die Feder aus der Hand nahm. So habe ich immer, durchaus ungerechtfertigter Weise, Thomas Manns liebevolles Vorwort zu diesem Buch heimlich als auch für mich geschrieben empfunden, und diese Empfindung hat in mir zu Zeiten ein kurioses Sohnesgefühl für ihn genährt. Davon wußte der »Zauberer« gewiß gar nichts. Doch als Erika und Klaus mich im Frühling 1927 in ihr Vaterhaus in der Poschingerstraße führten, war mir des jungen Onkels Geist allgegenwärtig, und ich nahm mir die Keckheit, den Vater meiner Freunde, der ihn ja gut gekannt, daran zu gemahnen. Er sah mich, in der Diele war's, glaube ich, ein Weilchen an und nickte dann sinnend. Ich glaube, er sagte auch etwas Beziehungsvolles, doch das habe ich vergessen. Vom Vorwort hingegen weiß ich bis heute manchen Satz auswendig. So gleich den ersten: »Liebe zu sich selbst ist der Anfang aller Autobiographie.« Das hätte auch Klaus geschrieben haben können.

Mit ›Nacht und Tag‹ freilich hat es noch anderes auf sich. Dieser Roman, den René Schickele im Verlag der Weißen Bücher veröffentlichte, ist glaube ich die erste Erzählung jener Zeit, die das Landeserziehungsheim, die Schulgemeinde zum Hintergrund hat. Er spielt, kaum verdeckt, in Haubinda, einer der drei Lietz-Schulen, in der Erich seine Kindheit verbrachte und wo Bruno Frank und Wilhelm Speyer und manch anderer Mann, der mir nachmals zum Onkel, Lehrer und Förderer wurde, zu seinen Kameraden gehörten. Aus diesen Schulen wuchsen bald darauf Wickersdorf und die Odenwaldschule und die großen Gestalten Gustav Wynekens und Paul Geheebs, die bedeutenden Lehrer und Erzieher zweier, gar dreier Generationen. Als ich Geheeb 1947 in Zürich wiedertraf – und es war Klaus, der die alte Verbindung mit einem verschmitzten Lächeln erneuerte – da sprach der alte Mann mit dem weißen Bart vom jungen Erich, als sei er gestern von ihm gegangen. Dabei wäre der junge Onkel, hätte er bei uns gestanden, just sechzig gewesen! Paulus aber hatte inzwischen, freilich nicht sehr erfolgreich, Klaus gelehrt, und auch mich einige kurze Monate lang, die ich in der Odenwaldschule zur gleichen Zeit verbrachte, und schon waren wieder achtzehn Jahre vergangen, seit ich zum letzten Mal dort gewesen war und meinen jüngsten Bruder Felix besucht hatte, der sich damals in Geheebs Obhut befand. So hatte ›Nacht und Tag‹, worin erstmals unser aller Kinderwelt mit ihren Freuden und Schmerzen zu Wort gekommen, vielfältig magische Fäden zwischen den Generationen gewoben, und noch immer spannen sie sich weiter.

Mit jenem Buch begann ein ureigenstes Fach der neuen deutschen Erzählung; immer und immer wieder hat sich diese verzauberte Welt in Band um Band erneuert. Wer vermöchte heute die Romane und Novellen vollzählig zu nennen, die aus der Welt der Landschulheime ihren Stoff und Geist bezogen? Ilsenburg, Haubinda und Bieberstein, Wikkersdorf und die Odenwaldschule, Hellerau, Salem, Marquardtstein und die Schule am Meer sind seither unauslöschlich in die deutsche Literatur eingegangen, zuweilen in verzauberter Form wie in Speyers ›Schwermut der Jahreszeiten‹ und ›Kampf der Tertia‹, zuweilen in so unverblümt krasser Manier wie in Erich Ebermayers ›Kampf um Odilienberg‹, wobei die Wiederkehr des Ausdrucks »Kampf« doch rein zufällig und nicht mißzuverstehen ist. Denn es war dies eine ganz und gar unaggressive, den Heimlichkeiten des Herzens hingegebene Welt, und so konnte es nicht fehlen, daß das Abenteuerliche und Skurrile, das Gewagt-Absonderliche ihr seinen Ton gaben. Wir alle haben ihn in uns schwingen gespürt und versucht, ihn in Worte zu fassen – auch ich, in einer frühen Erzählung ›Schmerzliches Arkadien‹, die mir bis heute lieb ist – aber nirgends kam er so rein und unverfälscht zu Tage wie in Klaus' erstem Buch. Die Novellen ›Vor dem Leben‹, mit sechzehn Jahren geschrieben, gehören zu den Unverlierbarkeiten einer gemeinsamen Kindheit. Sie sind diese Kindheit.

Diese Dinge verbanden uns lange, ehe wir uns kannten; und nichts war weniger verwunderlich, denn daß ein Genoß aus jener Welt, Wolfgang Deutsch, ein hektischer junger Frankfurter, der Pamela Wedekind seit Kindheitstagen zugetan war, uns schließlich zusammenführte, nachdem wir alle drei in der Odenwaldschule rätselhafterweise aneinander vorübergegangen waren. Das war in Berlin, um die Jahreswende 1926. Und in Berlin, im Frühsommer 1948, war es auch, daß ich Klaus zum letzten Mal sah. Hier jedoch ist der Ort, Wolfgang Deutschs zu gedenken. Wir kannten uns in vielen Städten und bewohnten einen Sommer lang zusammen ein kleines Haus im Bergstädtchen Cagnes überm Mittelmeer. Nicht weit von dort befreite er sich, zwei oder drei Jahre vor der Heraufkunft der Verderbnis, Unerträgliches ahnend, in einem Hotelzimmer von seinem Leben. Ihm verdanke ich die erste Kenntnis Jean Gionos, von dem er erfüllt war, lange ehe in Deutschland jemand diesen Namen auch nur gehört hatte, so wie ich Klaus die Begegnung mit Gide, mit Cocteau, Soupault, René Crevel und anderen verdanke, deren Welt und Gedanken ihm früher und genauer vertraut waren als seinen deutschen Zeitgenossen.

Unserem gemeinsamen unglücklichen Freunde schrieb Klaus einen ergreifenden Nachruf. Er ist mir, zusammen mit anderen, kürzeren Arbeiten aus jener Zeit, deutlicher und symbolhafter gegenwärtig als manche von Klaus' späteren, umfangreichen Arbeiten. In dem Band ›Auf der Suche nach einem Weg‹ enthalten, zeichnet er behutsamer, prägnanter und genauer die kritischen Krankheitsherde unserer Generation nach als der voraufgegangene, längere und ambitiösere Essay ›Heute und Morgen‹, in dem der Einundzwanzigjährige sich zum ersten Mal bemühte, die »Situation des jungen geistigen Europa« zu umreißen. Diese Bemühung hat ihn Zeit seines Lebens gequält, geplagt und neuerlich angetrieben, bis hin zu seinem allerletzten, verzweifelten Aufsatz, und ihm viel dummen Spott und schnöde Geringschätzung eingetragen. Sie war ihm, aus einem untrüglich sicheren Instinkt heraus, im Grunde wichtiger als alles andere und hätte den flachen Spöttern noch wesentlich wichtiger sein sollen.

Ihnen, meine ich, hätte es nichts geschadet, ein wenig genauer über ihre Situation im europäischen geistigen Gefüge nachzusinnen, und sie wären vielleicht etwas weniger bereitwillig zur Stelle gewesen, als es daran ging, dieses Gefüge zu zerschlagen, dieses Gewebe zu zerfetzen; vielleicht hätten sie Europa und sich selbst nicht ganz so willfährig um ein Linsengericht verkauft, das noch dazu ungenießbar war. Nun freilich ist unter den jungen Deutschen die Klage um die verlorene geistige Einheit Europas groß, und es schmerzt sie der Verlust ihres Platzes in ihr am meisten.

Klaus wußte immer, was es mit diesem Platz auf sich hatte; selbst in seinen spielerischsten Augenblicken nahm er es damit immer höchst genau. Jene, welche sich damals über seine Leichtfertigkeit, wie sie es nannten, belustigten, weil sie Leichtfertigkeit und Grazie nicht von einander unterscheiden können, hätten besser getan, die Dinge ernst zu nehmen, als sie noch ernst waren und ehe sie tragisch wurden.

Ich besitze jenen Band Aufsätze, der mir immer zu den liebsten unter Klaus' Büchern zählte, weil er mit glühenden jugendlichen Wangen geschrieben war und seine geistige Intensität am unvermischtesten enthielt, nicht mehr; er ist mir mit vielen anderen Büchern, die ich 1933 in Deutschland zurücklassen mußte, verlorengegangen. Aber ich habe die bestimmte Ahnung, daß ich diesen Nachruf auf unseren Freund, hätte ich ihn heute vor mir, nicht ohne Schauder lesen könnte. So wie ich ihn erinnere, war, das deucht mich jetzt, mehr von Klaus selbst drin als vom Freund, und vieles, das die inzwischen verflossenen zwanzig Jahre in seinem eigenen Herzen aufs fürchterlichste wahr gemacht haben.

Wie doch Frankreichs blühende Küste mir meine Freunde dahingerafft hat!

Um so sonderbarer, daß ich Klaus, wann immer ich seiner gedenke, nicht eigentlich im südlichen Sonnenlicht sehe, das wir so oft geteilt, sondern im Dämmer, im Abendschein. Rufe ich mir sein Antlitz zurück, so erscheint es mir im mählich fallenden Dunkel der großen Städte, zur Stunde, da die Lampen aufglühen; im Zwielicht der südlichen Gassen; des nachts im winddurchsausten Korridor des lärmenden Schlafwagenzuges; in einer abenteuerlichen Räuberhöhle im Hafen zu Kopenhagen; im schlecht beleuchteten Hotelzimmer zu Amsterdam; auf dem nächtlichen menschenleeren Boulevard St. Germain; und dann wieder im Dämmer, im Abendschein auf der Terrasse meines Appartements im Berliner Grunewald, da wir 1948 im blockierten, lichtlosen Berlin bei Kerzen saßen.

Ich weiß nicht mehr, was wir an allen diesen vielen Dutzenden von Abenden dieser zwanzig gemeinsamen Jahre sprachen; sie sind ein Teil meines gelebten Lebens, von dem ich mir nie flugs, ehe es entwischte, Aufzeichnungen gemacht habe; und von manchem Eindruck, manchem Bild, mancher Meinung, die wir tauschten, wüßte ich nicht mehr anzugeben, ob es die seine oder meine eigene war: sie sind mir zu einem verschmolzen. Doch weiß ich, daß ich stets, wann immer wir beisammen saßen, unversehens in die Betrachtung seines Antlitzes versank und, der Worte kaum noch achtend, seiner Stimme lauschte. Das war so am ersten Abend, als wir, kaum daß wir einander begrüßt hatten, auf längeren Wegen durchs westliche Berlin inmitten der Lichtreklamen, der Taxis und rufenden Zeitungsverkäufer, umflutet vom rastlosen Menschenstrom dieser rastlosen Stadt, einer mir unbekannten Adresse zustrebten, an der er etwas zu besorgen hatte. Sie stellte sich als die Pension heraus, in der Pamela Wedekind wohnte. Das war so am letzten Abend, der sich tief in die Nacht zog, im Frühsommer 1948, in Berlin wiederum, als Klaus und Johannes R. Becher sich zu einer Aussprache in meinem Hause trafen.

Ich wurde nie müde, dieses lebendige, helle Antlitz zu studieren, das geschwinde, fast hurtige, spöttisch-skeptische Lächeln, das so willig beim geringsten Scherz, der kleinsten Herzlichkeit um seine Lippen spielte. Frage, Zweifel, Kritik indessen saßen bei ihm in den Augen, den häufig leicht geröteten, die sehr empfindlich waren und die leiseste Wolke, die flüchtigste Trübung in seiner Umwelt auffingen und registrierten; er kniff sie zuweilen unvermutet scharf zusammen, und nicht nur, weil der aufsteigende Rauch der

Zigarette ihn blinzeln machte: ich wußte dann immer, daß er im Gespräch auf etwas Hartes, Kompliziertes, Schwieriges, gar Unversöhnliches gestoßen war, und dies hielt er mit dem Blick, mit den zarten Augen fest, bis er ihm auf den Grund, auf die Sprünge gekommen war. Alsdann entspannte das Antlitz sich wieder, und die allzeit locker und graziös bewegte rechte Hand öffnete mit einer raschen Geste dem Gespräch neue Wege.

Von seiner Stimme will ich nichts sagen, als daß sie mir unvergeßlich ist und daß ich sie immer in meinem inneren Ohr hören werde. Es wäre unmöglich gewesen, sie mit irgend einer anderen Menschenstimme zu verwechseln, nicht einmal am trügerischen Radio oder Telefon, so sehr war sie unveräußerlich er selbst: seine gesamte federnde, elastische, auch sprunghafte und zuweilen abrupte, doch immer auf einen klaren, unveränderlichen Unterton gestimmte Persönlichkeit war in ihr enthalten.

Doch ein Wort der Erinnerung an jenen letzten Abend. Er war denkwürdig und sollte nicht vergessen werden, nicht nur weil drei Münchner aus verschiedenen Welten auf ein paar Stunden im zerschnittenen, in äußerste Feindseligkeit und ingrimmigen Bruderzwist getriebenen Berlin, von den streitenden Machthabern unbemerkt, beisammen saßen. Im Frühjahr 1945, als Klaus' Schwester Erika und ich unvermutet in Berlin wieder zusammentrafen, war's noch anders gewesen. Damals erzählte mir Becher, als ich einmal in sein Büro trat, noch immer ganz außer Fassung von einer Unterhaltung, die er einige Tage vorher mit Erika in eben diesem Büro gehabt hatte. Es handelte sich, glaube ich, um die Gründe, aus denen er aus der Emigration nach Deutschland zurückgekehrt war, und Erika fiel es schwer, sie einzusehen, so daß sie kräftig auf Becher, wie er berichtete, einredete. Diesen verwirrte und bestürzte das tief. »Ich fragte mich ernstlich«, so erzählte er mir, »bin ich verrückt oder sie? Ist dies Büro denn eine Gummizelle?« Ich war versucht, ihm zu antworten, das könne wohl sein; ich machte den Einwurf nicht, denn wir wollten weiter reden.

Drei Jahre später waren solche Zusammenkünfte in Berlin schwierig, fast unmöglich geworden; doch in meinem Hause konnte man sich treffen. Es gab noch keine Mauer, aber man bedurfte vertrauenswürdiger Mittelsleute, um ein solches Treffen auf »feindlichem« Boden zuwege zu bringen. Ein solcher war Brecht, der in diesem Fall seine Hand im Spiel hatte, und zwar auf hilfreichste Art. Beiden, Becher und Klaus, lag dringend an der Zusammenkunft; es war nicht nur Klaus' Wunsch, etwas Authentisches darüber zu erfahren, wie es unter den Geistigen der »anderen Seite« aussah, was sie dachten, fühlten, hofften; es war ihm wichtig zu wissen, wo die geistigen Fäden durch den Kalten Krieg liefen und wie sie liefen: daran hat ihm Zeit seines Lebens immer gelegen, und für Becher, dem ich trotz aller Kontroversen und obwohl wir wohl rundweg in nichts übereinstimmten, freundschaftlich verbunden war, mag Ähnliches gegolten haben.

So saßen wir, ein kleines Grüppchen, bis tief in die Nacht, während droben die Flugzeuge der Luftbrücke unablässig über den Baumkronen dahinzogen. Becher wandte das eine oder andere Mal den Kopf fragend gen Himmel, als wolle er sagen: muß dieser schauderhafte Krach denn sein? Und ich hatte es auf der Zunge zu sagen: da seht ihr, was ihr angerichtet habt; die bringen wenigstens die Kerzen, bei denen wir hier sitzen, ihr Stromabschneider, und den Kaffee, den wir trinken. Aber ich sagte es nicht, meinte freilich, Becher habe gespürt, daß ich es hätte sagen können und dürfen. Klaus und er sprachen mit großem Freimut, auch mit Lachen und Scherz und durchaus ohne stichelnde Ironie, denn sie wollten wirklich etwas über einander erfahren. Die Szene dieser Begegnung zu verfolgen, beschäftigte mich ganz, so daß ich selbst nicht viel sagte: sie gaben einander nicht viel Pardon und ließen nur wenig, das in der vergifteten Luft lag, ungesagt; dennoch sprachen sie die gleiche Sprache, verstanden sich oder hätten sich verstehen können, auch außerhalb meines Hauses, wenn man sie gelassen hätte. Ich glaube, sie waren sich im Klaren, machten weder sich selbst noch einander etwas vor. Ob einer den anderen überzeugte, weiß ich nicht. Doch glaube ich, daß Becher, der ein Mann guten Willens war, an jenem Abend die Frage nach der Gummizelle nicht mehr so entrüstet als letzte Absurdität von sich gewiesen hätte. Es war ein sehr merkwürdiges Gespräch.

Nach jener Nacht entschwand mir Klaus, und ich sah ihn nicht wieder; nur einige Briefe wechselten wir noch, aus Amerika, aus Amsterdam, über dieses und jenes literarische und verlegerische Projekt; und ich will mich seiner auch nicht im Licht jenes letzten Berliner Abends erinnern. In all seiner Spannung und geistigen Intensität umgab ihn nicht die Atmosphäre, die uns eigentlich gemeinsam war.

Lieber bewahre ich mir sein Bild aus einem Abend achtzehn Jahre früher, an »unserem Meer«. Ich hatte – das sagte ich schon – ein ebenso billiges wie primitives Häuschen auf dem Berg von Cagnes-sur-Mer an mich gebracht und hauste dort, zweiundzwanzigjährig, glücklich vor mich hinschreibend, mit dem Blick auf die Bergkette und die flimmernde Lichterküste von Nice bis Antibes, durch zwei Sommer und Winter. Die Dämmerung brach ein, der Abend sank ins Tal, und es war gerade Zeit, das Nachtmahl zu bedenken, als es drunten, von der Gasse her, an der Tür klopfte. Ich öffnete und sah im halben Licht der trüben Straßenlaterne Klaus auf meiner Schwelle stehen, begleitet von einem schmalen, liebreizenden Mädchen, dessen elfenbeinerne Schönheit mich sogleich gefangen nahm. Das Mädchen war Eva Herrmann, eine Zeichnerin, die ich später besser kennenlernte; an jenem Abend bewegte sie sich lautlos, behutsam, mit von Trauer ein wenig verschleierten Augen, wie mir schien, durch meine Zimmer und lehnte lange träumend am Fenster, den Blick aufs abendliche Meer gerichtet.

Sie waren »gerade in der Gegend«, wie sich herausstellte, und wollten »nur rasch sehen, was ich eigentlich treibe«. Ich weiß nicht, woher Klaus diesen meinen Aufenthalt überhaupt kannte, wie er ihn gefunden hatte, was ihn trieb, den beschwerlichen Weg den steilen Berg hinauf in dieses unwirtliche Bergnest zu erklimmen. Daß er es tat, war charakteristisch für ihn. Er wußte immer, wo alle seine Freunde waren; ein untrüglicher, immer wacher Spürsinn, eine nicht rastende Neugier des Herzens, verriet es ihm immer, und so sehr begierig er neue Fäden knüpfte, neue Menschen aufspürte, immer neue Beziehungen wob, so wenig vernachlässigte er die alten.

Darin bestand seine Treue, seine große Generosität des Herzens. Es gab keinerlei Grund, mich damals aufzusuchen, es war nichts Dringendes zu besprechen, während der folgenden Monate hätten wir einander allemal irgendwo anders getroffen. Doch er wußte, daß er mir eine Freude machen würde, wenn er zu dieser Stunde, im Dämmerlicht plötzlich erschiene. Und so nahm er sich die Mühe. Er nahm sich immer die Mühe; sie war Teil seiner großen Gewissenhaftigkeit, seines rastlosen Fleißes; aber sie war auch mehr. Sie war Teil seiner selbstverständlichen Treue, die seine Freunde umso lieber akzeptierten als sie spürten, wie sehr es ihm Freude machte, treu sein und Treue beweisen zu dürfen.

An jenem Sommerabend geschah nicht viel. Es wurde ein

rasches Mahl aus Spaghetti und Gemüsen gekocht, aus der Epicerie eine Flasche roten Weines geholt und nachher ein Kaffee gemacht. Während ich rasch diese Geschäfte besorgte, sah Klaus sich in der Behausung um, und als ich ins Zimmer zurücktrat, nickte er mir sinnend zu:

»Du hast also ein Haus«, sagte er dann. »Wie sonderbar!«

»Es ist wirklich nur ein Häuschen«, wandte ich ein.

»Es ist ein Haus, mein Lieber«, erwiderte er, fast mit Heftigkeit im Scherz. »Es ist ein Haus, ein richtiges Haus. Das ist das Sonderbare.«

Ich habe seine Worte und ihren merkwürdig traurig-spöttischen Ton noch im Ohr, und warum wohl gerade ihn? An jenem Abend ließ Klaus ein englisches Buch bei mir zurück, das ich unbedingt und sofort lesen müsse. Es war ›A Highwind in Jamaica‹ von Richard Hughes. Niemand von uns hatte bis dahin von diesem Dichter etwas gehört. Es konnte gar nicht anders sein, als daß Klaus diese ergreifendste und unheimlichste aller Kindheitsgeschichten zuerst für uns entdeckte. Diese Dinge kamen einfach magisch auf ihn zu, als spürten sie, daß sie bei ihm in guten, achtsamen Händen sein würden, und er hat sich nie ganz von ihnen trennen mögen. Er war der Kindheit, seiner eigenen und jeglicher Kindheit, in tiefster Seele verbunden; die tiefsten, engsten Bindungen seines Herzens waren Kindheitsbindungen. Kinder aber reisen auf Segelschiffen über unbekannte, gefahrvolle Meere und erleben Dinge unter unbekannten Himmeln, von denen Erwachsene sich nichts träumen lassen, so lieblich, seltsam und haarsträubend-selbstverständlich sind sie. Zu diesem geheimnisvollen Reich besaß der Dichter Richard Hughes den Schlüssel, und Klaus besaß ihn auch.

Klaus' ganzes Dasein war eine solche Kinderreise, und das Staunen über das merkwürdige Geschaute war immer in seinem Blick. Kinder aber haben keine Häuser, und wenn sie selbst noch so groß und die Häuser noch so klein sind. Es ist sonderbar und bestürzend, sie in ihnen anzutreffen und sie sagen zu hören, es seien in der Tat die ihren. Es sieht dann so aus, als sei die Kindheit wahrhaftig zu Ende. Zumindest sieht es so aus. Doch wer kann es wissen?

DEM ANDENKEN EINES WEGGENOSSEN

Im Februar 1974 feierten wir im Münchener Freundeskreis Erich Kästners fünfundsiebzigsten Geburtstag. Es fiel mir zu, den übrigen Darbietungen des Abends mit einer kleinen Ansprache voranzugehen. Er war unter uns und freute sich herzlich. Fünf Monate darauf war er von hinnen gegangen. Niemand hatte geahnt, ich selbst am allerwenigsten, daß die kleine Geburtstags-Ansprache fast schon eine Gedenkansprache war. Ich setze es so hierher, wie ich es damals sagte. Ich hätte es auch an seinem Grab nicht viel anders sagen mögen.

Teurer Erich! Verehrte Geburtstagsgesellschaft! Als ich auf dem Zettel unserer Veranstaltung las, daß ich meinem alten, lebenslangen Freund und Zeitgenossen Erich Kästner eine Laudatio halten solle, fragte ich mich einen bangen Augenblick lang, was das eigentlich sei, eine Laudatio, und ob meine eigene ungewisse Vorstellung davon wohl mit dem übereinstimme, was man von mir erwartete. Ich sah, wie ich es in solchen Fällen vorsichtshalber immer tue, in meiner funkelnagelneuen Super-Enzyklopädie nach und fand dort, daß das lateinische Wort »laudatio« ganz allgemein eine »Lobrede«, eine »günstige Zeugenaussage« bedeute; daß im besonderen darunter die »Würdigung einer Person bei Ehrungen, Preisverleihungen und Verabschiedungen« zu verstehen sei; daß es sich, im ganz besonderen, bei einer »laudatio funebris« um eine wichtige Art der römischen Redekunst, nämlich eine Ruhmrede auf die Tugenden und Verdienste eines Dahingegangenen handle.

Das alles schien mir ganz und gar nicht für unsere heutige Gelegenheit zu passen. Erich Kästner ist kein Dahingegangener. Er ist an seinem hohen Festtag noch durchaus unter uns, in doppeltem Sinn, leibhaftig als unser Mitbürger dieser Münchnerstadt, in der er nun seit dreißig Jahren lebt, und mit seinem Werk, das keinerlei Anzeichen aufweist, daß es in auch nur absehbarer Zeit dahingehen werde, und in aller Voraussicht ihn selbst und uns alle jugendfrisch und unverwelkt überleben wird.

Einer günstigen Zeugenaussage, des weiteren, bedarf es durchaus nicht und aus meinem Mund schon gar nicht. Unser Freund, dem es zu Zeiten, erbärmlichen Zeiten, an Verkennungen, Verleumdungen, Bezichtigungen und Verfolgungen nicht gemangelt hat, ist an seinem hohen Festtag schon längst nicht mehr umstritten oder gefährdet, derart, daß einer von uns aufstehen müßte, um vor allem Volk Hilfreich-Günstiges über ihn auszusagen. Wer vermöchte denn eine günstigere Zeugenaussage über den Dichter und Zeitgenossen Erich beizubringen, als er selbst es in seinen fünfzig Schaffensjahren getan hat durch seine Integrität als Mensch und Schriftsteller, und haben nicht Millionen, Groß und Klein, Alt und Jung – Klein und Jung vor allem – es ihm aufs nachdrücklichste bestätigt: Hier ist ein Kamerad und Menschenfreund, dem nichts am Zeug zu flicken ist?

Mit der »günstigen Zeugenaussage« ist es also nichts, gottlob, dürfen wir sagen, denn ein solcher Mann kommt uns nicht alle Tage vor. Und mit den sonstigen Anlässen der Würdigung, die das verehrliche Nachschlagewerk anzubieten hat, ist es nicht viel besser bestellt. Von »Verabschiedung« kann keine Rede sein. Erich Kästner ist uns zeitlebens ein Lehrer und Mahner gewesen, dessen Lehren und Mahnungen – nämlich uns wie vernunftbegabte Wesen zu betragen, wenn wir es schon nicht sind – wir gut und gern noch etwas häufiger und genauer beachten könnten. Aber ein Schulmeister war er nie, und hat nie auf einem Katheder gestanden, das er bei Erreichung einer Alters-, Verstandes- und Begabungsgrenze nun zu räumen müßte aufgefordert werden.

Des weiteren haben wir, wie wir hier sind und sitzen, auch keinen Preis, den wir ihm an diesem Tag überreichen könnten, und so ist es auch mit der Preisverleihung nichts. Es bleibt, als letzte Definition einer Laudatio, die Würdigung anläßlich einer Ehrung. Ist eine Geburtstagsfeier eine Ehrung? Vielleicht ist sie es. Aber soll denn er es sich zur Ehre anrechnen, daß wir uns hier zu seinem Geburtstag zusammengefunden haben? Vielleicht sind doch viel eher wir die Geehrten, und er ist der Verehrte, dem wir unsere Treue, unsere Anhänglichkeit, unsere Dankbarkeit, kurzum unsere Liebe bezeugen möchten.

Nun könnte es natürlich sein, daß – unwahrscheinlicher Fall – sich in unserem Kreis der eine oder die andere befindet, die wahrhaftig gar nicht wissen, wer Erich Kästner eigentlich ist. Ihrer Bildungslücke nachzuhelfen, kann aber auch nicht Sinn einer Laudatio sein. Und so soll es mir nicht einfallen, Ihnen einen mit Daten, Ortsnamen und Werktiteln gespickten Lebenslauf unseres Freundes aufzusagen, der vor fünfundsiebzig Jahren, am 23. Februar 1899, in der sächsischen Haupt- und Residenzstadt Dresden geboren wurde. Ebenso wenig soll es mir in den Sinn kommen, einen Sack mit Kästner-Zitaten vor Ihnen auszuschütten. In der Tat würde es nicht sehr schwer fallen, ein vielfältig konturiertes und farbenbuntes Porträt seiner Persönlichkeit mit Hilfe seiner Gedichte, seiner Prosa, seiner Bühnenwerke zusammenzufügen. Aber auch das will ich lieber bleiben lassen, denn mit einer auf diese Weise zusammengehäkelten »Lobrede« würde ich den anderen Mitwirkenden, die den Hauptteil dieses Abends bestreiten, die Lust und das Geschäft verderben. Erich Kästner analysieren und interpretieren? Wenn irgend ein Werk sich selbst erklärt, dann ist es das seine. Denn – das ist schon oft gesagt worden, und ist trotzdem wahr – er redet zu Kindern, als ob sie Erwachsene wären, und zu den Erwachsenen als den Kindsköpfen, die sie sind.

Ich will statt all dessen einiges wenige Persönliche sagen, von dem nichts im Brockhaus steht und dort, weder unter »Laudatio« noch unter »Kästner«, auch nichts zu suchen hätte. Erich und ich – um diese unbescheiden klingende Redensart ist schwer herumzukommen – kennen einander seit rund fünfzig Jahren und sind seit einem halben Jahrhundert durch alles Auf und Ab der persönlichen und der Zeitgeschichte Freunde und Zeitgenossen geblieben. Wir sind in der selben Kindheitsstadt Dresden aufgewachsen – ich wurde in zartem Alter aus meiner Geburtsstadt München dorthin verpflanzt –, und wenn wir uns nicht schon begegneten, »als wir kleine Jungen waren«, so lag es daran, daß ich ein ziemlich viel kleinerer Junge war als er. Als Erich achtzehnjährig 1917 Soldat werden mußte, war ich mal gerade bis zur Quinta vorgedrungen. Aber als wir uns zehn Jahre später in Berlin tatsächlich kennenlernten, spielte diese Zeitspanne und der fast gleich große Altersunterschied überhaupt keine Rolle.

Warum – das ist leicht erklärt. Wir stellten nämlich beide im Handumdrehen fest, daß wir des heimatlichen Dresdner Idioms noch durchaus mächtig waren, und hatten unsere helle Freude daran, uns mitten unter Berliner Literaten – die zumeist aus Wien, Prag oder Breslau waren – aufs lebhafteste in diesem viel und zu unrecht geschmähten deutschen Stammesdialekt zu unterhalten und uns die alte Stadt an der Elbe, die schönste deutsche Barockstadt, das will ich versichern, mit allen ihren heimlichen Wahrzeichen, wie sie nur die Kindheit kennt, zurückzurufen. Dergleichen verbindet lebenslänglich.

Als in der zweiten Hälfte der zwanziger Jahre Kästners erste Gedichtbücher erschienen, meinte man, es wehe in ihnen unverkennbare Berliner Luft, Berliner kaltschnäuzige Sachlichkeit, Berliner Fixigkeit und Schlagfertigkeit, und Titel wie ›Herz auf Taille‹ und ›Lärm im Spiegel‹ schienen es zu bezeugen. Ich gestehe, ich fand das gar nicht. Ich fand, daß sie, wiewohl hochdeutsch geschrieben, sächsisch seien. Einen Satz wie den berühmten »Kennst du das Land, wo die Kanonen blühn?« mochte man zur Not auch Tucholsky zuschreiben, wenn man nicht wußte, von wem er war. Aber das Verschen »Es gibt nichts Gutes – außer: Man tut es« und der Satz »Erkannte man, daß die Vernunft das Vernünftigste war?« waren nicht berlinisch, nicht preußisch – sie waren sächsisch. Man spreche sie nur einmal in sächsischer Intonation laut vor sich hin. Dann merkt man es.

Ich will mich nicht zu der Behauptung versteigen, daß die Bayern das vernunftloseste der deutschen Völker seien, aber das unvernünftigste sind sie doch wohl, und weil die Sachsen das vernunftbegabteste und vernünftigste Volk der Deutschen sind, dem man keinen Qualm vormachen kann, das »helle« ist wie kein anderes, fixer um die Ecke denkt und trockener geradeaus redet als irgendwer, gewiß als die Berliner – deshalb meine ich manchmal, daß im allgemeinen deutschen Durcheinander die Sachsen und Bayern von allen Deutschen sich noch am besten verstehen und auf vernünftig-unvernünftige Weise am verträglichsten miteinander auskommen. Und wenn das keine »günstige Zeugenaussage« ist, dann weiß ich nicht.

Im Chaos des Frühjahrs 1933 verloren wir uns aus den Augen; er blieb, weil er zur Not bleiben konnte, ich ging, weil ich aus Not gehen mußte. In einem Pariser Kino, einige Monate darauf, sah ich ihn wieder, auf der Leinwand, in einer deutschen Wochenschau. Auf einen nächtlichen, lohenden Scheiterhaufen in Berlin flogen, von deklamierten Schmähversen begleitet, Bücher und Bücher. In einer Großaufnahme sah ich ein Buch von Erich verkohlen, daneben eins von mir. Und dann Erich selbst, bescheiden, unauffällig in der umstehenden Menschenmenge. Er beobachtete, ohne eine Miene zu verziehen, das Toben der Unvernunft. Auf seinem Gesicht standen seine eigenen Zeilen geschrieben: »Ich spiel nicht mit. In jedem Stück muß es auch Menschen, die bloß zuschaun, geben.« Freund, dachte ich, du wirst es schwer haben, mörderisch schwer.

›Gesang zwischen den Stühlen‹ hieß sein letztes Gedichtbuch vor Anbruch der Finsternis. ›Der Gang vor die Hunde‹ hatte ursprünglich sein Roman ›Fabian‹ heißen sollen, die Geschichte des Moralisten, der in den Fluß springt, den reißenden Strom der Zeit, um einen kleinen Jungen vor dem Ertrinken zu retten und selber ertrinkt, weil er nicht schwimmen kann. Hatte er sich jetzt zwischen die Stühle gesetzt? War er, der Nichtschwimmer, im Braunen Meer ertrunken? War er vor die Hunde gegangen in den zwölf Hundejahren? Wir wissen, daß er in dieser Zeit nicht eine Zeile schrieb, die er später nicht guten Gewissens hätte herzeigen können. Wer von uns, ob wir drinnen oder draußen waren, hätte das von sich sagen können?

Heute gibt es Nachschlagewerke der deutschen Exilliteratur, die Erich Kästner, der Deutschland nicht verließ, für sich in Anspruch nehmen, und damit hat es seine Richtigkeit. Er durfte im Dritten Reich nichts veröffentlichen. Er erschien stattdessen in der Schweiz, in einem Zürcher Verlag, den ein Freund eigens zu diesem Zweck gegründet hatte. 1943 wurde ihm auch das verboten. Er blieb dennoch. »Einer mit Verstand und Vernunft mußte doch dableiben und das Ganze mitansehen, damit er nachher berichten konnte, wie es wirklich war.« Das sagte er mir, als wir uns im Mai 1945 wiedersahen.

Ihn hatte es nach Mayrhofen im Zillertal verschlagen; dort war er gestrandet, konnte weder weg noch bleiben. Ich war in fremder Uniform nach München geraten und saß in einem Pressekontrollbüro in der Tegernseer Landstraße, der Form halber, weil ich anders so rasch nach Deutschland nicht zurückgekonnt hätte, in Wahrheit, um nach Geretteten und Überlebenden Ausschau zu halten, mit denen man neu anfangen konnte. Als ich erfuhr, daß Kästner lebte und wo er war, fuhr ich augenblicks in einem Jeep zu ihm. Wir verbrachten einen Nachmittag zusammen. Er zählt zu den besten meines Lebens. Lotte hatte es, Gott weiß wie, zuwege gebracht, einen Kuchen zu backen, und den aßen wir.

War es ein sächsischer oder ein bayrischer Kuchen? Erich hat unser Wiedersehen in seinem Büchlein ›Notabene 45‹ geschildert. Dort sagt er, es sei ein Streuselkuchen gewesen; in meiner Erinnerung war es ein Napfkuchen oder Guglhupf. Darüber streiten wir seither – auf Sächsisch, versteht sich – jedesmal, wenn wir uns wiedersehen. Ich habe bisher nicht nachgegeben, obwohl Lotte mir glaubte beweisen zu können, es könne unmöglich ein Napfkuchen gewesen sein, aus backtechnischen Gründen. Heute indessen, an seinem Festtag, will ich endlich die Waffen strecken und mich geschlagen geben. Es möge ein sächsischer, es soll ein Streuselkuchen gewesen sein. »Wahr ist eine Geschichte dann, wenn sie genauso, wie sie berichtet wird, wirklich hätte passieren können.« Das steht in ›Pünktchen und Anton‹. Es soll gelten. Oder war es ganz einfach so, daß wir an jenem Nachmittag zwei verschiedene Kuchen aßen und bei jedem Bissen wußten, daß es derselbe war?

Als ich an jenem Abend zurückfuhr, hatte ich eine verloren geglaubte, für unwiederbringlich gehaltene Welt wiedergefunden: ein vernünftiges Deutschland mit erwachsenen Menschen darin. Und wenn es nur dieser eine gewesen wäre, er hätte genügt, um mir nach soviel mörderischer Kinderei den Glauben und die Zuversicht zurückzugeben. Bei der Abfahrt bat er mich, ich möchte den Leuten in München sagen, daß er da sei und wo er sitze, man möchte versuchen, ihn herauszuholen, er stehe zur Verfügung. Das tat ich, und bald darauf gelang es, ihn nach München zu holen.

Er hätte wohl, das weiß ich, früher oder später auch ohne mich seinen Weg aus dem Zillertal hierher gefunden, aber daß ich es war, der ihn wiederfand und ein wenig dazu beitrug, vielleicht, daß er heute unter uns ist, das freut mich und wird mich immer freuen. Es müssen ja nicht immer Heldentaten sein; manchmal genügt es, daß man an einem Schalter knipst, und es kommt was Gutes dabei heraus. Und daß ich nun schon seit etlichen Jahren als sein Nachbar im guten alten Grüntal sitze – die »Einödbauern« nennen sie uns, wenn wir, wie nicht selten geschieht, total eingeschneit sind – das rechne ich zu den guten, vernünftigen, erwachsenen Dingen, die das Leben, das kindische, noch zu verschenken hat.

DIE PARISISCHE BLUTHOCHZEIT

Knappe zwanzig Jahre nach der schaudervollen Begebenheit, die ihren königlichen Anstiftern die Glückwünsche aller katholischen Herrscher eintrug und das ganze protestantische Europa mit Entsetzen und Empörung erfüllte, schrieb Shakespeares genialer Zeitgenosse, der achtundzwanzigjährige Christopher Marlowe sein elisabethanisches Schauerdrama ›The Massacre of Paris‹, das vermutlich sein letztes Stück war, ehe er im Jahr darauf bei einer Messerstecherei im Wirtshaus selber ermordet wurde. Heinrich von Navarra war seit drei Jahren König von Frankreich. Fünf Jahre später erließ er das Edikt von Nantes, das den Hugenotten Anerkennung und eine gewisse bürgerliche Gleichberechtigung im Staat brachte. Der König hätte sich gleich Hochhuths rehabilitierten Widerstandskämpfern noch selber in London auf der Bühne sehen können. So geschwind bewältigten die Dichter Vergangenheit, damals wie heute.

Kit Marlowes Drama war hastig zusammengeklittert, keines seiner großen Stücke, und ist vergessen. Aber es war der Anfang. Mit ihm trat die Bartholomäusnacht in die Literatur ein. Die Engländer, deren Königin die Hugenotten wieder und wieder mit Geld, Truppen, Waffen und Bündnissen unterstützt hatte, bemächtigten sich viele Male des dramatischen Stoffes. Hundert Jahre nach Marlowe verfaßte ein verkrachter Schauspieler und beliebter Stückeschreiber namens Nathaniel Lee ein Drama ›The Duke of Guise‹ und verlor darüber, nicht unbegreiflicherweise, den Verstand. Er verbrachte fünf Jahre im Irrenhaus Bedlam, schrieb, kaum entlassen, ein zweites Drama über denselben Vorwurf, ›The Massacre of Paris‹, wurde sogleich abermals wahnsinnig, entwich seinen Wärtern und ging zugrunde. Fünfzig Jahre nach ihm brachte Altmeister Gottsched mit seiner fünfaktigen Tragödie ›Die Parisische Bluthochzeit König Heinrichs von Navarra‹ den grausigen Stoff in die deutsche Dramatik ein.

Bis dahin hatte kein Dichter das scheußliche Begebnis anders als mit heftiger konfessioneller Parteilichkeit zu gestalten getrachtet; er schien anders nicht denkbar. Erst das neunzehnte Jahrhundert sah die Sache anders. Es begriff, daß die Bartholomäusnacht ebenso sehr, wenn nicht weit mehr ein politischer Vorwurf denn ein religiöser war; daß das berühmte Wort des Henri Quatre, Paris sei eine Messe wert, durchaus nicht Ausdruck des abscheulichen Zynismus des frivolen ›Vert Galant‹, sondern kluge Erkenntnis der staatspolitischen Wirklichkeit war: es kam im Verlauf der Religionskriege immer weniger auf den Konfessionsstreit als auf die Erhaltung des französischen Staates an. Prosper Merimées 1829 erschienener historischer Roman ›La Chronique du Règne de Charles IX‹ arbeitete die politische Intrige mit kraftvoller Farbgebung heraus und lieferte Scribe und Meyerbeer das Sujet für die Oper ›Die Hugenotten‹. Damit kehrte der Stoff zur buntbewegten Plastizität seiner zeitgenössischen Abbildung zurück, die in Heinrich Manns ›Jugend des Königs Henri Quatre‹ unnachahmlich wiedererstand.

Es gibt bildliche Schilderungen des Massenmords vom 24. August 1572 von Augenzeugen. François Dubois, Bürger von Paris und vorzüglicher Maler, der selber der Bartholomäusnacht mit knapper Not entging, hat ein großes, in seiner prachtvollen Komposition an seinen Zeitgenossen Breughel erinnerndes Gemälde hinterlassen, auf dem alles genau zu sehen ist. Man möchte meinen, daß Heinrich Mann dieses Bild vor sich gehabt haben muß, als er seinen Henri, gerettet, aber gefangen, aus dem Fenster des Schlafgemachs im Louvre, »umdröhnt vom Lärm aller Glocken und dem Heulen des Mordgeschreis« hinabblicken ließ:

»Er hörte und sah. Der Platz drunten wimmelte von Menschen, die aus den Gassen herzudrängten – alle tätig, keiner als müßiger Zuschauer. Ihr Geschäft war überall das gleiche: töten und sterben; und es geschah mit der höchsten Emsigkeit, dem Schwung der Glocken vergleichbar und angepaßt dem Takt des Mordgeschreis. Pünktliche Arbeit, und dennoch wieviel Abwechslung und Eigenheit! Ein Kriegsknecht schleifte einen alten Mann, ordentlich an die Leine gebunden, über den Boden, damit er ihn in den Fluß würfe. Ein Bürger erschlug einen anderen mit Sorgfalt und Genauigkeit, dann lud er ihn sich auf und trug ihn zu einem Haufen, wo schon alle nackt waren. Das Volk entkleidete die Toten: das war Sache des Volkes, nicht der ehrbaren Leute. Jedem das Seine. Ehrbare Leute entfernten sich eilig mit schweren Geldsäcken; sie kannten in den Häusern der andersgläubigen Nachbarn den Ort, wo etwas aufbewahrt wurde. Manche trugen ganze Truhen, wozu sie wieder die Schultern des Volkes benötigten. Ein Hund leckte seiner erstochenen Herrin die Wunde, der gerührte Mörder mußte ihn streicheln, bevor er zum Folgenden schritt. Denn sie haben auch ein Herz. Sie morden vielleicht im Leben nur einen Tag, aber Hunde verziehen sie alle Tage.«

Man meint: man braucht es nur noch zu malen. Genau so ist es auf dem Bild des François Dubois zu sehen. Dennoch finden wir es nicht wortmalerisch kopiert, denn wir wissen: es wurde um 1935 geschrieben und nahm in allem Wesentlichen ein noch viel schauervolleres Greuel vorweg, das noch nicht geschehen war und das dieser Dichter mit eigenen Augen nie sah. Daran vierhundert Jahre später nicht zu denken, ist unmöglich. Weiter:

»Am Ende einer Gasse war ein Hügel sichtbar, darauf drehten sich die Flügel einer Windmühle, jetzt und immer. Die Brücke über den Fluß würde ins Freie führen, könnte man nur flüchten. Ein Gedränge Flüchtender fiel auf der Brücke unter den Schlägen der Wache. Denn die Wache war unter der Führung der Berittenen zur Stelle und sorgte für die Erhaltung der Sicherheit. Fußvolk und Reiter bewegten sich bequem in den Abständen, die jeder Mordende zwischen sich und den Nächsten offen ließ. Man brauchte Raum, wie auch die Biene ihn haben muß für ihre Emsigkeit. Wäre nicht all das Blut gewesen und noch einiges andere, besonders der höllenmäßige Lärm: aus einer gewissen Entfernung hätte man meinen können, diese guten Leute wären auf einer Wiese beschäftigt mit Blumenpflücken. Jedenfalls blaute über ihnen der Himmel in sonnigster Heiterkeit.

»›Sie sind genau‹, dachte Henri. ›Warum so peinlich unterscheiden zwischen denen mit dem weißen Abzeichen und den anderen – wenn man schon töten will? Muß man, um das Vorrecht des Tötens zu haben, durchaus ein Weißer sein? Aber sie töten nicht für sich, sondern für die anderen, im Auftrag, um der Sache willen: das macht ihnen das gute Gewissen. Bei all ihrer Wildheit, die ganz wie eine befohlene Wildheit aussieht, bleiben sie ordentlich und arbeitsfroh. Dort errichten einige einen Galgen. Sie werden damit fertig sein, wenn schon alle tot sind, und können nur noch Leichen daran hängen. Das stört sie nicht, tun sie es doch nicht für sich selbst. Niemals handeln sie für sich: das will ich mir merken. Wie leicht man sie zum Schlechten und Schädlichen bringt! Schwerer wird es halten, etwas Gutes von ihnen zu erreichen. Ehrbare Leute und Volk – zusammen ergibt das, wenn die Gelegenheit günstig ist, das gemeine Pack –‹ dachte

Henri, und dasselbe Wort war im Gehirn des sterbenden Coligny das letzte gewesen.

»Vereinzelt trat auch der helle Wahnsinn öffentlich auf. Er stolzierte über den Platz, ohne sich weiter nützlich zu machen bei dem allgemeinen Geschäft: nur seine Stimme kreischte unverkennbar. ›Laßt zur Ader! Nur immer zur Ader lassen! Die Ärzte sagen, daß im August ein Aderlaß so gut ist wie im Mai.‹ Das rief allen Tätigen zu ein Herr de Tavannes, selber faßte er nichts an ...«

Wieviele umgebracht wurden an diesem einzigen Tag, weiß man nur sehr ungefähr, denn anders als spätere Massenmörder führten sie nicht Buch. In Paris sollen es an die dreitausend gewesen sein, im übrigen Frankreich zwischen zehn- und zwanzigtausend. Und wozu? Für nichts und wieder nichts und weniger als nichts. Wenn es um die Idee ging, so wurde sie dadurch nicht ausgerottet; im Gegenteil. Wenn es um die Macht ging, so wurde sie dadurch nicht errungen; ebenfalls im Gegenteil. Alle Widersacher der Anstifter gingen aus dem Massaker stärker hervor; aber nicht so stark, daß Paris nicht eine Messe wert gewesen wäre.

Die Geschichte hatte vierzig Jahre zurückgelegt, bis sie zu diesem Tag gelangte, und marschierte danach unverrichteter Dinge noch fünfundzwanzig Jahre weiter bis zum Edikt von Nantes.

1536, im Todesjahr des Erasmus, veröffentlichte Calvin in Basel seine Schrift ›Christianae religionis institutio‹; acht Jahre darauf ordnete die Sorbonne die Verbrennung von Calvins Schriften an. Zwischen diesen beiden Daten braute sich das Unheil zusammen. Franz I. hatte sich unter dem Einfluß der Erasmier noch zu gemäßigtem Vorgehen gegen das Luthertum verstanden; aber die provokatorische antikatholische »Plakataffäre« von 1534 löste die ersten offenen und blutigen Unterdrückungsmaßnahmen aus. Ein Dekret vom 29. Januar 1535 ordnete die Ausrottung der Ketzer an; fünf Jahre später leitete das Edikt von Fontainebleau, das die Jurisdiktion über die Ketzerei nicht den geistlichen Behörden, sondern den weltlichen, den »parlements« übertrug, die staatlich organisierte Protestantenverfolgung ein.

In diesen grausamen Jahren gingen Tausende zugrunde, unter ihnen 1545 die Waldenser. Als Heinrich II. 1547 auf Franz I. folgte und unverzüglich mit der »Chambre ardente« das schärfste Verfolgungsmittel schuf, hatte der Calvinismus das Luthertum in Frankreich bereits weitgehend verdrängt. 1548 heiratete Jeanne d'Albret, die Erbin des Königreichs Navarra, Antoine de Bourbon, und mit seinem Übertritt zum Calvinismus wurde der größte Teil Südwestfrankreichs hugenottisch. Ihr Sohn Heinrich von Navarra, am 14. Dezember 1553 in Pau katholisch geboren, wuchs als Hugenotte auf. Gaspard de Coligny, der bedeutendste Heerführer des Königshauses, 1557 bei St. Quentin in spanische Gefangenschaft geraten, erhielt von seinem Bruder aus Genf die Schriften Calvins geschickt und trat zwei Jahre darauf bei seiner Freilassung, gleich seinem Neffen Condé, zum Calvinismus über.

Diese gesellschaftliche Verlagerung des reformierten Bekenntnisses ist ein wesentlicher Schlüssel zur Bartholomäusnacht. Calvins früheste Anhänger entstammten hauptsächlich den niederen Bevölkerungsschichten und hatten der »Chambre ardente« die meisten Opfer geliefert. Um die Zeit, als die Reformbewegung im Volk bereits weitgehend »ausgebrannt« war, griff sie auf das Großbürgertum und den Hochadel über, spaltete das »Establishment« und schuf damit zwei politische Parteien, die außenpolitisch entgegengesetzt, pro-spanisch und anti-spanisch, orientiert waren: die Bourbon und Châtillon auf hugenottischer, die lothringischen Guise auf katholischer Seite.

Der Frieden von Cateau-Cambrésis 1559 zwischen Spanien und Frankreich, der Coligny freisetzte, enthielt eine Vereinbarung zwischen Heinrich II. und Philipp II. über die rücksichtslose Unterdrückung der Protestanten in Frankreich, deren stärkste auswärtige Stütze die neue Königin von England, Elisabeth, war. Am 2. Juni 1559 verhängte das Edikt von Ecouen die Todesstrafe gegen Ketzer. Um diese Zeit gab es bereits zweitausend calvinistische Gemeinden in Frankreich, die sich zu einer reformierten Kirche zusammenschlossen. Die Herkunft des Wortes »Hugenotte« ist nicht sicher. Das französische »huguenot« bedeutete in älterer Zeit soviel wie »Münze von geringem Wert«, worin sich eine Erinnerung an die »Hausgenossen«, die verachtete Zunft der Münzer, erhalten hatte. Wenn es sich hingegen, wie eine andere Ethymologie wissen will, vom deutschen »eigenots« oder Eidgenossen herleitete, so paßte es auf diese Verschworenen, die unter der Führung der Jeanne d'Albret von Navarra entschlossen waren, Frankreich aus der habsburgischen Umklammerung zu befreien und zu einem Königreich der »wahren Religion« zu machen.

Es gab eine dritte Partei, die sich zu Beginn der sechziger Jahre herausbildete und aus Angehörigen beider Bekenntnisse bestand. Sie erkannte, daß von den Söhnen Heinrichs II. und der Katharina Medici für die Stabilität des Staates nicht viel zu hoffen war. Sie waren schwache, kränkliche, unreife Burschen, die ein entschlossener Anschlag von der einen oder anderen Seite beiseite schaffen konnte. Aber es waren ihrer vier, einer folgte dem anderen auf den Thron, wenn man sich ihrer der Reihe nach entledigen mußte, konnte das lange dauern und jahrzehntelanges Chaos bedeuten.

Die dritte Partei vertrat die Auffassung, der Konflikt zwischen den Bekenntnissen sei weniger gewichtig als die Gefahr, die dem Staat aus dem Bürgerkrieg erwuchs. Politische Stabilität war ihre oberste Forderung – daher ihr Name »politiques«, die Politischen. Ihr bedeutendster Vertreter war Michel de L'Hospital, der 1560 Kanzler wurde. Der erste der vier Valois-Prinzen, Franz II., Gatte der Maria Stuart, war schon nach Jahresfrist weggestorben. Der zweite, Karl II., war ein zehnjähriges Kind, für das Katharina Medici die Regentschaft führte. Katharina hatte nur eines im Sinn: ihren Söhnen gegen die Guise auf der einen, gegen die Bourbon auf der anderen Seite den Thron zu erhalten. Das Mittel hierzu schien die Entschärfung des Bekenntniskonflikts. L'Hospital war ihr Mann.

L'Hospital, ein erasmischer Irenist und erstaunlich undogmatischer Katholik, schritt unverzüglich gegen die Protestanten-Verfolgungen ein. Schon 1560 erließ er eine Weisung an die Behörden, den Landfrieden zu wahren, »ohne mit Strafmaßnahmen gegen jene vorzugehen, die der Ketzerei verdächtig sind, es sei denn gegen solche, die bewaffneten Umsturz verursachen«. Durch ein entsprechendes Regierungsedikt vom Februar 1561 wurde die Ketzerverfolgung von Amts wegen ausgesetzt, und ein zweites Edikt L'Hospitals vom April 1561 verbot den Franzosen, einander als »Papisten, Hugenotten oder mit ähnlichen Namen zu beschimpfen, Kruzifixe oder Heiligenbilder zu zerstören, in die Bethäuser einzudringen, Plakate anzukleben und unter dem Vorwand der Aufdeckung verbotener Versammlungen Häuser zu plündern«. Im Mai übertrug das Edikt von Romarantin die Zuständigkeit in Religionsfragen von den »parlaments« auf die Bischöfe, und die Todesstrafe für Ketzer wurde aufgehoben.

Frankreich besaß in diesen Jahren in der Tat eine Regierung, für die Toleranz und Koexistenz das oberste Staatsgebot waren. L'Hospital ließ zum ersten Mal seit 1484 die

Generalstände wieder zusammentreten und redete ihnen auf den Ständeversammlungen in Orléans und Saint Germain eindringlich ins Gewissen:

»Die Sache Gottes bedarf nicht der Verteidigung durch Waffen. Mitte gladium tuum in vaginam. Unsere Religion wurde mit Waffengewalt weder begonnen noch fortgeführt noch bewahrt. Das Messer ist nutzlos gegen den Geist, wenn anders es nicht zusammen mit dem Leib auch die Seele vernichten soll.« Die Aufgabe der Stände sei nicht, religiöse Meinungsverschiedenheiten zu erörtern, sondern dem Königreich Ruhe und Ordnung zu verschaffen. »Der König wünscht nicht, daß Ihr in Auseinandersetzungen darüber eintretet, welche Auffassung die bessere sei, denn es handelt sich hier nicht um de constituenda religione, sed de constituenda republica, und es ist durchaus möglich, cives qui non erunt christiani zu sein, denn sogar ein Exkommunizierter hört nicht auf, ein Staatsbürger zu sein.«

Im September 1561 berief L'Hospital ein großes Religionsgespräch nach Poissy ein und erklärte dort, wolle man versuchen, die Protestanten zu zerschmettern, so bringe man damit die ganze Gesellschaft in Gefahr, denn »die Mehrzahl der Evangelischen sind reiche und begüterte Leute, die wie jedermann weiß, als Säulen dienen, um den König zu stützen«.

Dieser Versuch Katharinas und ihres Staatskanzlers, durch ein Nationalkonzil eine Versöhnung herbeizuführen, blieb ergebnislos. Nun hatte die Königin drei Möglichkeiten: die Parteien gegeneinander auszuspielen, eine Partei gegen die andere zu unterstützen oder den protestantischen Fürsten eine gewisse Autonomie einzuräumen. Letztere hätte zweifellos die Einheit des Staates und die Autorität des Königs gefährdet. Katharina entschloß sich, die Politik der Versöhnung gegenüber den Hugenotten fortzuführen. Das Toleranzedikt von 1562 führte, wie vorauszusehen, zu einem Machtzuwachs der Hugenotten und zu scharfer Opposition seitens der Guise-Partei. In Paris steckte die Menge die Häuser der Reformierten in Brand, im Süden griffen die Hugenotten die katholischen Kirchen an. Im März 1562 marschierte der Herzog von Guise mit seinen Leuten durch die Stadt Vassy, stieß auf ein hugenottisches Bethaus, überfiel es und machte die Gläubigen nieder. Die Koexistenz-Politik war offensichtlich gescheitert; von neuem – zum wievielten Mal? – brach der Bürgerkrieg aus.

Abermals gelang mit dem II. Edikt von Amboise, 1563, eine zeitweilige Befriedung. Es garantierte zwar die Glaubensfreiheit, beschränkte aber die offene Ausübung der protestantischen Religion auf die bedeutenden Grundbesitzer- und Adelsfamilien, also jene, deren Unterstützung das Establishment brauchte. Mit der Annahme dieses Kompromisses büßten die aristokratischen Führer der Hugenotten, vornehmlich Jeanne d'Albret, Condé, Coligny, die Unterstützung der ausgeschlossenen Massen des Volkes ein, mit deren Hilfe sie Frankreich vielleicht hätten gewinnen können.

Während Coligny, an den Hof zurückgekehrt, seinen ganzen Einfluß aufbot, um Karl IX. zum Protestantismus zu bekehren; während Guise versuchte, Marguerite – die dicke Margot – des Königs Schwester zu heiraten und sich so eine strategische Position zur Ausschaltung ihrer verbleibenden zwei Brüder zu verschaffen, unternahm Condé einen tölpelhaften Anschlag, um sich der Königinmutter und des Königs zu bemächtigen. Sein Fehlschlag löste einen neuen Krieg aus und ließ Katharina nun ernstlich an ihrer Versöhnungspolitik zweifeln. Sie hatte jetzt nicht nur die Guise, sondern auch die Navarra satt und fürchtete sich vor beiden.

Die Politischen indessen gaben nicht auf. Der weise Abt

von Bois-Aubry hatte auf der Ständeversammlung erklärt: »Es hat keinen Sinn, in Sachen des Gewissens und der Religion Gewalt anwenden zu wollen, denn das Gewissen ist wie die Hand, je mehr man sie drückt, desto kräftiger widersteht sie.« Die Politischen brachten im August 1570 den Vertrag von Saint-Germain zustande, der noch einmal Frieden stiftete und den Protestanten Gewissensfreiheit gab. Um ihn zu besiegeln, verfiel Katharine Medici auf die Idee, die dicke Margot mit Heinrich von Navarra, ihren dritten Sohn, Heinrich von Anjou, mit Elisabeth von England zu verheiraten. Zwei protestantische Ehebündnisse! Aus dem englischen wurde nichts, denn Elisabeth Tudor lachte ihren Botschafter Walsingham einfach aus. Aus dem navarresischen wurde die Bartholomäusnacht.

Coligny meinte gewonnen zu haben. Er verlangte von Karl IX. eine radikale Kursänderung der Bündnispolitik, Verständigung mit England, Krieg gegen Spanien, das unter anderem das spanische Navarra herausgeben sollte. Die Verlobung Marguerites mit dem hugenottischen Henri hatte den katholischen Adel unter der Führung der Guise bereits aufs höchste aufgebracht; Colignys Machtanspruch trieb Katharina endgültig ins Lager der Guise.

Man könnte fast meinen, was nun geschah, habe sich im Grunde unter halben Kindern und unreifen Halbwüchsigen abgespielt. Von allen Beteiligten waren, für unsere Begriffe, nur Katharina und Coligny, beide dreiundfünfzig, erwachsene Menschen. Henri von Navarra und die dicke Margot waren beide neunzehn, Condé war zwanzig, Anjou, der spätere Heinrich III., einundzwanzig, Karl IX. und Heinrich von Guise zweiundzwanzig Jahre alt. Aber alle wußten sie, was sie wollten.

Am 9. Juni 1572 starb Jeanne d'Albret plötzlich in Paris. Ihr Sohn war überzeugt, daß die Medici sie vergiftet habe, um das dynastische Oberhaupt der Hugenotten zu beseitigen. Am 18. August wurden Heinrich von Navarra und Marguerite Valois von Heinrichs katholisch gebliebenem Onkel Kardinal Charles de Bourbon in Paris getraut. Der ganze hugenottische Adel war zu dem Feste in Paris zusammengeströmt. Jetzt war das neue dynastische Oberhaupt der Protestanten gefesselt. Henri erkannte zu spät: er war in eine Falle gegangen.

Die Beseitigung des politischen Hugenotten-Hauptes mißlang beim ersten Streich. Coligny wurde bei einem Attentat am 22. August nur schwer verwundet. Karl IX. leitete eine Untersuchung ein und entdeckte als Anstifter die Guise und seine eigene Mutter. Katharina geriet in Panik. Sie gestand dem Sohn die Rolle, die sie gespielt hatte, und überzeugte ihn, sie alle seien verloren, wenn man jetzt nicht zum Äußersten schreite. Denn mit einem fürchterlichen Racheakt der Hugenotten für die versuchte Ermordung Colignys sei stündlich zu rechnen. Diesem Gegenschlag mußte der König zuvorkommen. Rottete er mit einem Gewaltstreich die in Paris versammelten Hugenotten aus, dann brach die Partei zusammen, der ganze Fall war erledigt, das Haus Valois gesichert.

Karl zauderte, schwankte, gab dann plötzlich nach. Um halb zwei Uhr morgens am 24. August 1572 gab das Glokkengedröhn von Saint- Germain-l'Auxerrois das Zeichen. Es begann, was auf dem Bild des François Dubois zu sehen ist.

So steht es in den Geschichtsbüchern. Ob es ganz stimmt, scheint indessen zweifelhaft. In neuerer Zeit ist man geneigt, Katharina Medici nicht die ganze, alleinige Schuld an der Bartholomäusnacht zuzuschreiben; auch zweifelt man, ob das Massaker so blitzartig der Eingebung eines Panik-Augenblicks entsprungen sein kann. Die Niedermetzelung von dreitausend Pariser Bürgern – und sorgfältig ausgesuchten Bürgern – läßt sich kaum binnen weniger Stunden organisieren. Die gegen die Hugenotten aufgebrachte oder aufgewiegelte Pariser Bevölkerung leistete zweifellos planvolle Mithilfe, die der Vorbereitung bedurft haben muß. Es waren, wie man weiß, Listen hergestellt worden, damit niemand entwischte.

Wahrscheinlicher, daß der Plan von längerer Hand von den Guise angelegt war, daß die Giftmischerin Medici nur den Hebel drückte, der den König herumschwang. Tatsächlich entwischten nur zwei: Henri von Navarra und sein Vetter Condé, und sie schützte der König. Guise indessen begab sich persönlich zu Coligny ins Hotel Ponthieu und ließ den Verletzten durch seinen Helfershelfer Jan Janowitz genannt »Besme«, denn er war ein Böhme, im Bett umbringen.

Die Parisische Bluthochzeit regelte nichts, erledigte nichts. Henri von Navarra, Gefangener im Louvre, mußte seinem Glauben abschwören. Aber vier Jahre später, 1576, gelang ihm bei Nacht die Flucht. Wieder daheim in seinem Königreich, kehrte er sofort zum protestantischen Bekenntnis zurück und übernahm die Führung im »Krieg der Drei Heinriche«.

Keiner der drei Heinriche starb friedlich in seinem Bett. Heinrich III. ließ Heinrich von Guise 1588 in Blois ermorden und wurde selber im Jahr darauf von einem katholischen Fanatiker namens Jacques Clement in Saint-Germain ermordet. Heinrich von Navarra gewann schließlich, nachdem alle vier Valois dahin waren, den Thron, aber erst nachdem er abermals die Religion gewechselt hatte. Seine Ehe mit der dicken Margot hielt nicht und wurde 1599 geschieden. Im Jahr darauf heiratete er Maria Medici, eine entfernte Nichte der Frau, die seine Mutter vergiftet hatte. Zehn Jahre später brachte ein Hitzkopf namens Ravaillac ihn um. Auch dieser Mörder war gedungen – vom Herzog von Epéron. Es hieß, er sei immerhin wenigstens ein echter Verrückter gewesen. Aber vermutlich ist auch das nicht wahr.

Aus dieser Geschichte hätte Europa viel lernen können, wenn es gewollt hätte, eigentlich alles, was ihm zu seinem Auskommen und Fortkommen nötig war. Das Diktum des Staatskanzlers Michel de L'Hospital ist eine eherne Wahrheit: Auch ein Exkommunizierter hört nicht auf, ein Staatsbürger zu sein. Aber noch vierhundert Jahre später verfuhren die Machthaber, als sei sie dummes Zeug, und veranstalteten namens ihrer eigenen Staatsreligionen Massaker, verglichen mit denen die Schilderungen des François Dubois und Heinrich Manns eine Messerstecherei im Wirtshaus abbilden.

LITERATUR IM EXIL

Ansprache zu einer Ausstellung in Amsterdam

Ich spreche zu Ihnen, verehrte Anwesende, nicht ohne einige Gewissens-Bedenken. Es handelt sich bei den Dingen, die uns hier beschäftigen, um das Jahr 1933 und die deutsche Literatur, und das ist ein deutsches Thema, gewiß. Es ist aber, wie diese Ausstellung uns zeigt und wie ich zu erläutern haben werde, zugleich und vielleicht sogar vor allem, ein niederländisches Thema. Denn die Ereignisse, die in Rede stehen, haben sich in erster Linie hier, in diesem Ihrem Land, in dieser Ihrer Stadt Amsterdam zugetragen, und Ihre Stadt und Ihr Land haben eine einzigartige, hochrühmliche und nie zu vergessende Rolle in ihnen gespielt. Also wäre es nicht mehr als schicklich gewesen, daß das, was zu erzählen ist, wie unbeholfen auch immer, in Ihrer Landessprache mitgeteilt werde.

Sie müssen es mir nachsehen, daß ich dies nicht einmal versuche. Ich bin nicht zum ersten Mal in dieser Stadt, das ist wahr; ich war sogar im fraglichen Jahr 1933 und in den nachfolgenden Jahren recht häufig hier, denn hier war das Zentrum und der Sammelpunkt alles dessen, was mich als deutschen Schriftsteller betraf. Aber ich hatte mir damals, wie der Zufall es bestimmte, meine kleine Exilshütte jenseits des Wassers, in London gezimmert, und diese immer nur kurzen Aufenthalte in Amsterdam gaben nie Gelegenheit, auch nur soviel Holländisch zu erlernen, daß ich mich auch nur unbehilflich hätte ausdrücken können. Und so wie mir, erging es anderen.

Ich gewahrte damals auch sehr wohl an meinen deutschen

Schriftstellerfreunden, die hier Zuflucht gefunden hatten, daß es keine Kleinigkeit war, das Holländische auch nur einigermaßen mit jener Gewissenhaftigkeit zu meistern, die Schriftstellern, Leuten der Sprache, nun einmal ansteht. Auch erinnere ich mich, daß Thomas Mann, der das Englische, Französische und Italienische wohl hinlänglich beherrschte, mir einmal sagte, er bediene sich dieser Sprachen nur ungern, auch und besonders im Exil, denn es widerstrebe ihm, eine fremde Sprache, die ein Kunstwerk sei wie seine eigene, die deutsche, zu mißhandeln und zu verschandeln, wie dies ja unvermeidlich sei. Das solle man gerade seinen Gastfreunden tunlichst nicht zumuten.

Es lag aber nicht zuletzt auch daran, daß meine holländischen Freunde – Dichter, Schriftsteller, Journalisten, Übersetzer und Verleger – damals wie heute stets darauf bestanden, unsere Angelegenheiten in meiner, nicht ihrer Muttersprache mit mir zu besprechen, und nur wenn es gar zu schwierig wurde, halfen wir einander mit Englisch aus. Das brauchen wir heute abend nicht zu tun, denn wir sind unter dem Dach eines deutschen Kulturinstitutes zusammengekommen, und Sie und ich wären nicht hier, wenn die deutsche Sprache und die deutsche Literatur uns nicht verbänden. Als ich einige Jahre nach dem letzten Krieg zum ersten Mal wieder nach Amsterdam kam und die Schaufenster der Geschäfte betrachtete, fielen mir die Aufschriften auf. Da las ich das übliche »English spoken«, »On parle Français« und »Se habla Español« und darunter, als letztes: »Wir sprechen Ihre Sprache.« Diese Formel schien mir damals, da die fürchterlichen Jahre noch kaum vorbei und gewiß noch nicht vergessen waren, als ein Ausdruck vollendeter europäischer Höflichkeit und überlegenen, zivilisierten Anstandes, an dem man sich ein Beispiel nehmen konnte. Erlauben Sie, daß ich mich heute und jetzt darauf berufe.

Und noch ein zweites Gewissens-Bedenken, das ebenfalls meine Person betrifft. Ich mußte, indem ich an das Jahr 1933 zurückdachte und an das, was damals mit der deutschen Literatur geschah, doch zweifeln, ob ich der rechte und geeigneteste Mann sei, um Ihnen von dieser Zeit zu erzählen. Sie werden in dem, was ich zu sagen habe, viele Namen deutscher Schriftsteller hören und diese Namen auf den Büchern dieser Ausstellung wiederfinden. Sie alle waren meine Kameraden, und viele von ihnen waren meine Freunde, gewiß; aber ich war doch einer der jüngsten und geringsten unter ihnen, und wie käme ich dazu, statt ihrer und für sie von ihren Erlebnissen, den inneren wie den äußeren, stellvertretend zu sprechen? Allein, vier Jahrzehnte, was man so ein Menschenalter nennt, sind seither vergangen, und die meisten, nahezu alle sind nicht mehr unter uns, und ich bin wohl, da ich damals einer der jüngsten war, heute einer der ganz wenigen deutschen Schriftsteller, die noch aus eigener Erlebniserfahrung von dieser Zeit sprechen können.

Aber der einzige bin ich nicht. Die meisten sind dahingegangen, aber nicht alle, und einige sind noch da, die dies alles viel besser wissen als ich und es viel besser erzählen könnten. Ich muß nur an meine Freunde Fritz Landshoff, der 1933 den deutschen Querido-Verlag hier in Amsterdam aufbaute, und an seinen und meinen Freund Hermann Kesten erinnern, der zur gleichen Zeit, ebenfalls hier in Amsterdam, der literarische Leiter des deutschen Allert de Lange Verlags war. Wieviel lieber würde ich jetzt unter Ihnen sitzen und Landshoff oder Kesten oder besser noch beiden zuhören und dabei vieles erfahren, was ich bisher nicht wußte, als notgedrungen ihren Platz einzunehmen. Von Hermann Kesten zumindest weiß ich, daß er an seinen Lebenserinnerungen schreibt, und ich darf wünschen, daß er

Ihnen eines Tages hier daraus über das Jahr 1933 und die deutsche Literatur vorlesen wird.

Ich stehe, verehrte Anwesende, unversehens bereits mitten in meinem Thema. Es wird in der Tat hohe Zeit, daß wir eine solche Schilderung aus erster Hand bekommen. Gute dreißig Jahre lang, wenn nicht länger, hat sich in der Welt, und schon gar in Deutschland, kaum jemand ernsthaft damit beschäftigt oder auch nur halbwegs zuverlässig in Erfahrung zu bringen versucht, was sich eigentlich in den ersten Monaten des Jahres 1933 mit der deutschen Literatur zutrug. Als Klaus Mann, der älteste Sohn Thomas Manns, von dem ich noch erzählen werde, in seiner während des Krieges geschriebenen, immerhin bereits 1952 in Deutschland erschienenen Autobiographie ›Der Wendepunkt‹ feststellte: »Ein Massenexodus der Dichter setzte ein; noch nie zuvor in der Geschichte hat eine Nation innerhalb weniger Monate so viele ihrer literarischen Repräsentanten eingebüßt« – da sah sich kein Germanist, kein Soziologe, kein Politologe in Deutschland oder anderwärts bemüßigt, diese schier unglaubliche Behauptung auf ihre Richtigkeit hin zu untersuchen und dem Phänomen auf den Grund zu gehen.

Das hat sich inzwischen, in den letzten Jahren, entschieden geändert. Es mußte wohl erst eine neue und neugierigere Generation kommen, um diesen vernachlässigten Abschnitt jüngster deutscher Vergangenheit aufzuarbeiten und in gebührenden Proportionen an gebührender Stelle ins geistespolitische Gesamtbild einzusetzen; es bedurfte wohl junger Forscher, die nüchtern und objektiv, von keinem Ressentiment verzerrt, von keiner verdrängten Mitverantwortung belastet, von der richtigen Erkenntnis ausgehen, daß hier mit Verallgemeinerungen nichts getan ist, daß man von dieser Sache gar nichts weiß, wenn man sie nicht ganz genau weiß.

Solche Forschungsberichte kommen uns jetzt allmählich zur Hand; ja, es gibt jetzt unter den Germanisten unversehens eine neue Spezies, die sich ›Exilologe‹ nennt und sich rasch vermehrt. Auf die ersten Vorläufer und Vorarbeiter, auf Walter Berendsohn, Mathias Wegner, Wilhelm Sternfeld und Eva Tiedemann und die von ihnen betriebenen ersten Vermessungen dieses so unübersichtlichen Geländes, sind in den letzten Jahren vereinigte Germanisten vieler Länder gefolgt, in den Vereinigten Staaten, Skandinavien, Österreich – und nun auch in der Bundesrepublik Deutschland –, die sich auf Kongressen und Symposien, in Sammelwerken von Abhandlungen und Einzeluntersuchungen mit literarischer Exilsforschung beschäftigen. Dabei kam anfänglich nicht viel heraus, aus simplem Grund: Mit rein schulgermanistischer Literaturforschung und ›werkimmanenter‹ Analyse der Exilliteratur ist hier weniger als nichts getan. Sie führt an der Wirklichkeit dieses komplexen Phänomens unweigerlich vorbei in einen luftleeren Raum. Gerade auf die Luft aber, in der diese Literatur atmete – und häufig erstickte, drinnen wie draußen – kommt es an.

Das hat ein junger deutscher Forscher namens Hans-Albert Walter, und das haben in seiner Nachfolge einige amerikanische Forscher glücklicherweise begriffen. Walters Arbeit schiebt im Unterschied zu den bisher gelieferten Untersuchungen das werkimmanente und strukturanalytische Gebastel und Gehäkel der schulgermanistischen Exilologen resolut beiseite und sucht vorerst einmal die allgemeinen Grundlagen und Voraussetzungen des Phänomens der deutschen Exilliteratur zu erfassen. Er beginnt nicht damit zu fragen, was aus den im Exil geschriebenen und gedruckten deutschen Büchern über ihre Autoren zu erfahren sei, sondern untersucht vorerst die reinen Existenzumstände dieser Schriftsteller, die inneren und äußeren, ehe er eine Wägung und Wertung ihres Werkes und eine Einordnung in die Gesamtliteratur unternimmt. Das ist ein höchst profitables Verfahren.

Ja, man fragt sich angesichts seiner Ergebnisse, wie überhaupt jemand glauben konnte, eine andere Methode sei hier dienlich oder auch nur erlaubt. Ehe man nicht den Zustand der deutschen Geistigen in der Weimarer Republik, der unweigerlich ins Exil führen mußte, betrachtet hat und zum anderen etwas von den materiellen Bedingungen in den europäischen Exilsländern weiß, mit denen die Ausgestoßenen und Vertriebenen fertig zu werden hatten, kann von einer Analyse etwa der »Hauptströmungen in der Exilliteratur« wirklich nicht die Rede sein. Sie gehört nicht an den Anfang, sondern an den Schluß einer jeden solchen Betrachtung.

Damit sind wir aber auch schon mitten in den Schwierigkeiten. Der deutsche Forscher, den ich eben nannte, gehört dem Jahrgang 1935 an und war also noch nicht auf der Welt, als die Dinge, die er schildert, sich ereigneten. Und er mußte feststellen – so wie ich, der ich ein Vierteljahrhundert älter bin, feststellen mußte, als ich diese Ansprache vorbereitete – daß mit wünschenswerter Genauigkeit vieles schon heute einfach nicht mehr in Erfahrung zu bringen ist. Denn mit der deutschen Exilliteratur ist ein Komplex zu erfassen, der nur zeitlich erkennbar konturiert ist, nicht aber örtlich, geistig, politisch und sozial, ein Phänomen, das willkürlich über die ganze Erde versprengt, in unzähligen, völlig verschiedenen Varianten sich vollzogen hat. Wie also den Quellen auf die Spur kommen, die nicht wie bei der »inneren Emigration« der deutschen Literatur, bei jenen oppositionellen deutschen Schriftstellern, die im Lande blieben und dort, so gut sie konnten, das ihre taten, mehr oder weniger kompakt an einer Stelle liegen und mehr oder weniger denselben Verhältnissen entspringen? Da zeigt sich, daß solche Forschungsarbeiten, solche panorama-artigen Übersichten wie diese Ausstellung, auch wenn sie nur einen Teilaspekt, nur ein Exilsland enthalten, keinen Augenblick zu früh kommen.

Denn – ich sagte es schon – die Zahl derer, die noch aus erster Hand die hier benötigten detaillierten Auskünfte geben können, ist sehr klein, und schon bald wird niemand mehr da sein, der jenen, die nicht dabei waren, erläutern kann, »wie es wirklich war«. Hier nun soll es mir wahrhaftig nicht einfallen, die Vorhaltung der »inneren Emigration«, wie man sie bald nach dem Krieg von Schriftstellern wie Walter von Molo, Frank Thiess und anderen etwa gegenüber Thomas Mann hören konnte – wer nämlich ihre Bewußtseinslage im totalitären Staat nicht miterlebt habe, könne sie unmöglich begreifen oder gar nachvollziehen – es soll mir nicht einfallen, sage ich, solche Vorhaltungen zu übernehmen und auf die »äußere Emigration« der deutschen Geistigen anzuwenden. So ist das ja nicht. Das eine wie das andere ist mit ein wenig gutem Willen, Kenntnis und Vorstellungsvermögen durchaus nachvollziehbar. Theodor Mommsen war kein alter Römer und Golo Mann keiner von Wallensteins Obristen. Wenn der Historiker dabei gewesen sein müßte, um zu wissen, »wie es wirklich war«, gäbe es keine Geschichtsschreibung.

Dennoch bleibt es, in Grenzen, dabei: die Konturlosigkeit des historischen Vorgangs, die weltweite geistige und körperliche, intellektuelle und materielle Zersprengtheit des Phänomens der deutschen Exilliteratur legt dem nachgeborenen Historiker bei der Bewertung und Auswertung seiner Quellen gewisse, kaum überwindbare Schwierigkeiten in den Weg. Auf Schritt und Tritt fehlen Möglichkeiten des Vergleichs, der Gegenüberstellung, der Nachprüfung und etwaigen Berichtigung. Die Lage eines deutschen Schriftstellers, der 1940 in ein französisches Konzentrationslager geworfen wurde, bietet zu der seines Freundes und Kollegen, der sich im Keller eines Hauses in Amsterdam versteckte, überhaupt keine Parallele. Man kann bestenfalls sagen: in Österreich war die Lage so, in der Schweiz so, in Schweden oder England so; und selbst das stimmt nicht. Thomas Mann konnte in schweizerischen Zeitungen und Zeitschriften mit Wissen und Billigung der schweizerischen Fremdenpolizei veröffentlichen, was und soviel er wollte, seinem Freund A. M. Frey drohte die sofortige Ausweisung, wenn er auch nur versuchte, einen kleinen Zeitungsartikel anzubringen. Jede Verallgemeinerung führt hier in die Irre.

Hinzu kommt – was Wunder bei Schriftstellern – Höchstpersönliches und Individualistisch-Idiosynkratisches, das selbst das größte Einfühlungsvermögen kaum nachvollziehen kann: so zum Beispiel die völlige innere Desorientiertheit im französischen Erinnerungsbuch Alfred Döblins, die kaum einer seiner Schicksalsgenossen mit ihm teilte; oder die skurrilen Abwegigkeiten in den ›Arbeits-Journalen‹ Bert Brechts mit ihren zum Teil rundweg falschen Behauptungen; oder das absonderliche Durcheinander von richtig und falsch Erinnertem in Ludwig Marcuses überaus fesselnden Exils-Erinnerungen; oder Heinrich Manns, an seinem Lebensabend geschriebener großer Erlebnisbericht ›Ein Zeitalter wird besichtigt‹, ein ergreifendes Prosa-Kunstwerk, dessen Tatsachen-Angaben, vor allem Daten der Exilszeit, aber sehr spärlich und unzuverlässig sind; schließlich Stefan Zweigs Lebenserinnerungen, die ohne alle Unterlagen und auf nichts als sein Gedächtnis gestützt, im brasilianischen Exil geschrieben wurden und die als Quellenwerk praktisch unbrauchbar sind.

Da nun vermag häufig nur der noch überlebende Zeit- und Schicksalsgenosse zu helfen, der mit einiger Sicherheit den Finger auf Unrichtiges und Unzuverlässiges zu legen vermag und den Chronisten vor verallgemeinernden, irreführenden Schlußfolgerungen bewahren kann. Und selbst er hat es schwer. In den chaotischen Zeiten, die in Europa auf den Kriegsausbruch folgten, gingen den meisten Exilierten von einer Flucht zur anderen, von einer Ausweisung zur nächsten, illegalen Grenzübertritten, Verstecken und einer Elendsbehausung nach der anderen ihre eigenen Unterlagen verloren, und was sie später aus dem Gedächtnis aufzeichneten, konnten sie selbst nicht mehr nachprüfen.

Was nützte das genau geführte und über sieben Grenzen gerettete Tagebuch, wenn an der achten der ganze Rucksack zurückgelassen werden mußte? Ich stand während der ganzen Exilzeit von London aus mit unzähligen meiner Schriftsteller-Freunde in der ganzen Welt in Verbindung, hütete ihre Briefe wie einen unersetzlichen Schatz einzigartiger Dokumentation durch den ganzen Krieg, und eine einzige deutsche Fliegerbombe auf mein Haus wenige Monate vor Kriegsende vernichtete alles. Von verlorenen Manuskripten gar nicht zu reden: sogar gedruckte und erschienene Werke der deutschen Exilliteratur sind in einigen Fällen spurlos verschwunden. Von Thomas Manns Schrift ›Dieser Krieg‹, die im April 1940 in Holland gedruckt und deren ganze Auflage von den deutschen Truppen im Mai 1940 beschlagnahmt und vernichtet wurde, sind meines Wissens nur zwei Exemplare, oder vielleicht sind es drei, erhalten. Eine Ausstellung wie diese überhaupt zusammenzubringen, kann keine Kleinigkeit gewesen sein und muß ein rechtes Kunststück genannt werden.

Ich erzähle unversehens bereits vom Ende, noch ehe ich den Anfang berichtet habe. Natürlich muß man zuerst einmal fragen: Wie war das denn überhaupt möglich, und zwar in zweifacher Hinsicht – wie war es möglich, daß es zu diesem Massen-Exodus der deutschen Literatur kam, und wie war es möglich, wie wurde es möglich gemacht, daß diese Literatur, in alle Himmelsrichtungen zersprengt, heimatlos, mittellos, ohne Zusammenhalt, nicht einfach unterging, wie die Despotie, die sie vertrieb, es gewünscht und erwartet hatte, sondern am Leben blieb und in vielen ihrer besten und schönsten Schöpfungen noch heute und heute wieder am Leben ist?

Denn seien wir sicher: nicht wenige der großen, inzwischen klassischen Werke der modernen deutschen Literatur wurden im Exil geschrieben und erblickten in deutscher Sprache in Amsterdam das Licht der Welt, und wenn nicht in Amsterdam, dann in Stockholm, Zürich und Wien: Heinrich Manns ›Henri Quatre‹, Thomas Manns ›Joseph‹, ›Lotte in Weimar‹ und ›Doktor Faustus‹, Anna Seghers ›Das Siebente Kreuz‹, Bruno Frank ›Cervantes‹, Ernst Tollers ›Eine Jugend in Deutschland‹ – ich nenne nur aufs Geratewohl die, welche mir am teuersten sind; viele andere, die wir in Deutschland heute zu Recht zu den Unverlierbarkeiten zählen, darunter die im Exil entstandenen Stücke Bertolt Brechts, ließen sich hinzufügen. Wie kam es, daß sie entstanden und nicht verlorengegangen sind, da doch Feuer und Schwert im Erdenrund darauf aus waren, sie umzubringen?

Es kam ja das alles beileibe nicht von ungefähr. Dem Massen-Exodus der deutschen Literatur im Frühjahr 1933 war Unheilvolles vorausgegangen. Wir wollen nicht vergessen, wie brüchig die geistigen Grundlagen der Weimarer Republik waren, wie unsicher und gefährdet die Existenz ihrer Geistigen von Anfang an; wie systematisch der Boden, auf dem die deutsche Literatur der Zeit nach dem Ersten Weltkrieg zu stehen glaubte, von allen Seiten unterminiert wurde; wie weit die Diffamierung progressiver republiktreuer Intellektueller durch die nationalistische und faschistische Rechte bereits gegangen war; welches Ausmaß staatliche Repressionen und Restriktionen bereits erreicht hatten, als Hitler die Sache in die Hand nahm. Das alles ist reichhaltig belegt und muß in diesem Zusammenhang in Erinnerung gebracht werden.

Das Schimpfwort »Kulturbolschewist«, das Hohnwort »Asphaltliterat« war schon geraume Zeit vor dem Frühjahr 1933 in Deutschland gängige Münze. Als Thomas Mann im Oktober 1930 in Berlin seine ›Deutsche Ansprache‹ hielt und das Bürgertum zur Unterstützung der Republik aufrief, wurde er von einer randalierenden nationalistischen Terrorgruppe niedergebrüllt. Bei der Uraufführung des Remarque-Films ›Im Westen nichts Neues‹ setzte eine ähnliche Terroristengruppe im Kino weiße Mäuse frei, um eine Panik hervorzurufen, und die Polizei verbot daraufhin nicht etwa die weißen Mäuse, sondern den Film. Thomas Mann, Heinrich Mann, Emil Ludwig, Arnold Zweig, Lion Feuchtwanger, Ernst Toller erhielten unausgesetzt Drohbriefe, und Goebbels' Zeitung ›Der Angriff‹ verkündete ungestraft, man werde sie »an die Wand stellen«, sobald Hitler an der Macht sei. Als Thomas Mann im Sommer 1932 unter der Regierung Papen einen Protest gegen den nationalsozialistischen Terror veröffentlichte, nannte der ›Völkische Beobachter‹ ihn »eine schreibende Mischung zwischen Indianern, Negern, Mauren und weiß der Teufel was sonst noch« und bezichtigte ihn rundweg des Landesverrats.

Man wußte oder hätte wissen können, was auf einen zukam. Die geistige Luft jener Jahre war erfüllt vom Gezeter, dem wahrhaft mörderischen Gezeter der Rechtsradikalen, die von »schreibendem Gesindel« und dem »verräterischen Treiben literarischer Subjekte« sprachen. Schon im August 1932 veröffentlichte der nationalsozialistische ›Völkische Beobachter‹ eine lange Liste von Schriftstellern, die er als »Repräsentanten einer dekadenten Niedergangsperiode« bezeichnete und deren Werke verboten werden würden, sobald Hitler an die Macht käme: samt und sonders Autoren, deren Bücher in dieser Ausstellung zu sehen sind. Als Heinrich Mann im selben August 1932 einem in Amsterdam tagenden Internationalen Kongreß gegen den imperialistischen Krieg eine Sympathie-Erklärung übersandte, veröffentlichte der nationalistische Schriftsteller Walter Bloem in einer großen deutschen Zeitung einen Offenen Brief, in dem er ihm erklärte: »Wer es künftig wagt, unsere heiligsten und gewaltigsten Erinnerungen, den stolzen und unerschütterlichen Glauben des ›Militaristen‹ und des ›Nationalisten‹ zu bespötteln und zu beschimpfen, der bekommt es mit uns zu tun.«

Das alles waren keine leeren Drohungen. Und nicht zu vergessen: es bestanden schon vor Hitler, unter den Regierungen Brüning und Papen, ausgiebig verwendete gesetzliche Handhaben zur Unterdrückung politisch mißliebiger Literatur und Kunst; die Vorformen dessen, was nachher eingesetzt wurde, waren schon vorhanden; Zeitungen und Zeitschriften, Bücher und Theaterstücke wurden unablässig unter allen möglichen Vorwänden verboten. Die Republik und ihre Geistesfreiheit, die Männer wie Heinrich und Thomas Mann meinten, für die sich Fritz von Unruh, Toller, Brecht, Feuchtwanger, Leonhard Frank mit Wort und Schrift einsetzten, die sie vor ihren Verderbern retten wollten — existierte sie in Wahrheit überhaupt, und wenn sie existierte, wollte sie überhaupt gerettet werden? Es gab Augenblicke und nicht nur Augenblicke, da man es ehrlich bezweifeln durfte. Thomas Mann war nicht der einzige, der in den Vor-Hitler-Jahren 1930–1933 mehr als einmal ernsthaft erwog, ob er das Land, in dem er keine ruhige Schaffensminute mehr fand, nicht verlassen sollte, um sich in der Schweiz oder in Österreich unbehelligt seinem Werk zu widmen.

Der deutsche Umsturz vom 30. Januar 1933 brachte schlagartig, über Nacht, alles das, was sich angekündigt hatte und noch wesentlich mehr und Schlimmeres. Der Reichstagsbrand und die tags darauf, am 28. Februar, erlassene Notverordnung zur Ausschaltung aller politischen Gegner machten jedermann, der mit dem Regime nicht konform ging, buchstäblich vogelfrei, es hagelte Verhaftungen, und die erste große Fluchtwelle deutscher Intellektueller über die Grenze setzte ein, nach Wien und Prag, nach Paris und der Schweiz. Nach den Wahlen vom 5. März wurden der demokratisch gesinnten Intelligentia ihre öffentlichen Funktionen genommen. Gleich Presse und Rundfunk wurde nun auch die Literatur, einer, wie es hieß, »Neuordnung der Werte im Sinne der nationalen Erhebung« unterzogen; alles kritische Denken war nun als »zersetzend«, »intellektuell«, »jüdisch«, »kommunistisch«, »kosmopolitisch« oder »international« angeprangert – irgendeine dieser Kategorien paßte auf jeden Fall – und ihm die neue National-Ideologie eines deutschen Blut- und Boden-Staates entgegengesetzt, den es von »Parasiten« zu säubern gelte.

Dies war die »geistige Ausbürgerung«, deren Instrument die Schwarzen Listen waren, und auf sie folgte einige Monate später die staatsrechtliche Ausbürgerung derer, die Leib und Seele über die Grenze hatten retten können. Auf der ersten Ausbürgerungsliste stand Heinrich Mann, der Präsident der Dichterakademie, den man schon im Februar zum Rücktritt gezwungen hatte. Kurz darauf wurde praktisch die ganze übrige Akademie – Alfred Döblin, Leonhard Frank, Georg Kaiser, Bernhard Kellermann, Thomas Mann, Alfred Mombert, René Schickele, Fritz von Unruh, Jakob Wassermann, Franz Werfel – alles, was in der außerdeutschen Welt Rang und Namen hatte und für sie die deutsche Literatur repräsentierte, ausgeschlossen und durch mehr oder weniger unbekannte Schriftsteller ersetzt, die eine Loyalitätserklärung gegenüber Hitler zu unterschreiben bereit waren. Als nahezu einziger war Gerhart Hauptmann geblieben.

Die Listen der verbotenen Autoren und Bücher, deren erste am 23. April 1933 veröffentlicht wurde, lösten die zweite Fluchtwelle deutscher Schriftsteller über die Grenze aus. Die Bücher von Brecht, Brod, Feuchtwanger, Hasenclever, Kisch, Klaus Mann, Plievier, Remarque, Renn, Toller, Tucholsky, Mehring, Polgar, Arnold und Stefan Zweig – um wieder nur eine Handvoll Namen zu nennen – wurden aus den Bibliotheken und Buchhandlungen entfernt, und ihre Verleger durften diese Autoren nicht mehr drucken. Diese »geistige Ausbürgerung« raubte den indizierten Schriftstellern natürlich ihre Existenzgrundlage, und wenn sie bisher noch nicht gefährdet waren, so waren sie es jetzt. Sie verließen einer nach dem anderen, und viele sehr widerwillig, das Land, das sie zu Schädlingen und Pariahs erklärt hatte.

Den Höhepunkt der öffentlichen Diskrimination bildeten die Bücherverbrennungen in den deutschen Hochschulstädten am 10. Mai 1933 und die Errichtung der Reichsschrifttumskammer, der staatlichen Zwangsorganisation der deutschen Literatur. Ihr mußte man angehören, wenn man in Deutschland überhaupt schreiben und veröffentlichen wollte — falls man ihr angehören durfte; jüdischen und als »demokratisch« abgestempelten Autoren war der Beitritt ohnehin versagt. Diese Maßnahme der Machthaber lösten die dritte und für die deutsche Literatur entscheidende Fluchtbewegung über die Grenzen aus. Die Künste und Wissenschaften verloren ihre besten Vertreter. Bei der Errichtung der Reichsschrifttumskammer im Oktober 1933 war von allen jenen, deren Bücher in dieser Ausstellung zu sehen sind, kein einziger mehr im Land. Man hat im Ganzen errechnet, daß diese nicht nur in der deutschen Geschichte, sondern in der kulturellen

Geschichte überhaupt irgendeines Landes beispiellose Intellektuellen-Emigration allein rund anderthalbtausend namentlich bekannte Autoren — im weitesten Sinn des Wortes verstanden — umfaßte, von den Vertretern aller anderen intellektuellen Berufe, Wissenschaftlern, Gelehrten, Hochschullehrern und so fort ganz zu schweigen.

Genug hiervon, mehr als genug, so unerläßlich es für das Verständnis des Folgenden ist. Es war, ist und bleibt eine schauderhafte Geschichte, von der alle jene, die heute in Westeuropa in jugendlichem Übermut mit dem Wort »faschistisch« herumfuchteln und von »Meinungsterror« schwafeln, sich überhaupt keinen Begriff machen.

Nun machen natürlich tausend oder mehr exilierte Schriftsteller, von denen bestenfalls ein Zehntel einen über die deutschen Grenzen hinaus bekannten und geachteten Namen hatten, noch keine Exilliteratur aus, so lange ihre Werke nicht auch draußen verlegt, gedruckt, rezensiert, verkauft und gelesen werden. Erst dann und nur dann können sie eine geistige Körperschaft bilden, die Repräsentanz für ein anderes und besseres Deutschland für sich in Anspruch nehmen kann. Daß sie im Exil alsbald verstummen und verdorren würden, war natürlich die Erwartung des Dr. Goebbels. Daß sie über kurz oder lang in die Heimat würden zurückkehren können, war ebenso natürlich ihre Hoffnung, und inzwischen mit ihrem Schaffen nicht nur am Leben zu bleiben, sondern auch zu wirken, mußte ihr Bestreben sein. Wie aber war das zu bewerkstelligen, wenn mit den verbotenen, verbrannten und verjagten Autoren nicht auch die diffamierten Verleger außer Landes gingen und mit ihnen gemeinsam, unter wie bescheidenen Verhältnissen auch immer, das gemeinsame Werk und die gemeinsame Tradition fortführten?

Denn, wohlgemerkt, die großen und namhaften deutschen Verlage waren ja im Lande geblieben, und der Grund hierfür war, daß sie als Unternehmen nicht annähernd so exponiert und gefährdet waren wie ihre diffamierten Autoren. Es waren zwar auch unter den exilierten Schriftstellern längst nicht alle, wie Dr. Goebbels behauptete, Juden und Kommunisten – einigen der bedeutendsten und berühmtesten wie Heinrich und Thomas Mann, wie Remarque, wie Brecht konnte man beim schlechtesten Willen keine jüdische Großmutter anhängen – aber unter den großen deutschen Literaturverlagen der Weimarer Republik waren nur ganz wenige, die sich in jüdischen Händen befanden und aus diesem Grund mißliebig und unerwünscht gewesen wären.

Die beiden einzigen großen Häuser, die in dieser Hinsicht Drastisches zu fürchten hatten, waren der Verlag Ullstein, der schon 1934 kurzerhand enteignet wurde, und der altberühmte S. Fischer Verlag, dessen greiser Gründer und Alleininhaber von Auswanderung absolut nichts wissen wollte, so daß erst nach seinem Tod im Herbst 1934 sein Schwiegersohn und Nachfolger Gottfried Bermann Fischer die Möglichkeit hatte, wenigstens mit seinen verbotenen und unerwünschten Autoren nach Wien auszuwandern. Die anderen bedeutenden Verlage wie Rowohlt, Insel, Zsolnay und andere büßten zwar viele ihrer besten und zugkräftigsten Autoren ein, aber sie konnten, wenn sie umsichtig vorgingen, irgendwie weiter wirtschaften und auf bessere Zeiten hoffen.

Eine wichtige Ausnahme war jedoch der Verlag Gustav Kiepenheuer in Berlin, und mit ihm vor allem führt diese Geschichte weiter, von den exilierten Schriftstellern zur Exilliteratur. Dieser Verlag, der von drei Freunden, den Teilhabern Fritz Landshoff und Walter Landauer und dem Schriftsteller Hermann Kesten als literarischem Berater geführt wurde, war in einer besonderen Situation. Während andere Verlage wie Fischer, Rowohlt, die Insel jeweils nur einige verbotene Autoren hatten, deren Wegfall ihren wirtschaftlichen Bestand nicht direkt gefährdete, hatte der Verlag Kiepenheuer in den letzten Jahren der Weimarer Republik nahezu ausschließlich Werke und Autoren herausgebracht, die jetzt auf den Schwarzen Listen des Hitlerregimes standen. Heinrich Mann, Feuchtwanger, Arnold Zweig, Joseph Roth, Ernst Toller, Hermann Kesten, Anna Seghers, Georg Kaiser und viele andere waren Autoren dieses Verlags, und der Terror-Boykott der Rechtsradikalen gegen die deutschen Buchhandlungen, die Werke dieser Schriftsteller noch zu verkaufen wagten, hatte schon vor dem Umsturz den Verlag in große wirtschaftliche Bedrängnis gebracht. Jetzt, da nahezu seine ganze Produktion verboten war, nahezu alle seine Autoren einschließlich des literarischen Leiters Hermann Kesten sich im Exil befanden, war der Verlag praktisch zerschlagen. Auch Walter Landauer befand sich bereits im Exil in Paris, und Fritz Landshoff, der schon seit Wochen nicht mehr in seiner Wohnung übernachtete und jeden Augenblick seine Verhaftung gewärtigen mußte, war eben im Begriff, den ruinierten Verlag zu liquidieren, als ein Sendbote aus Amsterdam bei ihm in Berlin eintraf.

Einige von Ihnen, verehrte Anwesende, werden sich vielleicht eines Mannes namens Nico Rost erinnern. Ich habe ihn gekannt und werde diesen aufrechten, tapferen und enthusiastischen Mann, der von der deutschen Literatur mehr verstand als mancher Deutsche, nicht vergessen. Nico Rost, Journalist, Kritiker und Übersetzer, war seit vielen Jahren mit Landshoff und dem Kiepenheuer-Verlag gut bekannt; er hatte viele Kiepenheuer-Autoren ins Holländische übersetzt und in holländischen Zeitungen und Zeitschriften auf sie aufmerksam gemacht. Er also erschien in den ersten Apriltagen 1933 bei Landshoff in Berlin und fragte im Auftrag des Amsterdamer Verlags Querido an, ob Landshoff nach Amsterdam kommen könne: Herr Querido trage sich mit der Absicht, seinem Hause eine deutsche Verlagsabteilung anzugliedern, die den exilierten deutschen Schriftstellern eine Heimstätte bieten sollte.

Fritz Landshoff hat mir diese Geschichte selbst erzählt. Er überlegte nicht lange. Er griff zum Telefon, rief Herrn Querido in Amsterdam an und fuhr noch am selben Abend zu ihm. »Der Verlag« – dies sind seine eigenen Worte – »wurde am nächsten Vormittag gegründet. Als Herr Querido und ich vom Mittagessen aufstanden, waren wir Partner.« Ich selbst habe Herrn Querido nur einmal kurz gesehen und will statt einer eigenen Schilderung lieber zitieren, was Klaus Mann, der viele Jahre lang mit ihm zusammenarbeitete, über ihn in seinen Erinnerungen schreibt:

»Emanuel Querido, Niederländer von portugiesisch-jüdischer Abstammung, war ein weißhaariger Mann von kleiner Statur und großem Temperament, humorig-patriarchalisch, mit blitzblauen Kapitänsaugen in einem verwitterten, lustigklugen Gesicht. Der alte Sozialdemokrat haßte den Faschismus in jeder Form, besonders aber in der deutschen, gerade deshalb war ihm die Betreuung der antifaschistischen deutschen Literatur eine Herzenssache. Seine gescheite, übrigens auch sehr attraktive Mitarbeiterin, Alice von Nahuys, nahm sich zusammen mit Landshoff der Leitung des neuen deutschsprachigen Verlags an.«

Nico Rost übrigens wurde kurze Zeit darauf in Deutschland verhaftet, kam ins Konzentrationslager Oranienburg, wurde aber, da er niederländischer Staatsbürger war, bald entlassen und kehrte nach Amsterdam zurück. Er erlebte noch die ganze Nazizeit und starb erst nach dem Zweiten Weltkrieg.

Nicht nur die schlechten Dinge kommen selten allein; auch die guten kommen, wenn sie überhaupt kommen, zusammen.

So auch hier. Ich brauche Ihnen, meine Zuhörer, nicht zu erklären, wer der holländische Schriftsteller Siegfried van Praag ist. Im nahezu gleichen Augenblick, da Nico Rost in Berlin die Verbindung zwischen Querido und Landshoff herstellte, beauftragte Gerard de Lange, Inhaber des Amsterdamer Verlags Allert de Lange, Frau van Praag, bei Hermann Kesten in Paris anzufangen, ob er für diesen Verlag eine Anthologie deutscher Exilschriftsteller in deutscher Sprache herausgeben wolle.

Kesten war und ist bis heute ein erfahrener und passionierter Herausgeber von Anthologien, und er machte sich sofort an die Arbeit. Er gewann eine Anzahl bedeutender und weltbekannter, inzwischen in Deutschland verfehmter deutscher Dichter, unter ihnen Brod, Döblin, Feuchtwanger, Roth, Wassermann und Werfel, und der Sammelband konnte bereits im Frühherbst 1933 im Verlag Allert de Lange in Amsterdam erscheinen. Es hatte Meinungsverschiedenheiten darüber gegeben, wie man ihn nennen solle. Ernst Toller hatte vorgeschlagen ›Der Scheiterhaufen‹ oder ›Novellen verbrannter Autoren‹, aber mit einem solchen provokanten Titel, der freilich das Kind beim Namen nannte, waren einige Mitarbeiter nicht einverstanden, und so hieß das Buch schließlich schlicht ›Novellen deutscher Dichter der Gegenwart‹ und stellte damit sachlich und selbstverständlich, ohne jede Polemik, den Anspruch der exilierten Literatur auf deutsche Repräsentanz fest.

Kestens Anthologie war, soweit ich unterrichtet bin, das erste Buch der deutschen Exilliteratur, gewiß das erste, das in Holland erschien, und es führte unverzüglich zur Gründung des zweiten großen deutschen Exilverlags, der deutschen Abteilung des Verlags Allert de Lange. Diese Abteilung war ganz ähnlich konstruiert wie die entsprechende bei Querido. Während dort Fritz Landshoff zusammen mit Frau van Nahuys die geschäftliche Leitung innehatte und Klaus Mann als Lektor und literarischer Berater wirkte, holte Kesten aus Paris Walter Landauer nach Amsterdam, und dieser übernahm zusammen mit Frau van Praag die geschäftliche Führung des Verlags Allert de Lange mit Kesten selbst als Lektor. Aus einem Berliner Verlag waren so unversehens zwei holländische geworden.

Damit war, noch keine sechs Monate nach der Veröffentlichung der Schwarzen Listen in Deutschland, durch das spontane Eingreifen der holländischen Verleger, ein festes Doppelfundament geschaffen, das der zersprengten und heimatlosen deutschen Exilliteratur ein Dach über dem Kopf und einen repräsentativen Zusammenhalt gab. Natürlich waren dies nicht die beiden einzigen deutschen Exilverlage, nicht einmal in Holland. Neben Querido und de Lange nahmen sich noch mehrere andere niederländische Verlage der deutschen Exilliteratur an und veröffentlichten verfehmte deutsche Autoren in ihrer Originalsprache: Brill und Sijthoff in Leiden, Elsevier in Amsterdam, Steenuil, de Gemeenschap, Hertzberger, Kameradschaft, die Nordholländische Verlagsgesellschaft, Willink und andere, deren Bücher diese Ausstellung zeigt. Und außer in den Niederlanden wurden natürlich auch anderwärts außerhalb der Reichsgrenzen Exilverlage neu gegründet oder gewährten bereits bestehende Verlage der verbannten Literatur Unterkunft, in Prag und Wien, in Paris und Straßburg, in der Schweiz und in Schweden, und sie alle leisteten couragierte, opferwillige und bedeutende Arbeit.

Es waren, wie mancher damals meinte, ihrer vielleicht sogar zuviele. Das geringe, zum Teil sehr geringe verfügbare Kapital zersplitterte sich auf zahlreiche Unternehmungen, von denen manche nicht lange durchhalten konnten. Daß zwei große, wohlfundierte und kapitalkräftige nicht-deutschsprachige, ausländische Verlage indessen eigene, weitgehend selbständige deutsche Abteilungen schufen und in ihnen nahezu alles, was die deutsche Exilliteratur an Niveau und Qualität, an Rang und Tradition zu bieten hatte — und das war sehr viel — repräsentativ zusammenfaßten und unablässig der zivilisierten Welt vor Augen hielten, das geschah nur in den Niederlanden, und so ist es keine Übertreibung zu sagen, daß sieben Jahre lang, bis der Krieg alles zerschlug, Amsterdam die Hauptstadt der deutschen Exilliteratur war.

Auf den ersten Blick mag die Doppelkonstruktion Querido-de Lange einigermaßen kurios erscheinen, und in gewissem Sinn war sie das freilich auch. Die beiden Herren Querido und de Lange, so hörte man, mochten einander nicht besonders gern, waren wohl sogar verfeindet und nicht auf Grußfuß, was doch nicht gut sein konnte, während die beiden deutschen Verlagsleiter, Landshoff und Landauer, im Gegensatz hierzu alte und treue Freunde waren, was doch, da sie nach außen offensichtlich Konkurrenz-Unternehmen leiteten, auch nicht gut sein konnte. In Wirklichkeit, in der Praxis, störte das alles die Arbeit überhaupt nicht. Die beiden holländischen Schutzherren mochten miteinander konkurrieren, soviel sie wollten; ihre Schützlinge betrachteten sich eher als »freundschaftliche Rivalen‹, die ihre ganze Verlagsarbeit gemeinsam planten und aufeinander abstimmten. Ja, sie wohnten sogar zusammen in einer und derselben Pension, welche Frau Hirsch, die Mutter der Brüder Rudolf und Wolfgang Hirsch, in Amsterdam aufgemacht hatte. Hier wurden in gemeinsamen Konferenzen die Vorhaben beider Verlage regelmäßig besprochen.

Es gab genug Autoren, und sogar berühmte und anerkannte Autoren, von weniger bekannten und unbekannten nicht zu reden, für beide Verlage. Einer allein hätte diese ganze Literatur gar nicht aufnehmen können. Und soviel ich weiß, wechselte nur ein Autor, der österreichische Erzähler Joseph Roth, zwischen den beiden Verlagen hin und her. Wenn der eine Verlag ihn beim besten Willen nicht weiter bevorschussen konte, so übernahm ihn der andere auf Grund freundschaftlicher Verabredung. Das gab und gibt es im Verlagsleben selten oder nie, aber schließlich gab es auch nur einen solchen seltenen Vogel wie Joseph Roth. Auch wird man, wenn man diese Ausstellung betrachtet, bemerken können, daß die beiden Verlage durchaus verschiedene Gesichter besaßen und keineswegs austauschbar waren. Während Querido sich hauptsächlich auf die sogenannte schöne Literatur, auf Romane, Erzählungen und Essays konzentrierte, war de Lange mehr an Geschichte, Politik und Wirtschaft interessiert. Der Autorenstamm des alten Kiepenheuer-Verlags war zum größeren Teil bei Querido beheimatet, aber abgesehen davon nahmen beide gleichmäßig die heimatlos gewordenen Autoren der großen deutschen Verlage auf, die in Deutschland verblieben waren.

Das erste Buch, das bei Querido im Frühherbst 1933 erschien, war Tollers Autobiographie ›Eine Jugend in Deutschland‹, und auf sie folgten Heinrich Manns ›Der Haß‹ – ein Titel, der mißverstanden wurde, denn es handelte sich ja nicht um Heinrich Manns Haß auf Deutschland, sondern um den Haß der Nationalsozialisten auf alles, was ihnen widersprach und widerstand – und Lion Feuchtwangers Roman ›Die Geschwister Oppenheim‹, das erste Buch, das das deutsche Schicksal von 1933 romanhaft gestaltete und das zum ersten großen Verkaufserfolg der Exilliteratur wurde.

Man wird bei Betrachtung dieser Bücher auch bemerken, daß sie sich in ihrer äußeren Gestalt recht markant voneinander unterscheiden. Man konnte damals und kann wohl auch heute einem Buch sofort ansehen, ob es eine Querido- oder eine de Lange-Produktion war. Während Landshoff bei Querido ganz vorsätzlich in Herstellung und Ausstattung den alten Kiepenheuer-Stil weiterpflegte – so wie Bermann Fischer in Wien und Stockholm unverkennbar den S. Fischer-Buchtyp fortsetzte –, fügte Landauer bei de Lange seine Bücher deutlicher in den traditionellen holländischen Buchstil ein. Beide hatten allen Grund, ihren holländischen Druckereien dankbar zu sein, die in einer fremden Sprache arbeiten mußten – was freilich eine alte holländische Drucker-Tradition war – und an Sauberkeit und Fehlerlosigkeit Bewundernswertes leisteten.

Einiges wird man freilich bei Betrachtung einer solchen Ausstellung nicht bemerken, denn man kann es diesen Büchern nicht am Gesicht ablesen. Das sind der große Opfermut und die unendliche Hilfsbereitschaft, mit denen diese Verlage ihren bedrängten deutschen Autoren jahrelang, so lange sie irgend konnten, zur Seite standen. Unzählig die Fälle, in denen Herr Querido Aufenthaltsgenehmigungen, in denen Herr de Lange Arbeitserlaubnisse bei niederländischen Behörden erwirkten, ungezählt die Fälle, in denen sie ihren Einfluß einsetzten, um den Paßlosen und Ausgebürgerten Fremdenpässe und Visa zu beschaffen, ihnen Reisen ermöglichten, ihnen Unterkunft vermittelten, ihnen halfen, ihre verfolgten Angehörigen aus Deutschland herauszuholen.

Und mit keiner Aufrechnung zu erfassen das bare Geld, das hier ohne Aussicht auf Gewinn, ja unter ausdrücklichem Verzicht auf Gewinn in die deutsche Literatur investiert wurde. Viele Schriftsteller erhielten von Querido und de Lange eine regelmäßige monatliche Zahlung, die ihnen ein halbwegs ruhiges und stetiges Arbeiten ermöglichte, und diese Monatszahlungen waren selten durch die zu erwartenden Einkünfte gedeckt. Es waren bescheidene Beträge, im Durchschnitt, glaube ich, etwa zweihundert Gulden im Monat, aber sie verbürgten ein Existenzminimum, und wer von uns kam sich mit einem solchen Verlagsvertrag nicht wie ein wahrer Glückspilz vor? Auch verzichtete der Verlag Querido beispielsweise auf seinen Anteil an den sogenannten Nebenrechten, vor allem den Übersetzungsrechten, die jetzt unversehens für die exilierten Schriftsteller lebenswichtige Einkünfte bedeuteten, und ich nehme an, daß de Lange nicht weniger großherzig war. Keinem deutschen Verleger wäre es damals oder gar heute eingefallen, zugunsten seiner Autoren auf solche Einkünfte zu verzichten.

Eine ganz und gar bewundernswert opferwillige und von hohem europäischen Kulturbewußtsein getragene Unternehmung war schließlich die Herausgabe der literarischen Monatsschrift ›Die Sammlung‹, die der Verlag Querido finanzierte und deren erstes Heft gleichzeitig mit den ersten deutschen Querido-Büchern im September 1933 erschien. Klaus Mann hatte die Zeitschrift ursprünglich in Zürich gründen wollen, war aber auf unüberwindliche finanzielle und behördliche Schwierigkeiten gestoßen. In seinen Erinnerungen schreibt er:

»Mein Ehrgeiz war, die Talente der Emigration beim europäischen Publikum einzuführen, gleichzeitig aber die Emigranten mit den geistigen Strömungen in ihren Gastländern vertraut zu machen. Dazu kam, als essentielles Element meines redaktionellen Programms, das Politisch-Polemische. ›Die Sammlung‹ war schöngeistig, dabei aber militant – eine Publikation von Niveau, aber nicht ohne Tendenz. Die Tendenz war gegen die Nazis.«

Es schwebte ihm, unausgesprochen, aber deutlich erkennbar, eine Zeitschrift vor, welche die Rolle übernehmen sollte, die die altberühmte Fischer'sche ›Neue Rundschau‹ einst im deutschen Sprachbereich außerhalb der Reichsgrenzen gespielt hatte und die sie nun nicht mehr erfüllen konnte. Klaus Mann stellte die Zeitschrift unter das Patronat dreier großer

Europäer: André Gide, Aldous Huxley und Heinrich Mann; der Verlag Querido übernahm die gesamten Herstellungs- und Vertriebskosten; nur das Honorarbudget – es war knapp, aber wir Mitarbeiter verachteten fünfzig Gulden für einen Essay keineswegs – wurde von einer Schweizer Gönnerin zur Verfügung gestellt. Die Auflage betrug dreitausend Exemplare.

Dies war eine gute, eine sehr gute Zeitschrift, gewiß eine der besten, die es in deutscher Sprache zumindest in unserem Jahrhundert gegeben hat, und dazu eine jugendliche, eine junge Zeitschrift. Auch dies ist ein Aspekt, den man dieser Ausstellung nicht ohne weiteres vom Gesicht ablesen kann und der in Vergessenheit geraten ist. Es war einer der Hauptansprüche der Nationalsozialisten, daß sie eine vitale junge Bewegung seien, die das Altersschwache, Vergreiste, Überholte, Kranke und Brüchige, das Gestrige und Vorgestrige hinwegfegt und über die Grenzen gekehrt habe, wo es auf den Abfallhaufen der senilen westlichen Demokratien vermodern mochte.

Das war, was die deutsche Literatur im Jahr 1933 betraf, ganz schlicht eine Unwahrheit, die sich allein schon darin kundtat, daß in der Dichterakademie die Plätze der verjagten Repräsentanten der humanistisch-bürgerlich-progressiven Literatur, wenn ich sie einmal in Bausch und Bogen so nennen darf, zum guten Teil von älteren, erzkonservativen und regressiven Traditionalisten, von schon dreiviertels vergessenen und nicht zu Unrecht vergessenen Schriftstellern eingenommen wurden, Schriftstellern wie Hermann Stehr, Wilhelm Schäfer, Emil Strauss, Kolbenheyer und anderen, deren Namen der Welt nie etwas bedeutet hatten und die der Welt auch jetzt nichts zu sagen hatten.

Nicht nur im Vergleich mit dieser abgelebten Literatur, sondern überhaupt und ganz objektiv gesehen, war die deutsche Exilliteratur im Jahr 1933 erstaunlich jung und bei besten schöpferischen Kräften. Die Männer, die die beiden großen Exilverlage in Amsterdam aufbauten, waren alle erst knapp über dreißig: Kesten dreiunddreißig, Landshoff zweiunddreißig, Landauer einunddreißig und Klaus Mann gar erst siebenundzwanzig. Und von den Schriftstellern, deren unterbrochenes Werk sie sammelten, wiederaufbauten und weiterführten, waren die meisten erst um die Vierzig und auf der Höhe ihrer Schaffenskraft. Das will immerhin bedacht sein. Die bei weitem ältesten, sozusagen die Väter der deutschen Exilliteratur waren der zweiundsechzigjährige Heinrich Mann, der achtundfünfzigjährige Thomas Mann, der zweiundfünfzigjährige Stefan Zweig, der einundfünfzigjährige Lion Feuchtwanger, und sogar sie hatten die Jahre ihrer großen Reife noch vor sich. Und die nach ihnen kamen und eben begonnen hatten, sich zu entfalten, waren zumeist wesentlich jünger: Horvath zweiunddreißig, Anna Seghers sechsunddreißig, Roth neununddreißig, Toller just vierzig, Ferdinand Bruckner zweiundvierzig. Das war kein altes, verstaubtes Krümelzeug, das waren junge, hochbegabte, vielversprechende Dichterkräfte, die unweigerlich eines Tages in Deutschland wieder an ihren rechten Platz treten mußten – wie sie es ja auch taten! – wenn es gelang, sie und ihr Schaffen über die bösen Jahre hinwegzuretten.

Wir wissen, es gelang. Aber wie gelang es? Emanuel Querido, Gerard de Lange in Amsterdam, Emil Oprecht in Zürich, Gottfried Bermann Fischer in Wien und Stockholm und ihre Helfer konnten es bei aller Opferwilligkeit nur zuwege bringen, wenn eine wirtschaftliche Mindestgrundlage im freien Europa vorhanden war. Auch dies ist ein Aspekt, ein prosaischer, aber entscheidender, den man dem Gesicht einer Ausstellung nicht ohne weiteres ablesen kann. Wer sollte, wer konnte diese Bücher und Zeitschriften kaufen? Wer kaufte sie? Der deutsche Querido-Verlag brachte in den sechs Jahren seines Bestehens, wenn ich recht unterrichtet bin, rund 110 Titel heraus, der Verlag de Lange rund 70 Titel. Es gab Jahre, vor allem am Anfang, in denen die größten Exilverlage zuweilen zwanzig und gar dreißig neue Bücher herausbrachten – alles in allem kaum weniger als die großen deutschen Verlage vor 1933 produziert hatten, und zwar für den innerdeutschen Markt und nur zum geringsten Teil für die deutschlesende Bücherkäuferschaft außerhalb der Reichsgrenzen.

Da der innerdeutsche Büchermarkt für die Exilverlage selbstverständlich ausfiel, blieben ihnen nur diese Randgebiete, und sie mußten die deutsche Exilliteratur tragen. Wenn sie sie nicht trugen, war das ganze Unternehmen vergebens. Diese außerdeutschen Absatzgebiete waren zu Anfang nicht unbeträchtlich. In der Schweiz, in Österreich und in der Tschechoslowakei wurde von jeher viel deutsche, nämlich reichsdeutsche Literatur gekauft und gelesen. Österreich und die Tschechoslowakei, die nur wenige eigene Verlage hatten und deren Schriftsteller von jeher in reichsdeutschen Verlagen erschienen waren, hatten sich traditionell darauf verlassen, ihren Bücherbedarf aus Deutschland zu erhalten, und mit Einschränkung galt dies auch für die Schweiz, deren eigene Produktion den Bedarf nicht deckte.

Darüber hinaus gab es von jeher deutsche Bücherleser und sogar deutsche Buchhandlungen in Polen, Ungarn, Rumänien und Jugoslawien, die weiter Feuchtwanger, Thomas Mann, Remarque und Zweig, um nur die »gängigsten« zu nennen, in der Originalsprache verkaufen wollten und konnten. Schließlich gab es in den Niederlanden, in Skandinavien, in Italien, in Südamerika und in den Vereinigten Staaten ein kleines, sehr verstreutes, aber sehr treues Käuferpublikum für deutsche Bücher. Ich leitete in den Jahren 1933–1934 in

Paris einen kleinen, leider kurzlebigen deutschen Exilverlag, und ich erinnere mich, daß eine einzige Buchhandlung im fernen Klausenburg in Rumänien von jedem Titel, den wir herausbrachten, unbesehen dreißig bis vierzig Stück bestellte und sie sogar vorausbezahlte, um uns zu helfen. Die Marktlage war also durchaus nicht aussichtslos.

Die Deutschen Exilverlage genossen einen Vorteil, der vor allem in jenen Jahren der Weltwirtschaftskrise nicht unbedeutend war: die Herstellungskosten, Papier, Druck und Einband waren in Holland um einiges niedriger als in Deutschland, und folglich waren die Bücher der Exilverlage im Durchschnitt etwas billiger als die reichsdeutsche, jetzt gleichgeschaltete Buchproduktion, mit der sie auf diesen Randmärkten konkurrieren mußten. Dem standen zwei große Behinderungen gegenüber. Zum einen eben diese reichsdeutsche Produktion, die diese Randmärkte natürlich aus wirtschaftlichen wie aus propagandistischen Gründen nicht aufgeben, sich aus ihnen nicht verdrängen lassen wollte. Sie kämpfte erbittert und mit allen Mitteln, erlaubten und unerlaubten, gegen die Bücher der Exilverlage und hatte in diesem Kampf eine Regierung hinter sich, die vor nichts zurückschreckte, um die Buchhändler in der Schweiz und in Österreich einzuschüchtern. Es kam, wenn ich recht berichtet bin, sogar zu diplomatischen Demarchen, die der niederländischen Regierung nahelegten, die deutschen Exilverlage in Amsterdam zu verbieten oder doch kräftig einzuschränken, und das nationalsozialistische Regime ging sogar so weit, in Deutschland beschlagnahmte Büchervorräte verbotener Autoren in die Schweiz und nach Österreich zu exportieren und sie dort gegen Devisen zu verkaufen.

Es war ein aufreibender Kampf um jeden Fußbreit Absatzgebiet, und er wurde noch erschwert durch eine zweite Behinderung: den Ausfall der großen deutschen Kommissionshäuser und Auslieferungsstellen in Leipzig, die von dieser Zentrale aus die ganze Welt mit deutschen Büchern versorgten. Einen Ersatz hierfür zu schaffen, erwies sich als unmöglich, und folglich mußten die Exilverlage alle ihre Sortimenter-Kunden separat mit Bücherpaketen beliefern, und diese hohen Versandkosten verteuerten die Bücher natürlich wieder. Die Amsterdamer Verleger richteten schließlich, kurz vor Kriegsausbruch gemeinsam mit dem Bermann-Fischer-Verlag in Stockholm wenigstens eine gemeinsame Auslieferungsstelle ein, aber als sie zu funktionieren begann, war die gute Hälfte des europäischen Marktes bereits verloren.

Bedenkt man dies alles, so bleibt der materielle Erfolg der Exilliteratur – vom ideellen ganz abgesehen – erstaunlich. Es fehlt an Unterlagen, um hierfür auch nur einigermaßen genaue Ziffern zu geben. Im ganzen läßt sich jedoch sagen, daß die Exilverlage zwar natürlich kein großes Geschäft waren, was auch niemand erwartet hatte, aber doch ohne ein so großes Defizit, das ihnen die Weiterarbeit unmöglich gemacht hätte, über die Runden kamen. Nur die schöne Zeitschrift ›Die Sammlung‹ ließ sich auf die Dauer nicht halten; sie mußte Ende 1935, nach zwei tapferen Jahren, ihr Erscheinen einstellen. Die Buchproduktion indessen ließ sich halten.

Wenn man sich erinnert, daß in Deutschland vor 1933 eine Durchschnittsauflage von fünftausend Exemplaren bereits als sehr annehmbar galt, so ist die Durchschnittsauflage bei den größeren Exilverlagen, die etwa dreitausend Exemplare betrug, in Anbetracht der Umstände ein sehr beachtlicher Erfolg, denn zwei Drittel bis drei Viertel dieser Auflage wurden in der Regel abgesetzt, und einzelne Werke von Erfolgsautoren erreichten erstaunlich hohe Auflagen. Feuchtwangers ›Geschwister Oppenheim‹ gelangten binnen weniger Monate ins zwanzigste Tausend, und die Bücher von Thomas Mann, Stefan Zweig, Emil Ludwig und Franz Werfel schnitten nicht schlechter ab. Solche Erfolge waren selten, aber sie ermöglichten es, die weniger erfolgreichen oder weniger bekannten Autoren zu tragen.

Der Schluß ist rasch erzählt. Die Blütezeit der deutschen Exilliteratur und ihrer Verlage in Europa war kurz. Sie konnte nur so lange dauern, wie das kleine, zersprengte und schwer umkämpfte Absatzgebiet zusammenhielt. Mit der Besetzung Österreichs 1938 fiel das erste große Absatzgebiet aus; mit der Besetzung der Tschechoslowakei im Jahr darauf das zweite; und nun wurden die kleinen Märkte auf dem Balkan unerreichbar. Die Exilverlage mußten ihre Produktion drastisch einschränken, es war ihnen im Grund nur noch die Schweiz geblieben, und mit dem Ausbruch des Krieges im Westen im Frühjahr 1940 war das ganze, mit so unsäglichem Opfermut aufgebaute Werk zumindest äußerlich zerschlagen. Wer sich retten konnte, was gerettet werden konnte, lebte und wirkte in Amerika fort, wohin sich die neue und letzte große Flutwelle der Exilierten ergoß.

Viele retteten sich, aber viele, unter ihnen einige der besten, gingen zugrunde, wenn nicht durch Mord, dann durch ausweglose Verzweiflung: Walter Hasenclever, Ernst Weiss, Joseph Roth, Ernst Toller. Kesten rettete sich aus einem französischen Konzentrationslager, entkam nach Amerika und betrieb von dort die Rettung vieler seiner Freunde im überrannten Europa. Landshoff befand sich bei dem Überfall auf die Niederlande in England und gelangte von dort nach New York. Landauer kam ums Leben. Er wurde von holländischen Freunden in einem Haus in Amsterdam versteckt, beschaffte sich einen falschen Paß, wagte die Flucht ins unbesetzte Frankreich, um von dort in die Schweiz zu gelangen, wurde an der belgischen Grenze erkannt und verhaftet und verhungerte im Konzentrationslager Bergen-Belsen. Emanuel Querido, inzwischen siebzigjährig, verbarg sich während der

Besetzung, wurde verraten, verschleppt, vergast. Ehre ihrem Andenken.

Aber die Ausstellung, die wir jetzt sehen, ist kein Grabgewölbe, und ich spräche nicht im Geiste der Männer und Frauen, deren wir gedenken, wenn ich sie so nennte. Sie ist ein lebendiges Zeugnis für etwas, das niemals untergehen wird: den Geist der Freiheit des Wortes und der Schrift. Ich will mit einigen Sätzen schließen, die der junge Klaus Mann vor vierzig Jahren, im September 1933, dem ersten Heft seiner Zeitschrift voranstellte:

»Der Geist, der über Deutschland hinaus Europa wollte – und zwar ein von Vernunft regiertes, nicht ein imperialistisches Europa – und der, eben deshalb, im neuen Deutschland verfemt, verachtet, jeder Verfolgung ausgesetzt war, bis er dort buchstäblich nicht mehr atmen konnte – dieser Geist darf sich in den Ländern, die ihm Gastfreundschaft gewähren, nicht nur dadurch manifestieren, daß er das Hassenswürdige immer wieder, immer noch einmal analysiert und anklagt, daß er sich beschwert, streitet, fordert; er muß sich auch – jenseits dieser permanenten Bitterkeit, zu der man ihm Anlaß gegeben hat – wieder als das bewähren, was zu sein er behauptet: als jenes kostbarste Element, das fortfährt produktiv zu sein, während es kämpft; das blüht, während die Übermacht es ersticken möchte, und, kämpfend-spielend, ein Licht hat, das die Finsternis überdauert.

»Die wir sammeln wollen, sind unter unseren Kameraden jene, deren Herzen noch nicht vergiftet sind von den Zwangsvorstellungen einer Ideologie, die sich selber ›die neue‹ nennt, während sie in Wahrheit alle bedenklichen Zeichen des ›Überständigen‹ trägt, und die wir verabscheuenswert finden; jene, die nicht glauben, daß Phantasie und Vernunft einander ausschließen; die in einem allgemeinen Chaos dem Geiste treu geblieben sind und weiter seine strengen und schönen Pflichten lieben. Diese Jungen wünschen wir heranzuziehen, wo immer wir sie finden. Gleichzeitig aber werden wir den Älteren, Reifen, schon durch ihr Werk Bestätigten dankbar sein, wenn sie uns ihre Hilfe, ihre Sympathie, ihre Mitarbeit zur Verfügung stellen. Die trennenden Linien – die nun schon klaffende Abgründe sind – laufen heute nicht zwischen den Generationen, sondern quer durch die Generationen hindurch.«

Dieser Ruf zur Sammlung – Sammlung in jedem Sinn, auch im Sinn der Besinnung – war nicht in den Wind gesprochen. Wäre er es gewesen, wir wären heute nicht hier.

THEATER IM EXIL

Ansprache zu einer Ausstellung in München

Wer vom Exil spricht, spricht von der Minderheit. Und wer im Exil spricht, spricht in und zu der Minderheit. Noch nie hat es ein Volk gegeben, in dem eine Minderheit die Mehrheit über die Grenzen in die Verbannung geschickt hätte. Noch nie hat es ein Volk gegeben, das durch einen ins Land gekommenen Strom von Verbannten in die Minderheit geraten wäre. Immer treibt die Mehrheit die Minderheit aus, auch wenn innerhalb dieser Mehrheit nur eine Minderheit den Ton angibt; immer auch nimmt die Mehrheit die Minderheit auf. Wer aus äußeren oder inneren Gründen, unter Zwang oder aus freien Stücken ins Exil gehen muß, gehört einer Minderheit an in dem Volk, dem er entstammt, und wird zu einer Minderheit gehören in dem Volk, das ihn aufnimmt.

Dort, wo er herkommt, will man ihn nicht oder nicht mehr haben; dort, wo er hingeht, kann man ihn nicht oder noch nicht brauchen. Der alte Zusammenhang, in dem er lebte und wirkte, ist zerrissen; ein neuer Zusammenhang, in dem er zu leben und zu wirken hoffen kann, will erst geknüpft und gewoben sein und wird sich vielleicht ebenso schwer knüpfen und weben lassen, wie der alte sich jemals wird wieder herstellen lassen. So drinnen, wie draußen. Jene, die ihn ausstießen oder die er verlassen mußte, die Mehrheit der Zurückgebliebenen also, können sich kaum oder gar nicht vorstellen, wie sein Leben nun weitergeht, und wenn sie sich eine Vorstellung davon machen, so wird sie recht falsch sein. Und jene, die ihn aufnehmen, die Mehrheit also, zu der er eine neue Zugehörigkeit finden muß, haben keinen Begriff von der Welt, der er entstammt, die ihn so gemacht hat, wie er ist und nicht anders, jedenfalls nicht so wie sie selbst, und wenn sie sich einen solchen Begriff zu machen suchen, wird er selten richtig sein.

Die Mehrheit, die der Verbannte verlassen mußte, wird ihn schlimmstenfalls gedankenlos zum Teufel wünschen, bestenfalls heimlich beglückwünschen, daß er Leib, Leben und Freiheit zu retten vermochte, ohne sich auszumalen – ohne sich auch nur ausmalen zu können – wie es nun um seinen Leib, sein Leben und seine Freiheit bestellt sein wird. Und die Mehrheit, die ihn aufnimmt, wird sich mit umgekehrten Vorzeichen nicht sehr viel anders verhalten: auch sie wird ihn im schlimmsten Fall gedankenlos zum Teufel wünschen, da er ihr lästig ist, bestenfalls beglückwünschen zu seiner Rettung, ohne sich viele Gedanken darüber zu machen, wie er nun mit seinem Leib, seinem Leben und seiner Freiheit in ihrer Mitte weiterkommen wird.

Warum sage ich das alles? Weil die Erfahrung und das Erlebnis des Exils mich gelehrt haben, daß beiden, den Mehrheiten drinnen und draußen, die Wirklichkeit der exilierten Minderheit weitgehend unvorstellbar ist und sie sie beim besten Willen kaum nachvollziehen können. Und weil ich mir vorstellen kann, wieviel schwerer es dann, wenn schon die Zeitgenossen und Miterlebenden so behindert sind, eine Nachwelt, eine spätere Generation haben muß. Es ist der Sinn einer Ausstellung wie der heutigen – nicht der einzige, gewiß, aber doch wohl der wichtigste – den in der modernen Geschichte einzigartigen Vorgang der Verbannung eines deutschen Kulturzweigs zu veranschaulichen und den Heutigen den Nachvollzug zu ermöglichen.

Es ist indessen nicht der Sinn dieser Ansprache, mit Worten zu wiederholen, was hier in Bild und Schrift zu sehen und überdies in einem ausgezeichneten Katalog genau erläutert ist. Man findet im Textteil dieses Katalogs eine Anzahl authentischer Berichte bedeutender deutscher Theaterleute, Dramatiker, Regisseure, Schauspieler und Bühnenbildner, über ihre eigenen Erfahrungen und Erlebnisse im Exil und über das, was sie in diesem Exil zu schaffen versuchten und verwirklichen konnten. Man findet eine Übersicht über alle Länder der alten und neuen Welt, in denen während der Hitlerjahre ein deutsches Exiltheater bestand, eine genaue Schilderung der jeweiligen Verhältnisse, in denen es arbeitete, und vollständige Verzeichnisse aller Stücke und Inszenierungen, die im Exil entstanden – von Prag bis New York, von Zürich bis Montevideo, von Stockholm bis Palästina und Shanghai; von Max Reinhardt bis Elisabeth Bergner, von Berthold Viertel bis zu Fritz Kortner und Ernst Deutsch, von Bertolt Brecht und Friedrich Wolf bis zu Ernst Toller, Georg Kaiser, Ferdinand Bruckner und Carl Zuckmayer. Genug der Namen von Ländern und Menschen. Es ist alles da und alles an seinem Platz.

Und doch fehlt einiges, muß notwendigerweise fehlen. Es sind diejenigen Aspekte, die hier nicht abgebildet sind, weil sie sich nicht abbilden lassen, deren es aber doch eingedenk sein heißt, will man das Ganze recht verstehen.

Warum »Theater im Exil«? könnte man fragen. Warum die Geschichte einer Minderheit innerhalb einer Minderheit? Das deutsche Theater im Exil war ja nur ein Teil, ein zahlen- und wirkungsmäßig sehr kleiner Teil der exilierten deutschen Kultur, und diese exilierte deutsche Kultur wiederum war nur ein Teil des Gesamtphänomens der deutschen Verbannung während der Hitlerzeit. Nun natürlich, wir befinden uns in einem Theatermuseum, in einem theaterwissenschaftlichen Institut, dem dieser Teilaspekt ein besonderes und legitimes Anliegen sein muß. Aber ich glaube, die Bedeutung dieser Dokumentation reicht darüber hinaus.

Es ist immer gut für die Allgemeinheit, die Verhältnisse des Menschen in seinen extremen Situationen zu betrachten, denn in ihnen treten unbekannte Eigenschaften und Fähigkeiten und unvermutete Leistungen zutage, deren er sich ansonsten kaum versehen hätte – und das Theater ist fraglos eine extreme Situation der exilierten Kultur, die hierin keine Ausnahme macht. Hier wird die Verbannten-Lage des Künstlers und zumal des deutschen Künstlers in ihrer äußersten, verzweifeltsten Bedrängnis und in ihren schönsten, erhebendsten Triumphen sichtbar.

Es ist gesagt worden, daß von allen durch den Nationalsozialismus vertriebenen und entwurzelten deutschen Künstlern die Musiker es noch am leichtesten, die Theaterleute bei weitem am schwersten hatten. Das, meine ich, stimmt wohl. Und warum? Ein deutscher Dirigent, ein deutscher Solist, selbst ein durchschnittlicher deutscher Orchestermusiker praktiziert ein Medium, dem nirgends in der Welt künstlerische Sperren im Weg stehen. Wirtschaftliche allerdings, und sie können beträchtlich sein: er muß im Exil einen Posten finden, er muß eine Arbeitserlaubnis erlangen, er muß den Widerstand der heimischen Gewerkschaften und Berufsorganisationen überwinden, der in den Jahren der Weltwirtschaftskrise sehr erheblich und in manchen Ländern schier unüberwindlich war; aber er braucht seinen Beruf nicht neu zu erlernen, er muß nicht ganz neu anfangen und Examina ablegen, wie es der Jurist, der Mediziner, der Naturwissenschaftler muß, ehe er daran denken kann, seinen Beruf wieder auszuüben, und der Musiker kommt überdies, anders als diese Berufe, mit einem Minimum fremdsprachlicher Kenntnisse durch. Die Opernspielpläne und Konzertprogramme sind in der ganzen Welt dieselben, die Zuschauer und Zuhörer ebenfalls, und ein Sänger ist von jeher ausgebildet, in vielen Sprachen zu singen. Wenn man ihn auf Italienisch in

New York oder Los Angeles nicht versteht, so macht das nichts, denn man hat ihn ja in Berlin und München auch nicht verstanden. Und wenn ein Komponist überhaupt irgendwo aufgeführt wird, dann kann er überall aufgeführt werden.

Die Musik also hat es – vergleichsweise – in der Minderheit nicht schwerer als vormals in der Mehrheit, wenn sie die äußeren Schwierigkeiten überwinden kann; sie vermag sich in jede Gemeinschaft, in jedes Ensemble einzufügen. Der bildende Künstler, der Maler, Grafiker, Bildhauer, ja auch der Bühnenbildner und Architekt vermag – immer die äußeren Behinderungen in Rechnung gestellt – ebenfalls im Exil fortzuwirken, ohne radikal umlernen zu müssen. Farben- und Formgesetze der bildenden Kunst sind Allgemeinbesitz der Menschheit und haben nie Grenzen gekannt, in keinem Sinn, im konkreten wie im abstrakten.

Der Schriftsteller, der Dichter im Exil steht bereits wesentlich näher der extremen Situation. Denn sein Medium ist das Wort, ist die Sprache, und die Sprache ist, anders als die Musik, nicht überall auf der Welt dieselbe. Sie ist die Hauptsperre, welche die Minderheit von der Mehrheit trennt, und dies, wir wissen es wohl, nicht nur in der Fremde, im Exil. Aber sie ist eine Sperre, die überwindbar ist, nicht für jedermann, aber für die meisten. Man kann lernen, in einer neuen Sprache zu schreiben, und einigen deutschen Schriftstellern im Exil, denen ihre besondere Begabung dies nahelegte, ist es gelungen, auf die neue Sprache, die Sprache der neuen Mehrheit umzuschalten. Einigen – es sind sehr wenige, und sie gehörten vor allem der jüngeren Exilsgeneration an.

Vor allem aber, und das galt für die Mehrzahl der deutschen Schriftsteller im Exil, man konnte sie übersetzen. Sie brauchten selber die neue Sprache nur unvollkommen oder gar nicht zu beherrschen, und die neue Mehrheit, in der sie leben und sich durchsetzen mußten, konnte sie dennoch lesen. Man übersetzte und las sie, wenn sie nur irgend etwas mitzuteilen hatten, das für ihre neue Umwelt von Interesse war und wenn sie es in einer für diese Umwelt zugänglichen und faßbaren Form vortrugen.

Nun aber das Theater – die extremste Form des deutschen Kunstexils. Nichts zeigt diese Dokumentation deutlicher, ergreifender, als daß die Situation des deutschen Theaters im Exil in der Tat extrem, daß sie in der Tat unüberwindlich war und selbst für den, der alles und das Äußerste daran setzte, sie – und damit sich selbst – zu überwinden. Warum war es so schwer? Ja, warum blieb es im Grunde unmöglich, das deutsche Theater als Ganzes oder auch nur in seinen einzelnen Vertretern ins Exil zu verpflanzen und mit der großen und bedeutenden Bühnenkunst seiner Gastländer, der französischen, der englischen, der amerikanischen, zu integrieren und es fruchtbringend in sie einzufügen?

Die Antwort ist sehr vielfältig, und es lassen sich hier nur einige ihrer Aspekte anführen.

Da war, und ist, vor allem die Tradition der deutschen Bühnenstruktur, die von der außerdeutschen, vor allem der angelsächsischen so grundverschieden ist. In der deutschen Vorstellung war und ist das Theater ein Kulturinstitut und ein Kulturinstrument; in der außerdeutschen ist es dies, mit wenigen Ausnahmen, nicht. In Frankreich, England und Amerika ist das Theater im wesentlichen nicht ein Vehikel der Bildung und Erziehung, sondern eines des »entertainment«, der Unterhaltung, des divertissement. Das heißt nicht, daß es nicht zu hohen künstlerischen Leistungen befähigt wäre. Wir wissen sehr gut, daß es das ist. Aber diese Leistungen müssen von einem kommerziellen Erfolg getragen sein, sonst können sie nicht erblühen. In Deutschland konnten sie es auch ohne ihn, zuweilen sogar gegen ihn.

Die Tradition, die kulturverpflichtete Tradition der vom Staat und den Städten getragenen Bühnen, ermöglichte es, und das damals wie heute in Deutschland bestehende privatwirtschaftliche, kommerzielle Theater, das ohne Subsidien von seinem Ertrag zu existieren hat, wurde und wird von dieser Tradition direkt oder indirekt mitgetragen – durch Abonnements, durch Besucherorganisationen, durch die Vorkehrungen der Volksbühnen-Vereinigung. Wenig oder nichts davon traf der exilierte deutsche Bühnenkünstler in der außerdeutschen Welt an – hingegen eine sehr viel geringere Anzahl von ständigen Bühnen überhaupt, als es in Deutschland gab, wo jede mittlere Stadt ihr Stadttheater mit Opern- und Schauspielensemble besaß, und unter ihnen nur eine ganz geringe Zahl von Bühnen, die von Staat oder Stadt oder Besuchervereinigungen gehalten wurden, mit Subventionen, die für deutsche Begriffe lachhaft gering sind; des weiteren fast nirgends wechselnde oder Repertoire-Spielpläne, die Regisseuren und Darstellern eine Vielfalt von Wirkungsmöglichkeiten bieten, sondern Serienaufführungen, nach deren Auslaufen der Bühnenkünstler sich im Dschungel des kommerziellen Theaters ein neues Engagement suchen mußte; und dies, drittens, als Folge oder Ursache, wie man es nimmt, des völligen Fehlens einer festen bühnenkünstlerischen Arbeitsgemeinschaft, eines Ensembles, das für den deutschen Theatermann und seine Tradition überhaupt die Grundvoraussetzung seines Wirkens ist.

Diese Struktur-Tradition, von der das deutsche Theater vor 1933 unter seinen großen Bühnenleitern und Spielleitern lebte und auch heute lebt und die das deutsche Theater in seiner Blütezeit zwischen den beiden Weltkriegen zu dem machte, was es war – sie gab es in der außerdeutschen Welt, in den Exilsgastländern nicht, und damit war von der Sprache ganz abgesehen, das deutsche Theater im Exil seiner formgebenden Grundlage, seines ihn schulenden und weiter entwickelten Nährbodens beraubt. Es war übertragbar im Grunde nur dort, wo dieselbe oder eine ähnliche Struktur-Tradition bestand, nämlich in Österreich, in engen, von der Sprache gezogenen Grenzen in der Tschechoslowakei und in der Schweiz.

In Österreich lag das Theater in den wenigen Jahren von 1933 bis 1938 wirtschaftlich so sehr darnieder, daß es sein eigenes großes Kräftereservoir nicht beschäftigen konnte, und vertriebene deutsche Bühnenkünstler hatten dort, selbst wenn die Behörden entgegenkommender gewesen wären, wenig zu hoffen. Die wenigen deutschsprachigen Theater in der Tschechoslowakei taten in der kurzen Frist, die ihrer Freiheit noch gegeben war, was sie konnten, aber viel konnte es nicht sein. Einzig und allein in der Schweiz hatte das exilierte deutsche Theater eine echte Möglichkeit, sich jenseits der Reichsgrenze in seiner Struktur-Tradition der Ensemble-Gemeinschaft am Leben zu erhalten, sich fortzusetzen und fruchtbringend, anregend, ja bahnbrechend für die ganze Welt fortzuentwickeln.

Das hatte – unsere Dokumentation zeigt es auf glänzende Weise – seine ganz besonderen Gründe. Das schweizerische Theater war, anders als das österreichische, von jeher auf deutsche Bühnenkünstler angewiesen. Das Zürcher Schauspielhaus rekrutierte von jeher, da es im eigenen Land zu keiner Zeit ein annähernd ausreichendes Reservoir besaß, zwei Drittel seiner Kräfte aus Deutschland. Seine mutige und klarblickende Leitung nützte die Situation, in der eine solche Fülle hervorragender Künstler plötzlich zur Verfügung stand, um ein deutsches Ensemble ohnegleichen aufzubauen, dem durch die ganze Exilszeit hindurch Leben und Blüte beschieden war.

Hier und beinahe nur hier wurden die exilierten deutschen

Dramatiker mit ihren neuen Werken von einem exilierten deutschen Ensemble uraufgeführt: Ferdinand Bruckner, Georg Kaiser, Carl Zuckmayer; von hier ging der außerdeutsche Ruhm Bertolt Brechts aus. Überall anderwärts war und blieb das deutsche Theater im Exil auf sich selbst zurückgeworfen, auf sich selbst und seine Exilsgenossen verwiesen und angewiesen.

Das wird augenfällig, wenn man die Dokumentation der unzähligen kleinen und kleinsten deutschen Theaterunternehmungen im weltweiten deutschen Exil betrachtet, kleine Bühnenclubs, Spielgruppen, Theatervereinigungen, experimentelle und Versuchstheater, die alle – wohl weil ihnen nichts anderes übrig blieb, aber auch, weil ihnen anderes nicht gemäß, nicht lebensspendend sein konnte – ingrimmig-verbissen am Theater als künstlerischer Gemeinschaft festhielten, am Ensemble, dem, wie sie wußten, kulturbildende und kulturerhaltende Kraft innewohnte. Sie alle waren ja Einzelne, die aus einer Gemeinschaft verbannt worden waren; sie wußten, daß sie als Einzelne wenig oder nichts waren, und so strebten sie, wie mühsam immer, ihre Gemeinschaft neu zu bilden, von der die Mehrheit, welche sie umgab, wenig Notiz nahm und die sie, infolge der Sprachsperre, auch kaum interessieren konnte.

Gewiß, es gab Ausnahmen, große, strahlende Ausnahmen, und unter ihnen waren es vornehmlich Frauen, die die doppelte Sperre der Sprache und der Vereinzelung überwanden. Ich erinnere mich an Elisabeth Bergners Erfolge auf der englischen Bühne, an Lucie Mannheims Londoner Sensationserfolg in einem brillant übersetzten Stück Bruno Franks, an Leontine Sagans Regieleistungen, und ich erinnere mich, daß ich aufatmend dachte: es geht also, es geht also doch!

Aber ich erinnere mich auch an den großen Fritz Kortner, an den großen Ernst Deutsch, die über die Sprachsperre nie hinwegkamen, die den qualvollen Versuch, sie zu überwinden, bald aufgaben und in ihrer ganzen Exilzeit auf keiner Bühne zu wirken vermochten. Was Brecht im amerikanischen Exil an Neuerer-Arbeit zuwege brachte, schaffte er nicht mit deutschen Schauspielern, sondern mit dem großen Engländer Charles Laughton.

Dem Schauspieler im Exil, und dem größten am allerwenigsten, ist mit keinem Übersetzer, keinem Interpreten zu helfen, denn er ist selbst ein solcher Interpret, er ist selbst das Medium. Und er gedeiht nur in der Gemeinschaft.

War es also, in summa, alles für nichts und wieder nichts? Durchaus nicht, ganz und gar nicht. Vielmehr glaube ich, daß wir diese Dokumentation richtig verstehen und in ihrer Wahrheit erfassen, wenn uns nur bei ihrer Betrachtung deutlich wird, was es bedeutet, eine bedrängte, versprengte, ausgestoßene und verbannte Minderheit von Einzelnen zu sein, die sich bewußt sind, daß sie in extremster Situation ein Erbe bewahren, das immer und unter allen Umständen der Mehrheit, der Gesamtheit, der Gemeinschaft Aller gehören muß, wenn es überhaupt bewahrenswert sein soll.

ANSICHTEN DER BIOGRAPHIE

Für Richard Friedenthal

Das Wort Biographie heißt genau genommen: Lebensbeschreibung, nicht mehr und nicht weniger. Es bezeichnet die Schilderung eines Menschenlebens im umfassenden Sinn, mit allem, was dazu gehört, sowohl hinsichtlich seiner äußeren Umstände und Ereignisse als auch seiner geistigen und seelischen Entwicklung, und das schließt auch die größeren Zusammenhänge ein, innerhalb derer dieses Menschenleben sich vollzogen hat, die gesellschaftlichen, politischen, religiösen etwa, ohne die eine solche Schilderung im leeren Raum stünde und nicht schlüssig oder auch nur einsehbar sein könnte. Daher die Auffassung, Biographie sei ein Zweig der Geschichtsschreibung. Diese Ansicht galt indessen nicht immer, sie wurde zu Beginn unseres Jahrhunderts umgestürzt, danach wieder aufgerichtet, und in unseren heutigen Tagen ist sie durchaus umstritten. Das alles weiß Richard Friedenthal, der die erfolgreichsten Biographien unserer Tage geschrieben hat, sehr genau, und er hat sich, durchaus in diesem Wissen, sehr behaglich und sitzfest zwischen allen diesen wackligen Stühlen niedergelassen. In England, wo er lebt, konnte man das alles besser lernen und erfahren als irgendwo.

Um die Mitte der zwanziger Jahre wurde dem englischen Biographen Lytton Strachey, dem Verfasser der damals hochberühmten ›Queen Victoria‹, von einem Verleger der Antrag gemacht, er solle die große, sechsbändige Disraeli-Biographie von Buckle und Monypenny, ein anerkanntes Standardwerk, auf zwei handliche Bände vom mittleren

Dreihundert-Seiten-Umfang seines eigenen Buches kürzen und zusammenkochen. Strachey lehnte das Ansinnen ab, glücklicher-, aber auch begreiflicherweise, denn es war eine unverständige Idee. Es hätte nur eine Mißgeburt daraus werden können, denn hier stießen zwei Auffassungen vom Strukturprinzip der modernen Biographie unversöhnlich aufeinander. Aber der geistlose Verleger-Vorschlag war symptomatisch für den Umschwung, der im Gange war. Aus diesem Umschwung erwuchs der heutige Streit um die »echte« Biographie, in den Friedenthal mitten hinein geriet, als vor einem guten Jahrzehnt sein ›Goethe‹ und sein ›Luther‹ erschienen, denen die beiden vorbildlich gebauten, raffiniert möblierten Kurzbiographien Leonardos und Händels vorangegangen waren. Ein Blick zurück auf die Entwicklung ist angebracht.

Ob Zweig der Geschichtsschreibung, wie die großen Standardbiographien des 19. Jahrhunderts sie verstanden, ob eigenständiges, selbstherrlich gestaltetes Kunstwerk, wie Strachey und sein Gefolge die Biographie begriffen – die Lebensbeschreibung hat in der Literatur einen langen Weg mit vielen Stationen zurückgelegt. Von Einharts Leben Karls des Großen bis zu Carlyles Leben Friedrichs des Großen nehmen wir eine stetige Entwicklung wahr, die ihre Richtung im Grunde nicht wechselt. Die legendenhafte Hagiographie des Mittelalters, die Herrschern und Heiligen ihre lebensfernen, weltentrückten Denkmäler errichtet, löst sich in der Renaissance aus ihrer Starre, Psychologie sickert allmählich ein, ein neuzeitlicher Sinn fürs Individuelle, Besondere, Eigentümliche und Unverwechselbare eines Menschenlebens führt in der Schilderung geradewegs zu Ruhm und Preis der Persönlichkeit, und nun dauert es nicht mehr lange, und wir stehen im 18. Jahrhundert vor den großen Monumenten der Heldenverehrung, vor Voltaires Biographie

Karls XII., vor James Boswells Leben des Dr. Johnson, vor Carlyles Friedrich.

Auf dieser Grundlage baute sich im 19. Jahrhundert – der Heldenverehrung schon um einiges entrückt, aber ihrer noch durchaus nicht gänzlich entkleidet – die große Schule der sogenannten positivistischen Lebensbeschreibung auf, die bis heute fortwirkt. In Deutschland, England und Frankreich entwickelte sich eine historisch-kritische Biographie auf breitester Quellengrundlage mit zeit- und geistesgeschichtlichem Hintergrund, die wir positivistisch nennen, weil sie vor allem auf die Herbeischaffung und Zusammenfügung aller irgend auffindbaren und nachweisbaren Lebenstatsachen, auch der scheinbar geringfügigsten, Wert legt und die Gültigkeit ihrer Erkenntnisse auf das erfahrungsmäßig Gegebene, nämlich das ›Positive‹, auf die durch Ermittlung, in diesem Fall Quellenforschung beweisbaren Tatsachen beschränkt. Die großen Meisterwerke dieser Schule sind in Deutschland Bücher wie Droysens ›Leben des Grafen Yorck von Wartenburg‹, Justis ›Winckelmann‹, Diltheys ›Schleiermacher‹ und andere; aber ihre äußerste, bis zur letzten Konsequenz getriebene Ausbildung erfuhr diese Schule in England mit der schon genannten sechsbändigen Disraeli-Biographie von Buckle und Monypenny und dem gewaltigen vierbändigen ›Marlborough‹ von Winston Churchill.

Diesen Biographien war und ist eines gemeinsam: das Bewußtsein, daß eine solche Arbeit nur einmal geleistet, ein solches Buch nur einmal geschrieben wird. Also muß alles drinstehen, was sich an Faktischem überhaupt irgend dingfest machen läßt. Es kommt ihr weit weniger auf tiefsinnige Deutungen an, denen die Tatsachen sich einfügen mögen oder auch nicht, sondern eben auf Lebensbeschreibung, auf die getreue und zuverlässige Erzählung. Geduld, Akribie, Gewissenhaftigkeit und langer Atem sind die Tugenden eines solchen Biographen; Raum, Platz, um sein Material auszubreiten, ist sein erstes Erfordernis.

Gegen diese positivistische Lebensbeschreibung rebellierte im England der zwanziger Jahre Lytton Strachey mit seinen Kurzbiographien ›Eminent Victorians‹, seinen beiden Biographien ›Queen Victoria‹ und ›Elisabeth and Essex‹ und seinen ›Portraits in miniature‹ und bewirkte zeitweise eine Abkehr von ihr. Strachey war seiner ganzen schriftstellerischen Anlage, seinem künstlerischen Temperament nach ein Mann der kurzen und kleinen Form, ein Essayist, ein Feuilletonist. Er wäre außerstand gewesen, ein Buch von mehr als dreihundert Seiten zu schreiben, und machte aus dieser Not eine Tugend. Er bohrte mit seiner kleinen, aber spitzigen, um nicht zu sagen spitzfindigen Form die großen Monumentalbildnisse an und brachte sie zum Einsturz. Das wäre ihm nicht gelungen, wenn die positivistische Biographie nicht inzwischen arg entartet gewesen wäre. Jeder Bischof oder General bekam um die Jahrhundertwende automatisch seinen gänzlich unlesbaren »offiziellen« oder »authorisierten« dikken Zweibänder oder »Doppeldecker«, und für Strachey, der ein Kind des viktorianischen Zeitalters war, und viele andere, war diese Form der monumentalisierten, gänzlich leblos und belanglos gewordenen Biographie geradezu zum Symbol alles dessen geworden, was er, Freigeist, Libertin, Atheist und Moralverächter, am Zeitalter Victorias verabscheute: seine Selbstherrlichkeit und Selbstzufriedenheit, die Prüderie und Bigotterie, den krassen Materialismus, die Scheinheiligkeit, Unbildung und tiefinnerste Verrottetheit. Es ging *ihm* hauptsächlich darum, *diese* ›Helden‹ zu entheroisieren, *sie* auf ihr gewöhnliches menschliches Maß, auf ihre Schwächen und Unzulänglichkeiten und mehr oder weniger – hauptsächlich weniger – liebenswerten Absonderlichkeiten und Absurditäten zu reduzieren. Dies war sein Vorsatz.

Aus seiner Durchführung entstand eine neue Form der Lebensbeschreibung – die »vie romancée«. Die Ironie hat es gewollt, daß gerade diesem Mann und seiner unbestreitbaren Leistung – er starb 1932, zweiundfünfzig Jahre alt – eine der hervorragendsten positivistischen Biographien der jüngsten Zeit gewidmet ist, das zweibändige Werk von Michael Holroyd, 1200 Seiten für ein Leben von zweiundfünfzig Jahren und ein Werk von kaum einem halben Dutzend schmaler Bücher. Hier nun erfahren wir, wie es ja nicht anders sein kann, viel genauer als aus Stracheys eigenen Büchern, worum es ihm ging und wie er vorging. Er besaß, für einen Engländer erstaunlich, keinerlei Geschichtssinn. Es kam ihm nicht darauf an, ein getreues und zuverlässiges Bild der Königin zu zeichnen, das biographische Gültigkeit besäße. Er dachte nicht daran, alles, was über sie in Erfahrung zu bringen war, heranzuholen und dingfest zu machen. Er betrieb, über das zu seiner Zeit bereits publizierte Material hinaus, keinerlei Quellenforschung, sah die noch unveröffentlichten Unterlagen überhaupt nicht an. Mehr noch, er ließ auch vom bereits Bekannten alles, was ihm nicht in den Kram paßte, weg, stellte um, schnipselte sich die Belege für seinen Bedarf zurecht, fügte sie in Zusammenhänge ein, in die sie nicht gehörten, wo sie aber eine hübsche Pointe abgaben, und verfälschte und mißbrauchte seine Belege, wie es ihm geeignet schien. Das Ergebnis war nicht eine Biographie, eine Lebensbeschreibung, sondern ein höchst unterhaltsam zu lesender Roman, oder genauer: ein romanhafter Essay von idiosynkratischer Eigenwilligkeit.

Die Zeitgenossen, der Doppeldecker-Biographien längst überdrüssig, waren höchlichst angetan. Sie blickten ja nicht in die Werkstatt und ließen sich täuschen. Sie meinten, hier würden bekannte historische Persönlichkeiten in völlig neuem Blickwinkel gesehen – nicht wie bislang heroisiert ohne Fehl und Falsch, sondern ironisierend und desillusionierend, eingestandenermaßen bis zur Grenze der Karikatur gehend gezeichnet, mit Geist und Ironie ihres Nimbus, ihres romantischen Glanzes entkleidet. Das war durchaus heilsam, aber es hatte mit Lebensbeschreibung, für die es gehalten wurde, nicht mehr viel zu tun.

Es war aber auch unheilvoll. Denn es setzte die Lawine der »vies romancées« in Gang, die dem Zeitbedürfnis entgegenkam, die Großen, Berühmten oder auch nur Interessanten knapp, schlicht, einfühlsam, amüsant vermenschlicht zu sehen. Es wurde eine Mode daraus, die die sorgfältig dokumentierte Lebensdarstellung – die ja durchaus anmutig und elegant geschrieben sein kann – verdrängte. Überall griffen die Verlage diesen unterhaltsamen Buchtyp auf und stampften ganze Serien aus dem Boden. Den Anfang machte, zwei Jahre nach Strachey, André Maurois mit seinem bezaubernden kurzen ›Shelley‹, auf den sein ›Disraeli‹ und sein – schon zweibändiger! – ›Byron‹ folgten. In Deutschland kamen die Biographien-Manufakturen von Emil Ludwig und Stefan Zweig und ihrer weniger begabten Nachahmer in Gang.

Sie trachteten, ihre »Helden« auf eine sinnfällige Formel zu bringen, und das hieß natürlich, daß sie simplifizierten, der eine wie der andere. Sie unterlegten der Lebensgeschichte ein Muster, nach dem sie die Schilderung zurechtschneiderten, lasen dieses sinnfällige Muster aus der Lebensgeschichte heraus oder in sie hinein, ohne sich viel um jenes Belegmaterial zu kümmern, das diesem Muster zuwiderlief. Marie Antoinette, die einfältige Frau, der »mittlere Charakter«, Fouché, der Un-Charakter, der prinzipienlose Amoralist – das waren die Schlüssel, die eine komplexe Persönlichkeit aufschließen sollten. Man halte nur Emil Ludwigs Lincoln gegen die Schilderung des Amerikaners Carl Sandburg, um zu sehen, welche effekthascherische Schludrigkeit sie ist.

So konnte es nicht weitergehen, und es ging auch nicht so weiter. Die Tatsachen eines Lebenslaufs, die unbestreitbar belegbaren, verlangten ihr Recht, ob nun ein Muster, eine sinnfällige Formel, ein amüsantes Psychogramm dabei herauskam oder nicht. Nicht immer kam eins dabei heraus, und warum sollte es auch: welche nur halbwegs interessante Persönlichkeit entspräche denn einer Formel? Nach dem Zweiten Weltkrieg besann man sich, wiederum zuerst in England, auf das Grunderfordernis der Biographie: daß sie nämlich Auskunft über den tatsächlichen Gang eines Lebens zu geben habe, und fand, daß die positivistische Methode durchaus nicht einen Berg staubtrockener, knöcherner Fakten, einen in Buchdeckel gebundenen Zettelkasten zwangsläufig hervorbringen müsse, sondern daß sie durchaus mit künstlerischer Komposition, mit schriftstellerischer Anmut und Eleganz sich verbinden lasse.

Der Engländer Harold Nicolson, selbst ein Biograph von hohem Rang, ein ebenso gewissenhafter Quellenauswerter wie formvollendeter Schilderer, unterschied in seiner Schrift ›Die Entwicklung der englischen Biographie‹, 1933 erschienen, zwischen der echten und der unechten Biographie, eine Unterscheidung, die mancher Nachfahr nutzbringend von ihm gelernt hat. »Die echte Biographie«, schrieb er, »ist mit keiner anderen Absicht geschrieben, als dem Leser ein zuverlässiges Porträt des Menschen zu vermitteln, dessen Leben erzählt wird.« Erzählt – wohlgemerkt: die Erzählung ist kein Zettelkasten; sie ist eine Kunstform. Unechte Biographien hingegen, so Nicolson, seien solche, die statt »einen individuellen Charakter in seinem Verhältnis zum historischen Hintergrund zu zeigen«, eine Tendenz verfolgen, dieser Persönlichkeit ein Muster, eine Formel aufzuzwingen versuchen, einen »Schlüssel« für ihn bereithalten, etwas zu »beweisen« trachten. Das klingt simpel und geradezu bescheiden und ist dabei doch außerordentlich anspruchsvoll. Denn es setzt die Bereitwilligkeit des Biographen voraus, hier und dort zuzugestehen, er verstehe seinen »Helden« in diesem oder jenem Punkte nicht, habe eben keinen Schlüssel für dies oder das, könne es nicht einleuchtend erklären. Der unechte Biograph bringt das nicht über sich; dem echten ist es eine Selbstverständlichkeit.

Das schönste Beispiel dieser neuen Schule der »echten« erzählten Biographie ist zweifellos Churchills ›Marlborough‹. Er hat in England und Amerika, weit weniger indessen in Deutschland, in den letzten zwanzig Jahren eine Nachfolge von hohem Niveau gefunden, beginnend mit Leon Edels meisterlicher vielbändiger Biographie von Henry James bis zur zweibändigen der Virginia Woolf von Quentin Bell, die eine wie die andere von zuverlässigstem Informationswert und dabei ein hohes Lesevergnügen. Und in Frankreich läßt sich allein am biographischen Werk von André Maurois sogar diese ganze Entwicklung ablesen. Maurois begann in der direkten Nachfolge Lytton Stracheys, rückte von Werk zu Werk immer stärker in die positivistische Richtung und demonstrierte 1954, dreißig Jahre nach seinem ›Shelley‹, mit seiner monumentalen Biographie Victor Hugos, einem Meisterwerk, wenn es auf diesem Gebiet je eines gegeben hat, die schönsten Qualitäten der echten, erzählten Biographie.

»Warum Hugo?« schreibt er in seinem Vorwort. »Weil die Kenntnis seines Lebens zum Verständnis dieses gequälten Genies unerläßlich notwendig ist. Wie dieser vorsichtige und sparsame Mann zugleich verschwenderisch generös sein konnte; wie dieser keusche Jüngling, dieser musterhafte Familienvater zu einem faunischen alten Mann wird; wie dieser Legitimist sich zum Bonapartisten, dann zum Großvater der Republik wandelt; wie dieser Pazifist besser als irgend einer die Fahnen von Wagram besingt; wie dieser Bürger, in den Augen der Bürger, für einen Rebellen gilt – das ist es, was der Biograph Victor Hugos erzählend erklären muß.«

»Natürlich«, fährt Maurois fort, »mußte ich mich davor hüten, meinen Helden unter einem Berg von Zeugnissen und Belegen zu begraben. Ebensowenig habe ich meine Schilderung mit Essays über die Poetik, über die Religion, über die Quellen Hugos belastet, denn diese Studien haben andere bereits gemacht und sehr gut gemacht. Kurzum, ich habe eine Lebensgeschichte geschrieben, nicht mehr und nicht weniger, und habe mich dabei bemüht, niemals zu vergessen, daß im Leben eines Dichters das Werk ebenso viel Platz einnimmt wie das Ereignis. Ich habe mein Bestes getan, um – ohne der Pietät oder der Wahrheit Abbruch zu tun – das, was man nach dem gegenwärtigen Stand der Forschung über dieses große Leben weiß, in seiner rechten Ordnung und Vollständigkeit zu erzählen.«

Das Werk und das Ereignis – hier liegt eine entscheidende Schwierigkeit, deren der Biograph Friedenthal sich in hohem Maß bewußt ist. Alles bisher Gesagte gilt mehr oder weniger allgemein für jede Art von Biographie: Staatsmann, Heerführer, Religionsstifter – Napoleon, Wallenstein, Luther und Hus. Bei der Biographie eines Dichters, eines Schriftstellers tritt eine Komplikation auf, die jene anderen nicht kennen, und für sie ist Goethe – im deutschen Bereich – das strengste Beispiel: hier arbeitet der Biograph mit und im selben Medium wie der, den er schildert, nämlich der Sprache, und er muß sich bei der Schilderung nicht nur einer Sprache befleißigen, die seinem sprachmeisterlichen Gegenstand angemessen ist, sondern er steht darüber hinaus vor der Frage: ist das Werk das Leben oder das Leben das Werk; und ob es sich nun so oder so verhält, wie geht man damit um?

Die geschriebene Hinterlassenschaft von Feldherren, Staatsmännern, Wissenschaftlern oder Baumeistern, die zur

Rekonstruktion und Erklärung ihres Lebensganges dienlich ist, bietet sich dem Biographen solcher Männer größtenteils als kunstlos-ungestaltetes Rohmaterial dar. Beim Schriftsteller indessen, beim Mann des Wortes und der geformten Sprache, hat der Biograph mit Materialien zu arbeiten, die nicht mehr roh, sondern schon sehr weitgehend und sehr bewußt kunstvoll gestaltet sind – das gilt für Luther kaum weniger als für Goethe, und es vereinfacht des Biographen Vorhaben nicht, sondern kompliziert es über alle Maßen. Er muß nun nach seinen Baustoffen und Auskunftsquellen an Orten und Stellen suchen, die sich nicht ohne weiteres finden oder identifizieren lassen, die häufig sogar absichtsvoll versteckt sind, und dies hängt von dem Grad ab, in dem das Werk autobiographisch bestimmt ist. Denn bei der Schriftsteller-Biographie laufen Lebensgeschichte und Schaffensgeschichte, Existenzanalyse und Werkanalyse beständig ineinander. Es ist nicht immer wünschenswert, fast nie möglich und selten gewinnbringend, sie säuberlich zu trennen. Es kann Gelegenheiten geben, bei denen der Schilderer nicht mit Bestimmtheit zu versichern vermöchte, in welchem der beiden Lebensräume er sich befindet und wo die Tapetentür ist, durch welche er vom einen in den anderen gelangt.

Nun gibt es freilich eine Auffassung, die dafür hält, daß sie einer und derselbe Raum seien; die noch weiter geht und fragt, ob das Werk eines Schriftstellers nicht ipso facto wichtiger und interessanter sei als die Geschichte seines Lebens; ja, ob nicht überhaupt das Bild seiner schöpferischen Persönlichkeit mit größerer Klarheit und Wahrheit aus dem zu erkennen sei, was er geschaffen, denn aus dem, was ihm während seiner Jahrzehnte auf dieser Welt an Glücklichem, Mißlichem und Sonstigen widerfuhr und was er darüber dachte, sagte und schrieb. Das kann, kurz gesagt, nur heißen, daß der Dichter bereits selbst seine Biographie durch das Medium seiner Werke geschrieben habe und keine Biographie, von einem anderen gefertigt, auch nur annähernd so relevant sein könne wie diese. Doch kürzer gesagt: wessen Leben sowieso aus Schreiben besteht, dessen Leben braucht man nicht zu beschreiben. Die Werkanalyse *ist* die Biographie.

Es ist gewiß etwas dran, in Grenzen und in extremen Fällen. Natürlich hat die anti-positivistische Schule, die in Deutschland, wie mir scheint, mit Gundolf ihre bedeutendsten Leistungen hervorbrachte, die sich bei der Erforschung einer Dichter-Persönlichkeit ausschließlich oder nahezu ausschließlich auf werk- und textimmanente Elemente stützt und aus diesen ihr Bild aufbaut, natürlich hat sie ihre Vorzüge und ihre Reize; aber sie gerät sehr leicht und ehe man sich's versieht in einen zeit- und weltleeren Raum, in dem kein Dichter je gelebt hat, und wird, da sie es ablehnt, sich an den Details des Lebenslaufs zu orientieren, zwangsläufig zum Opfer von Mißverständnissen.

Zum Beispiel Hofmannsthal. Sein Werk ist fast durchweg in einer ganz anderen Welt angesiedelt als der, in welcher er lebte, mit der er sich auseinandersetzen mußte und an der er schließlich zerbrach. Warum war das so? Das sollte eine interessante Frage sein. Ein umfangreiches, sehr tief- und scharfsinniges Buch über Hofmannsthal, aus dem wir nicht einmal erfahren, wann er geboren wurde, wann er starb, ob er verheiratet war, ob er Kinder hatte, wer seine Freunde waren, wohin er Reisen unternahm – es gibt ein solches Buch! – nützt uns da wenig. Zum Verständnis seiner schöpferischen Persönlichkeit, zur Aufschlüsselung der Frage, warum sein Werk so ist, wie es ist, wäre eine positivistische Biographie, die alle Fakten seines Lebens greifbar macht, die vor allem die biographischen Auskünfte seines riesigen Briefwechsels auswertet, von unschätzbarem Wert. Wir hätten einen besseren Zugang zu seinem Werk, wenn wir etwas besser wüßten, wer er war. Aber es gibt ein solches Buch bis heute nicht.

Hingegen ist auch das Umgekehrte zu bedenken. Ein heutiger Biograph Goethes oder Schillers befindet sich in gänzlich anderer Situation als ein Biograph Hofmannsthals, Hauptmanns oder Thomas Manns. In den Lebensgeschichten dieser letzten drei ist noch sehr vieles unerforscht und bleibt noch dingfest zu machen, ehe ein vollständiges und schlüssiges Bildnis hervortreten kann, und die Aufgabe ihrer Biographen ist eine andere als die, welcher sich Friedenthal beim Entwurf eines neuen heutigen Goethe-Bildnisses gegenübersah. Das ist alles, was nur irgend relevant sein könnte, längst erforscht und beigebracht, und der Biograph kann, von schnurrigen Winzigkeiten abgesehen, nichts sachlich-faktisch Neues vorlegen, und solches hat auch gar nicht sein Anliegen zu sein. Er hat ein anderes Problem, und es ist ähnlich dem André Maurois' bei seinem Victor Hugo.

Nämlich: kann, darf, soll oder muß er die Kenntnis des Werkes Goethes beim Leser seiner Lebensschilderung voraussetzen oder darf von ihm erwartet, ja verlangt werden, daß seine Lebensschilderung auch die Werkschilderung umfasse, den Leser in dieses Werk einführe, es ihm aufschließe und in seiner ganzen vielschichtigen Komplexität analysiere, und ist er gehalten, einem solchen Verlangen zu genügen? Es erhebt sich also die Frage nach dem eigentlichen Zweck der Schriftsteller-Biographie in ihrem Zusammenhang mit dem schriftstellerischen Werk, und dies ist natürlich in erster Linie eine Frage an den Leser eines solchen Buches.

Wer liest eine Dichter-Biographie, und warum liest er sie? Es ist ja vorstellbar, daß einer, der von Goethe nur dieses oder jenes oder vielleicht überhaupt nichts kennt – und so wenige werden das gar nicht sein – eine lebendig und fesselnd geschriebene Goethe-Biographie wie die Richard Friedenthals mit größtem Interesse liest, sich bei ihr aufs beste unterhält und dennoch auch nach Beendigung des Buches nicht nach Goethes Werken greift, um sich mit dem, was der Mann geschaffen, besser vertraut zu machen, sondern es zufrieden bei Friedenthals Buch beläßt, so wie er es vormals bei Bielschowskis oder Emil Ludwigs jeweils drei Bänden beließ. Die Lebensgeschichte des Mannes hat ihn einige Lesestunden lang höchlichst gefesselt, und das Wenige, was der Biograph ihm beiläufig vom Werk mit kurzer Inhaltsangabe und anschaulichen Zitaten mitteilt, genügt ihm. Sein Goethe-Bedarf ist gedeckt, und er nimmt nun eine ebenso unterhaltsame Schiller-Biographie zur Hand, denn so hat er erfahren, die beiden Dichterfürsten gehören ja zusammen.

Hat Friedenthal für einen solchen Leser geschrieben, und wäre er ihm auch nur recht? Recht natürlich – es ist einem Schriftsteller jeder Leser recht. Aber zufrieden und glücklich wäre dieser oder irgend ein anderer Biograph mit ihm nicht und könnte es nicht sein. Nimmt ein Goethe-Biograph nicht an, der Leser greife zu seinem Buch, weil er Goethes Werk seit langem kennt und schätzt und liebt und nun endlich aus berufener Feder von einem Heutigen Genaueres über sein Leben erfahren möchte und darüber, wie alles zusammenhängt. Solche Biographien-Leser, möchte man meinen, sind doch wohl in der Mehrzahl, und ihnen gilt das Anliegen des Biographen gewiß an erster Stelle. Er wird aber natürlich auch jene Leser zu den besseren zählen, die seine Biographie überhaupt erst zu Goethe hinführt, auf ihn aufmerksam macht und die alsdann, gut vorbereitet, sich an die Entdekkung der Schätze machen, von denen sie wenig oder nichts wußten, und sich gleichsam nachträglich die Voraussetzungen für das Vorhaben des Biographen schaffen. Auch dies ist gut und schön, und der Biograph wird es nicht bemängeln. Und endlich: ganz schlecht und unbrauchbar ist auch der Leser nicht, der sich nur für das Leben und kaum oder gar nicht für das Werk interessiert. Auch er wird nach der Lektüre ein wenig besser dastehen im geistigen Raum der Nation als vorher, sich etwas weniger fremd und unbeheimatet in ihm fühlen. Ganz und gar schlechte und nutzlose Leser gibt es nicht.

Allen aber ist ausgemacht, daß Leben und Werk eines Dichters nicht dasselbe sind, daß wohl das eine das andere aufschließt, daß es aber untunlich und durchaus nicht im Sinne des Geschilderten wäre, sie in einer einzigen Schilderung zu verflechten. Goethe schuf sein Werk, damit man es lese, und nicht, damit es von anderen im Zusammenhang seines Lebens mehr oder weniger geschickt nacherzählt werde. Der »echte« Schriftsteller-Biograph wird sich davor hüten, diese beiden Dinge miteinander zu vermischen, denn er weiß: das gäbe ein trübes Gewässer. Er wird es mit Maurois halten, der wohlweislich ausklammerte, was andere bereits gemacht und sehr gut gemacht hatten, und sein Schiff nicht mit einem Ballast beschweren, unter dem es sinken müßte und zu sinken verdiente.

Der Name Richard Friedenthal, dem zu Ehren dieses geschrieben ist, wurde im Voraufgegangenen nur einige Male, gleichsam im Vorübergehen genannt, und dabei wurde doch die ganze Zeit über recht eigentlich, wie sich's gehört, nur von ihm gesprochen, dessen bedeutende Biographen-Leistung es hier mit ihrem Standort in ihrem besonderen Bezugssystem festzustellen galt. Ihm selbst haben wir damit gewiß nicht das allermindeste Neue erzählt. Er ist ein Polymath, wie die Engländer, unter denen er sein halbes Leben zugebracht hat, den Begriff verstehen, ein Universalgelehrter, was nicht bedeutet, daß er alles weiß, sondern daß er sich für alles interessiert und weiß, wie man sich über das, was einem an Wissen fehlt, am besten unterrichtet.

Das heißt nichts anderes als: dieser Mann am Ende seines achten Lebensjahrzehntes weiß Bescheid. Er hat in diesem langen Leben viel gelernt und nichts leichten Sinnes vergessen. Er kennt jeden Spiegel und jeden Zerrspiegel im Vexierkabinett der Biographie, das wir eben flüchtig durchschritten, und er hat gelassen seine eigenen späten Jahre abgewartet, um fürs Eigene seine Lehren daraus zu ziehen. Solche Männer wie dieser quicklebendige-quecksilbrige Enzyklopädist müssen sehr alt und möglichst unverändert noch viel älter werden, um ihr Bestes und Allerbestes zu geben. Mit achtundsechzig hat er seinen märchenhaft erfolgreichen ›Goethe‹, mit einundsiebzig den kaum weniger erfolgreichen ›Luther‹ vorgelegt. Ein solcher scheinbar müheloser Fleiß, eine solche souveräne Gabe der Organisation riesiger Stoffmassen, der Destillation schier unübersehbaren Materials – das fällt keinem in den Schoß, das will gelernt und tausendfach erprobt sein, ehe es reife Frucht trägt. Da muß man warten können wie dieser gelassen-humorige Achtzigjährige. So und nicht anders hat es zu sein bei einem, der bei Troeltsch und Max Weber studierte, den zeitlebens die großen Zusammenhänge, die menschlichen, charakterlichen Probleme des Universalgeistes fesselten – nach fünfzig Jahren war im ›Luther‹ zu sehen, was der Student in Troeltschs ›Soziallehren der christlichen Kirchen‹ Bemerkenswertes gefunden hatte. Solche Beispiele ließen sich mehr aufzeigen.

Dieser Biograph hat zu lernen verstanden – aus der Geschichte der Biographie. Er hat alle Ansichten der Biographie genau betrachtet und sich dann seine eigene Ansicht gemacht. Er ist der positivistischen Methode so weit gefolgt, wie es nötig und dienlich ist, um in Goethe und Luther eine in sich schlüssige Persönlichkeit vorzustellen, aber er hat sich vor dem Versuch gehütet, eine komplizierte, nicht immer gänzlich durchsichtige Persönlichkeit um jeden Preis völlig durchsichtig zu machen, sie mit Hilfe seiner Belege so zu entschlüsseln, daß kein rätselhafter Rest verbleibt; denn er hat gelernt und weiß: so sind Menschen nicht.

Er hat sich gleicherweise vor dem Wahn der Werk-Immanenz gehütet wie vor der Verführung, bei seinem Leser entweder alles oder gar nichts vorauszusetzen. Sein ›Luther‹ enthält keine theologischen Auseinandersetzungen, sein ›Goethe‹ keine Werkanalyse; er weiß, das haben andere vor ihm gemacht und gut gemacht, und sein Anliegen ist zu schildern, wie das Leben zum Werk, das Werk zum Leben führt und sie, einander erläuternd, ein Ganzes bilden.

Er ist ein »echter« Biograph im Sinne Nicolsons und Maurois'. Nichts ist ihm ferner als der Versuch, Goethe oder Luther zu »verheutigen«, sie zu Menschen unserer Zeit umzuprägen, damit sie »einsichtig« werden. Davor bewahren ihn Ehrfurcht – man kann's auch Pietät nennen – und Wahrheit, denen er, wie Maurois gebietet, keinen Abbruch tut. So gibt es bei ihm keine Formeln, geprägten Muster, vorgefaßten Zusammenhänge, in die sein Gegenstand sich einzufügen hat, und mithin auch kein leerlaufendes Geschwätz wie bei Ludwig, keinen Metaphern-Bombast und endlose Herumreiterei auf abgegriffenen »psychologischen« Leitmotiven, wie sie Zweig seinen Helden und Heldinnen unterlegt. Er hat auch von Strachey gelernt, nämlich den Stellenwert von Schwächen und Unzulänglichkeiten, Absonderlichkeiten und Absurditäten in einem Menschenleben richtig einzusetzen, ohne dabei ins alberne Gekicher des »debunking« des Engländers zu verfallen, das um einer Pointe willen einen ganzen Sachverhalt verdreht oder unterschlägt. Er unterschlägt nichts, wohl aber versteht er wegzulassen und auszusparen. Man liest bei ihm nichts zweimal, und das heißt: man muß, ungeachtet seines gemütlichen Plaudertons, sehr genau lesen.

Er ist ein Erzähler, ein Plauderer, wie er es auch im Leben, im persönlichen Gespräch ist, und das heißt, daß er gern abschweift, sich in die Schilderung entlegener Zusammenhänge zu verlieren scheint, nur weil sie kurios sind und ihm gerade einfallen; aber flugs merkt man, er ist durchaus bei der Sache geblieben und hat nur seinem Gegenstand ein neues Lichtlein aufgesteckt. Daß die Geschichtsschreibung ein Teil der Biographie sei, würde er wohl eher gutheißen, als daß die Biographie einen Zweig der Geschichtsschreibung abzugeben habe. Mit Carlyles Auffassung, daß die Geschichte nichts anderes sei als die Summe unzähliger Biographien, hält er es gewiß nicht; denn er weiß und hat in England gelernt: so einfach ist das alles nicht.

Es ist vielmehr alles sehr kompliziert, und wer Richard Friedenthals Lebensschilderungen liest, bekommt einen Begriff davon, wie kompliziert das ist: der Mensch in seinem Zusammenhang. Und das war's eigentlich, was ich ihm zu seinem Geburtstag und zu seiner Leistung sagen wollte.

NOTIZ ÜBER DIE TECHNIK DES SCHREIBENS

Es wäre bequem und geradezu eine Versuchung für mich, unsere Diskussion über ›Die Technik des Schreibens‹ mit der kühlen Behauptung zu beginnen, daß es so etwas wie eine Technik des Schreibens nicht gibt, und die Sache damit auf sich beruhen zu lassen. Aber das wäre eine Binsenwahrheit, die keiner von uns bei ein wenig Nachdenken ernstlich bestreiten würde. Wir können uns alle ohne weiteres darauf einigen, daß es so viele Arten gibt, ein Buch, einen Essay, ein Gedicht zu Papier zu bringen, wie es Arten gibt, einen Garten anzupflanzen, ein Gewand zu schneidern oder der Liebe obzuliegen. Die Anzahl möglicher und anwendbarer Techniken ist natürlich, hier wie dort, nicht unbeschränkt, sondern durchaus begrenzt; aber immerhin sind es ihrer so viele, daß man sagen kann, es gebe so viele Techniken des Schreibens wie es Schriftsteller gibt.

Das bedeutet jedoch nicht, daß eine Diskussion keine Grundlage hätte. Im Gegenteil, gerade hier beginnt die Diskussion. Jeder von uns kann nur von seiner eigenen Kenntnis und Erfahrung sprechen; wir können nur versuchen, etwas von den ganz persönlichen Lektionen, die wir gelernt haben, weiterzugeben und hoffen, daß Andere Ähnlichkeiten, Identitäten oder Abweichungen entdecken werden und sich mit ein wenig Glück vielleicht irgend ein Generalnenner herausstellt, der uns allen nützlich ist. Mit anderen Worten: wir können einander nur über die Schulter blicken und ein wenig vergleichende Methodologie treiben. Versuchen wir es damit.

Als ich ein sehr junger Mann war, heiratete ich eine sehr junge Dame, und wir schrieben beide sehr junge Romane, ohne noch viel über unsere individuellen Techniken des Schreibens zu wissen, die wir gerade erst zu entdecken und zu entwickeln begannen. Wir waren zu jener Zeit sehr arm und hatten nur ein Zimmer, in dem wir arbeiten konnten. Dieses Zimmer besaß als einzige Heizung einen offenen Kamin mit einem lodernden Feuer darin; zur Rechten von ihm stand ein kleiner Tisch, an dem meine Frau an ihrer Schreibmaschine arbeitete, links davon war ein weiterer kleiner Tisch mit meiner Schreibmaschine darauf, und zwischen ihnen stand, direkt dem Kaminfeuer gegenüber, ein großer und bequemer, tiefer Sessel. Und nun geschah folgendes.

Wenn wir am Morgen begannen, setzte meine Frau sich sofort hin, machte dort weiter, wo sie am Abend vorher aufgehört hatte, und ratterte vergnügt drauf los, während ich einige Minuten auf und ab ging, mich dann in den tiefen Sessel fallen ließ und einfach dasaß, ins Feuer blickte, den tanzenden Flammen zuschaute und überhaupt nichts tat. Von Zeit zu Zeit warf ich einen beobachtenden Blick zu meiner Frau hinüber und sah ihr zu, wie sie ihre Seite zu Ende tippte, sie aus der Maschine nahm, nach der Feder griff, das Blatt über und über mit handschriftlichen Verbesserungen und Einfügungen bedeckte, ja zuweilen sogar das Blatt mit der Schere zerschnitt und in anderer Anordnung wieder zusammenklebte, einige der handschriftlichen Änderungen wieder durchstrich und andere einfügte und so fort und schließlich die Seite noch einmal tippte und den ganzen Vorgang sodann womöglich noch ein zweites und drittes Mal wiederholte.

Während diese emsige Tätigkeit sich neben mir abspielte, tat ich ganz offensichtlich gar nichts, sondern sah nur dem tanzenden Kaminfeuer zu, und nach einer Weile begann dies begreiflicherweise meine Frau zu irritieren. Aber fängst du denn überhaupt nicht an zu arbeiten? fragte sie. Ich arbeite doch, antwortete ich, und du störst mich mit deiner Frage. Du arbeitest nicht, du starrst nur ins Feuer, das nenne ich nicht arbeiten. Ich arbeite aber doch. Siehst du denn nicht, daß ich nachdenke? Ach, du denkst nach! Entschuldige, aber das ist nicht gerade sehr sichtbar. Damit hatte sie freilich recht, und ich gestand es ihr zu. Wir machen weiter mit dem, was wir taten oder nicht taten, und um die Mittagszeit sah ich, daß sie schließlich anderthalb oder vielleicht zwei sehr sauber getippte Seiten fertiggestellt hatte, während ich für meine ganze Mühe garnichts vorweisen konnte.

Meine Frau wurde besorgt. Liegt es daran, daß ich im Zimmer bin, und an dem Lärm und dem Geraschel, das ich mache, daß du nicht arbeiten kannst? fragte sie. Ich könnte vielleicht versuchen, im Schlafzimmer zu arbeiten. Aber nein, sagte ich, es ist alles in bester Ordnung, ich habe es sogar ausgesprochen gern, wenn du im Zimmer und so geschäftig bist, und wenn es danach ginge, könnte ich ja auch im Schlafzimmer nachdenken, nur daß es dort kalt ist und man nicht heizen kann. Also gut, sagte sie, wenn du nur wirklich nachdenkst. Ich spürte: sie hatte noch ihre Zweifel.

Am Nachmittag machten wir noch zwei oder drei Stunden lang weiter, nur mit dem Unterschied, daß ich mich jetzt sofort an meine Maschine setzte und lostippte, langsamer vielleicht als sie und ein wenig umsichtiger, mit Pausen zwischen den Sätzen und Absätzen, aber immerhin stetig und ohne Unterbrechung, während sie wie zuvor wieder tippte, korrigierte, auseinanderschnitt, wieder zusammenklebte und neu tippte. Zur Teezeit hörten wir beide auf und betrachteten unsere Produktion. Wir hatten jeder im Durchschnitt drei oder vier, zuweilen fünf sauber getippte Manuskriptseiten vorzuweisen, mehr oder weniger dieselbe Anzahl von Zeilen und Worten in derselben Anzahl von Stunden, und beide Manuskripte stellten das fertige Produkt dar. Nur mit dem Unterschied, daß neben ihrer Schreibmaschine ein Haufen ausgeschiedener und zerschnittener Blätter lag, während ich keinen Abfall hatte.

Korrigierst und änderst du denn garnicht mehr? fragte sie. Ich kann nicht verstehen, wie du das machst. Offenbar hast du also doch nachgedacht. Und das glaube ich auch. Denn als ich mich nach dem Mittagessen an meinen Tisch setzte, hatte ich in der Regel die ganze Sache, die ich an diesem Tag aufs Papier bringen wollte, klar und vollständig ausgeführt im Kopf, Erzählung, Dialog und alles, was dazu gehörte, so daß ich es ohne Zögern aus dem Gedächtnis hätte aufsagen können und nur noch hinzuschreiben brauchte. Es war, als müsse ich es lediglich von einem unsichtbaren geistigen Blatt sauber abschreiben. Zuweilen fiel mir bei diesem Abschreiben noch etwas Zusätzliches ein, das kurz überdacht sein wollte, ehe es aufgenommen wurde; das waren dann die kurzen Pausen. So könnte ich nicht arbeiten, sagte meine Frau. Und ich würde auf deine Art nichts zuwege bringen, antwortete ich. Es ist ganz einfach eine verschiedene Technik. Das Ergebnis ist, wie wir sehen, genau dasselbe, nur daß dein Roman vermutlich amüsanter und unterhaltender ausfallen wird als meiner. Was er denn auch tat.

Dies bedeutet nun natürlich keineswegs, daß jeder Schriftsteller sozusagen von einer nur ihm eigenen natürlichen, eingeborenen, prästabilisierten und unwandelbaren Technik des Schreibens besessen ist, die Teil seiner schöpferischen Persönlichkeit ist – wenn das ein wenig hochfahrende Wort gestattet ist –, der er niemals entkommen kann, wie ärgerlich und unerträglich sie mit der Zeit auch werden mag, die sich nicht ändern läßt und nicht geändert werden kann. Ich weiß aus eigener Erfahrung, daß dem nicht so ist, und ich glaube, die Erfahrung meiner Frau würde meine Auffassung bestätigen. Die Geschichte, die ich erzählt habe, liegt nahezu vierzig Jahre zurück. Seither hat meine eigene Technik des Schreibens viele Stadien der Veränderung durchlaufen und ist heute, wie ich vermute, der ihren von damals ziemlich ähnlich geworden, und es würde mich nicht erstaunen, wenn sie mittlerweile meiner damaligen Methode viel näher gekommen wäre.

Aber ich darf keine Vermutungen über andere anstellen, muß bei meiner eigenen Sache bleiben. Das Schreiben ist, wie wir alle wissen, ein sehr einsames Geschäft, und jeder Schriftsteller muß sich seine eigene Methode zurechtlegen und seine Werkzeuge und Instrumente ihr anpassen, um diese Einsamkeit fruchtbringend zu machen; es kann einem dabei kaum jemand helfen. Mir macht es schon lange keine Freude mehr, in Gesellschaft anderer zu schreiben oder gar zu denken, und ich bin in Wahrheit heute völlig unfähig dazu. Ich habe mehr als einen bekannten und erfolgreichen Schriftsteller-Freund, der am besten arbeitet oder überhaupt nur arbeiten kann, wenn er von anderen umgeben ist, am liebsten von einer anonymen Menschenmenge, an einem Marmortischchen im Café oder in einer Hotelhalle, und für den ein eigener Schreibtisch in einem eigenen Arbeitszimmer eine Schreckensvorstellung ist. Und ich weiß von sehr langen, komplizierten und guten Büchern, die auf diese Weise geschrieben wurden.

Das ist nichts für mich, und ich kann mir nicht vorstellen, wie sie es machen. Früher war ich imstand, nahezu überall zu schreiben. Heute kann ich eigentlich nirgends mehr schreiben, außer in meinem eigenen Zimmer, an meinem eigenen Tisch, mit niemand in Sicht- oder Hörweite. Eine Frau, die neben mir im selben Zimmer vergnügt drauflostippt, wäre ein Alptraum, der mich völlig lähmen würde. Einige Jahre lang arbeitete ich recht gut und geschwind mit einer Sekretärin, der ich diktierte, aber ins Stenogramm, nicht in die Maschine: ihr Getipp hätte mich sehr nervös gemacht, mein eigenes höre ich überhaupt nicht. Ich ging dann später das Getippte mit der Feder durch und ließ sie die allzu stark korrigierten Seiten noch einmal sauber abschreiben. Es schien mir damals, daß ich irgendeine menschliche Nähe, eine sofort spürbare Reaktion brauchte, während ich arbeitete. Aber darüber bin ich inzwischen auch hinaus. Die Sekretärin, die mich nicht behindert und aufhält, muß erst noch gefunden werden.

Ich habe mehrere Schriftsteller-Freunde, die in dieser Hinsicht ähnlich empfinden und die Sache sogar noch weiter treiben. Sie fühlen sich so irritiert von ihrer eigenen Anwesenheit und ihrer physischen, technischen Unzulänglichkeit, ihrer eigenen Handschrift und ihrem Zwei-Finger-Tippen, daß sie sich gleichsam entkörperlichen müssen, um überhaupt etwas zu schaffen, und sich ins Diktaphon flüchten. Vielleicht, weil das Tonbandgerät nicht frech zurückantworten kann, wie ungeschickte Finger es gern tun. Aber auch das ist nichts für mich. Ich fühle mich stets ausgesprochen befangen und verlegen gegenüber meiner eigenen Stimme, wenn sie keinen Widerhall hat – das ist das Schlimmste beim Rundfunksprechen, dieses Gefühl, daß einem überhaupt niemand zuhört – und indem ich mich bemühe, meine Stimme in der Gewalt zu behalten, bringe ich leicht das durcheinander, was ich sagen will. Dann wiederum arbeitete ich in früheren Jahren am besten in den späten Nachtstunden. Heute wird das, was ich bis zur Mittagsstunde nicht zuwege bringe, in der Regel an diesem Tag überhaupt nichts mehr, und wenn ich es am Nachmittag zu zwingen suche, muß ich es am nächsten Vormittag noch einmal machen.

Mit all diesem wiederhole ich natürlich nur, daß es für den

Schriftsteller keine ihm eingeborene und unabänderliche Technik gibt. Ich glaube jedoch, daß eine geheime und geheimnisvolle Beziehung – oder wechselseitige Abhängigkeit – zwischen den geistigen und mechanischen Schreibinstrumenten besteht. Und hier muß ich eine Einschränkung anbringen, die ich eigentlich schon am Anfang hätte machen sollen. Der Begriff »Technik« beinhaltet unausgesprochen etwas Mechanisches, eine Vorstellung von Werkzeugen und Instrumenten, und ist als Bezugsbegriff für unseren Zweck wirklich zu begrenzt. Wenn wir jedoch unter »Technik« eine Methode oder ein System verstehen, eine Art des Vorgehens, dann bekommen wir, glaube ich, unser wirkliches Problem besser in den Griff.

Von der Technik oder Methode des Gedichte-Schreibens weiß ich, ehrlich gesagt, ganz und gar nichts. Aber ich stelle mir vor, daß sie diejenige Form des schöpferischen Schreibprozesses ist, die am wenigsten auf Werkzeuge und Arbeitsbedingungen oder das, was die Amerikaner »instrumentality« – Instrumentalität – nennen, angewiesen ist. Ich habe in meinem erwachsenen Leben nur ein einziges Gedicht geschrieben, es fiel mir vor vielen Jahren eines Nachts beim Einschlafen ein, ich hatte am nächsten Morgen noch jedes Wort genau im Kopf, schrieb es nieder, ließ mich von meiner Frau überzeugen, daß es armseliges Zeug sei, und schrieb nie wieder eins.

Aber ich schloß aus dieser dürren und wenig verheißungsvollen persönlichen Erfahrung, daß man Verse unter nahezu allen Umständen und Bedingungen konzipieren und schaffen kann, daß das Gedicht sich vollständig in des Dichters Geist formt und nur niedergeschrieben werden muß, damit es existiert. Mit anderen Worten: das Niederschreiben wäre lediglich ein mechanischer Reproduktionsprozeß zwecks Mitteilung an andere und hat mit dem schöpferischen Vorgang nichts oder nicht sehr viel zu tun. Das Gedicht könnte auch sein, wenn es überhaupt nicht niedergeschrieben wäre. So stelle ich es mir vor.

Ich will mich von Lyriker-Freunden, deren ich gottlob einige besitze, gern eines anderen belehren lassen, will aber zugleich aus eigener Erfahrung nachdrücklich versichern, daß es sich mit Prosa und besonders mit längeren Prosa-Arbeiten, die sich über viele Seiten erstrecken, ganz gewiß nicht so verhält. Sie können ohne Niederschrift nicht sein. Hier spielt die eigentümliche wechselseitige Abhängigkeit zwischen schöpferischem Vorgang und der Methode und Instrumentalität, die für seine Verwirklichung benötigt wird, eine entscheidende Rolle. Es gab früher einmal eine berühmte Abgeordnete des britischen Unterhauses, Nancy Astor, die im Parlament sehr witzige, aber auch sehr konfuse Reden zu halten pflegte, und als sie einmal jemand unterbrach und fragte: »Was meint die ehrenwerte Lady eigentlich?« schoß Lady Astor zurück: »Wie kann ich wissen, was ich meine, ehe ich gelesen habe, was ich sagte?« Das klang einigermaßen albern und war doch keineswegs dumm, und es gilt mutatis mutandis auch für die Technik, will sagen, die Methode des Schreibens.

Es gibt einen Prozeß, einen Vorgang des schöpferischen Schreibens – und er beschränkt sich nicht auf junge und unerfahrene Romanciers, sondern ist in gleicher Weise bei großen handwerklichen Könnern anzutreffen –, der sich in nicht geringem Maß auf die mechanische Instrumentalität des Schreibens stützt oder verläßt, der geradezu auf sie angewiesen ist, um den schöpferischen Prozeß in Gang zu bringen, und mit »schöpferisch« meine ich hier ganz simpel alles, was aus nichts etwas macht oder auch aus neunundneunzig Sachen die hundertste. Man kann dies die Methode von »Versuch und Irrtum« nennen.

Nämlich: indem man diesen oder jenen Zugang versucht, ihn unbrauchbar findet, abändert, mit anderen Methoden kombiniert und amalgamiert, ihn so und so, aus diesem und jenem Blickwinkel betrachtet – und zwar stets auf dem Papier! –, gelangt man allmählich näher und näher an die Gestalt der Sache heran, die einen halbwegs zufriedenstellt als der größtmögliche Annäherungswert an das, was man nur undeutlich vor dem geistigen Auge sah, als man sich zum Schreiben niedersetzte. Es ist dies eine durchaus legitime Methode und keineswegs geringer zu achten als andere – etwa die, welche vollständiges Durchdenken am Vormittag und fertige Niederschrift auf einen Sitz am Nachmittag erheischt.

Bei dieser Technik oder Methode beginnt der schöpferische Prozeß des Denkens und der Imagination, der Einbildungskraft, erst richtig zu funktionieren, wenn er sein Abbild, wie verzerrt es anfänglich auch sein mag, im Spiegel der geschriebenen Seite erblickt. Erst jetzt wird der schöpferische Vorgang wirklich stimuliert und nimmt allmählich, schrittweise, Form, Ordnung und Präzision an. Dieser Schriftsteller muß lesen, was er geschrieben hat, um sich klar darüber zu werden, was zu sagen er beabsichtigt. Auch er macht aus nichts ein Etwas; aber er muß vorerst ein mangelhaftes und unvollständiges Etwas machen, um zu erkennen, wie ein besseres und vollständigeres Etwas aussehen sollte und wie es zu machen sei; er muß gleichsam einen Magneten ins Feld stellen, auf den die Assoziationsteilchen zufliegen können, um das Ganze anzureichern. Der ungeschickte Satz bewirkt, daß ihm unversehens der elegante einfällt, der wirre Gedanke läßt den Weg zum klaren aufleuchten.

Es ist ein mühseliger Arbeitsvorgang, bei dem die mechanischen Werkzeuge, Schreibmaschine, Papier, Feder, Schere und Klebstoff, den geistigen Werkzeugen zeigen, was sie zu tun haben. Es ist die Methode Balzacs, der drei oder vier auf einander folgende Sätze von Korrekturfahnen brauchte, damit sein schöpferischer Prozeß zur Perfektion gelangen konnte.

In gewisser Weise – um zum Persönlichen zurückzukehren – war dies nicht nur die Erfahrung meiner Frau, sondern auch meine eigene und ist es noch immer. Ich habe stets, wenn ich ein Buch schrieb, den Drang oder doch das Bedürfnis verspürt, eine Schreibmaschinenseite möge so nahe wie irgend möglich an das fertige Bild der gedruckten Buchseite herankommen. Ich mußte das Ding in seiner endgültigen, fertigen, mir bestmöglichen Gestalt vor mir sehen oder zumindest doch mir vorstellen können, um ganz sicher zu wissen, ob es »richtig« war, ob es »stimmte« oder nicht. Zu gewissen Zeiten wurde mir das geradezu zur Manie: wenn sich auf der Seite auch nur die allergeringste Verbesserung, der unerheblichste kleine Tippfehler befand, mußte ich sie zwanghaft aus der Maschine reißen und neu tippen, ehe ich zur nächsten Seite weitergehen konnte. Heute, nach vierzig Jahren Schreiberei, tue ich das nicht mehr; aber ich arbeite noch immer ein Kapitel vorher sehr weitgehend im Detail aus und habe es mehr oder weniger fertig im Kopf, ehe ich mich an die Schreibmaschine setze.

Und doch geschieht es mir recht häufig, daß der mechanische Vorgang den schöpferischen korrigiert. Ich nehme die fertig getippte Seite aus der Maschine und sehe sie mir – ehe ich Fehler korrigiere und Verbesserungen mache – als Ganzes an; ich prüfe nur mit dem Auge das visuelle Bild, das sie bietet. Und hin und wieder geschieht es dann, daß an diesem rein visuellen Eindruck, der nichts mit dem Inhalt des Getippten zu tun hat, mich etwas stört. Eine innere Stimme scheint zu sagen: an dieser Seite stimmt etwas nicht.

Etwa so: der mittlere Absatz sieht ungeschickt und unverhältnismäßig lang aus, und die beiden darauf folgenden sehr kurzen Absätze machen einen unsorgfältigen Geratewohl-Eindruck. Genaues Nachlesen zeigt dann unweigerlich, daß der visuelle Eindruck richtig war – die Seite sieht nicht nur typographisch scheußlich aus, sie ist schlecht geschrieben. Der Mittelabsatz ist ungeschickt und zu lang, weil zwei Gedankensträhnen, die getrennt dargelegt werden sollten, sich ineinander verheddert haben: sobald sie entwirrt und in zwei deutlich geschiedenen Absätzen präsentiert werden, ist die Argumentation klar, und die Seite sieht schon viel besser aus. Das Störende an den beiden folgenden kurzen Absätzen ist ganz einfach mangelnde Konzentration: ich muß wohl das Gefühl gehabt haben, daß ich es das erste Mal nicht ganz hingekriegt habe, und habe dieselbe Sache, etwas anders ausgedrückt, im zweiten Absatz noch einmal gesagt. Eine Verschmelzung der beiden kleinen Krüppel bringt eine halbwegs wohlgestaltete Figur hervor.

Ich fürchte, das ist nicht sehr viel und hat gewiß allerlei Haken. Aber vielleicht kann man Besseres und Fruchtbareres an ihnen aufhängen.

MISSISSIPPI-GESCHICHTE

Über dem Unterlauf des Mississippi, eine Viertelstunde vor New Orleans, geriet das Flugzeug aus heiterstem, blauem, sonnigem Herbsthimmel unversehens in ein gewaltiges Unwetter. Eben noch waren es nur ein paar Tropfen gegen die Scheiben gewesen; im nächsten Augenblick brauste die Maschine wie durch einen tosenden Wasserfall; es war nichts mehr zu sehen, im Handumdrehen war der Himmel nachtschwarz, nur der Regen schlug wie eine haushohe Brandung gischtsprühend gegen die Fenster. Die Maschine ging tiefer und tiefer, das Tosen des Wassers ließ ein wenig nach, der Regen strömte jetzt in gleichmäßigen schrägen Bahnen, die Wolken- und Dunstdecke zerriß und löste sich auf – aber was war das, was da drunten lag?

Louisiana war tief verschneit. Konnte das sein? Eine hohe Schneedecke war über das Land gebreitet, so weit man nur irgend aus dem kleinen Flugzeugfenster blicken konnte. Nur die Wipfel der Bäume, kleine grüne Spitzen, schauten heraus, hier und dort das Dach eines Hauses, ein Telegrafenmast auf einer Anhöhe. Der Schnee glitzerte und schimmerte und hatte eine eigentümliche grünliche Färbung, ein kurioser Lichteffekt, schien mir, moosgrüner Schnee, Moosschnee, höchst sonderbar, das sieht man nicht alle Tage. Konnte denn das sein? Im September?

Als das Flugzeug noch ein wenig tiefer ging und die Spiegelungen aufhörten, sah man plötzlich, was es wirklich war: nicht Schnee natürlich, sondern Wasser, eine riesige Überschwemmung, durch die das Grün der Wiesen und Wälder smaragdfarben hindurchschimmerte. Der Lauf des Vaters der Flüsse war nicht zu erkennen; die unzähligen »Bajous«, die großen und kleinen Wasserläufe, die das Sumpfland nördlich von New Orleans kreuz und quer durchziehen, waren verschwunden, das grüne, üppige, liebliche Louisiana, seine Wälder, seine Plantagen waren in einem endlosen Wasser versunken. Und es regnete, regnete weiter, unaufhaltsam aus einem grau gefleckten und geäderten, milchigen Himmel.

So hatte ich mir das Wiedersehen mit der geliebten Stadt nicht vorgestellt. Ich war vor genau zwanzig Jahren das letzte Mal hier gewesen. Damals gab es diese direkte Flugverbindung noch nicht, die einen in anderthalb Stunden von St. Louis nach dem Golf von Mexiko bringt. Damals war ich mit dem Zug gefahren, einen ganzen Tag und eine halbe Nacht, von Washington südwärts durch das subtropische Virginia, das sanfte, hügelige Tennessee und das dürre, ockerfarbene Alabama mit seinen endlosen Baumwollpflanzungen. Irgendwo im Staat Mississippi hatte die Bahnlinie den Vater der Flüsse erreicht und war seinem Lauf dann durch Louisiana bis hinab zum Delta gefolgt, beiderseits gesäumt von der geisterhaften Szenerie der gestorbenen Wälder der Louisiana-Zeder, die mit aschgrauen Schleierfetzen Stunden um Stunden durch die mondhelle Nacht wehten.

Diese Fahrt hätte ich gern noch einmal gemacht und auch gern die mitternächtige Ankunft auf dem tobenden, kreischenden, grellen, in der Junihitze dampfenden Bahnhof von New Orleans wieder erlebt. Die Nachthitze damals warf einen fast um inmitten des Menschengewimmels – es war genau die erste, die Ankunftsszene des ›Endstation Sehnsucht‹-Films, in die wir hineingeschleudert wurden. Nicht nur die Nachthitze warf einen fast um, die jubelnde, von Energie berstende Dynamik der gewaltigen Stadt riß einem den Boden unter den Füßen weg und schwemmte einen in ihren Sog. Das ist zwanzig Jahre her, das gibt es nicht mehr. Die großen transkontinentalen Pullman-Züge, die einen Tag und Nacht quer durch den Erdteil trugen, fahren nicht mehr. Die Eisenbahngesellschaften sind, heißt es, bankrott. Man fliegt stattdessen in anderthalb Stunden und sieht die wehenden Schleier der Louisiana-Zeder nicht mehr. Schade.

Der Traum war in einer Sintflut ertrunken. Aber die Stadt wird ja noch dieselbe sein, sagte ich mir, und der Regen wird ja aufhören. Zuerst sah es nicht so aus. Der Regen hörte nicht auf, und die Stadt erkannte ich überhaupt nicht wieder. Der Flughafen liegt mehrere Ewigkeiten weit draußen vor der Stadt und ist durch ein unsagbar kompliziertes Schlangengewirr von Autobahnen, Schnellwegen, Überführungen und Unterführungen mit ihr verbunden, die sich zuweilen in mehreren Etagen übereinander, parallel laufend und sich schneidend, durch ein endloses Häusermeer von Vororten winden. Und alles stand unter Wasser und Wasserdampf. Die großen grün-weißen Markierungsschilder waren kaum zu erkennen; unbegreiflich, wie ein Mensch sich hier zurechtfinden konnte, aber ein unablässiger Strom von Autos brauste dennoch gischtumsprüht zielsicher dahin. Wir brauchten fast zwei Stunden vom Flughafen bis zum Hotel in der alten französischen Innenstadt. Dieses ganze neue New Orleans gibt es erst seit ein paar Jahren.

Ob es wohl das alte noch gab? Dieses alte New Orleans – alt für amerikanische Begriffe – war eine Stadt zum Schlendern, zum Spazierengehen gewesen, wohl die einzige amerikanische Großstadt, so erinnerte ich mich, wo der Fußgänger nicht wie ein seltsames Tier vom Mars oder wie ein offenkundig Verrückter angestarrt und alle fünfzig Meter von einem Polizisten angehalten und gefragt wurde, was er eigentlich treibe; eine Stadt, in der es noch Trottoirs oder Bürgersteige gab und in der man sich nicht als Herumlungerer verdächtig machte, wenn man müßig zu Fuß einherwanderte.

Ich hätte mich gern sogleich aufgemacht; aber es schüttete weiter aus Kannen und Bottichen, den ganzen Nachmittag, den ganzen Abend, die ganze Nacht; auch nur einen Fuß vor die Hoteltür zu setzen, wäre wahrhaftig eine Verrücktheit gewesen. Aber am nächsten Morgen war alles vorbei. Vom Fenster meines Hotelzimmers, hoch über der Kreuzung der St. Charles Street und der Canal Street, der breiten Hauptavenue, die schnurgerade zum Mississippi und zum Hafen hinunterführt, sah ich eine gleißende Sonne in einem strahlend blauen Himmel, die Stadt war trocken und reingefegt, glitzerte im warmen Herbstlicht, und drunten gingen die Menschen – zu Fuß. Das alte New Orleans war wieder da.

Jazz-Kenner wissen, daß New Orleans das Herz des Landes Dixie, die Seele von ›Dixieland‹ ist, aber woher das Wort »Dixie« stammt und was es bedeutet, ist einigermaßen ungewiß. Es ist aber wichtig. Man muß sich, ob man mag oder nicht, ein wenig um die Geschichte dieser Stadt kümmern, wenn man sie begreifen will, denn die Stadt selbst ist eine der wenigen in Amerika, vielleicht die einzige, die nicht erlaubt, daß man ihre Geschichte einfach beiseite wischt. Dixie, zum Beispiel, dieses so amerikanisch anmutende Wort, ist französisch. Die Annahme, daß es sich von der Grenzlinie herleite, welche die beiden englischen Landvermesser Mason und Dixon im Jahr 1767 zwischen den Staaten Pennsylvania und Maryland festlegten und die später zur Trennungslinie zwischen den Sklavenstaaten des Südens und den freien Staaten des Nordens wurde, ist ziemlich sicher ein Irrtum.

Allerdings, als der Süden fast hundert Jahre später gegen den Norden in den Krieg zog, geschah es unter den Klängen des ›Dixie‹-Liedes. Aber das geliebte Dixie-Land, um das es in dieser begeistert-stürmischen Kampfmelodie geht, soll sich dennoch, wie die Folklore-Forscher meinen, ursprünglich auf eine Plantage auf Staten Island im Hafen von New York bezogen haben, wo die Schwarzen unter besonders günstigen Bedingungen lebten, und das Lied enthält denn auch Anspielungen auf Dinge, die im Süden damals unbekannt waren. Außerdem ist das Wort »Dixie« zweifellos um einiges älter als das Kampflied der Konföderation, das einer namens Emmet 1859, zwei Jahre vor Ausbruch des Bürgerkrieges, schrieb. Es stammt höchstwahrscheinlich aus der Zeit der »Flatboat Men«, der grobschlächtigen, rauflustigen, ungebildeten Mississippi-Schiffer, der Mike Fink, Bill Sedley und des Riesenweibs Annie Christmas, die zu Beginn des vergangenen Jahrhunderts in New Orleans, der »Stadt der Sünde«, den lauten und faustgerechten Ton angaben.

Wenige Jahre nämlich nach dem Ankauf Louisianas durch die Vereinigten Staaten, als das amerikanische Geldsystem sich in chaotischem Zustand befand, begann eine der Banken von New Orleans, Zehn-Dollar-Scheine auszugeben, die auf der einen Seite englisch, auf der anderen französisch bedruckt waren. Auf der französischen Seite stand in großen Buchstaben das Wort »Dix« – D-I-X, nämlich zehn. Da die richtige Aussprache des Französischen nicht zu den Fertigkeiten der analphabetischen Fluß-Schiffer aus dem Norden gehörte, die von den feinen Kreolen kurzerhand als die »Kaintocks«, die Barbaren aus Kentucky bezeichnet wurden, war ein solcher Geldschein schlichtweg als ein »Dix« bekannt, und mehrere waren »Dixies«. Der Name galt bald kollektiv für die ganze Zeit, in der sie in Umlauf waren, und schließlich mit dem Ausbruch des Bürgerkrieges für den amerikanischen Süden überhaupt. Dixie ist also französisch, aber es ist in Wahrheit so französisch wie New Orleans selbst, an dem heute außer dem Namen kaum mehr etwas französisch ist. Auch eine amerikanische Stadt ist es nicht. Man sieht es, wenn auch nicht auf den ersten, so doch auf den zweiten Blick.

Die Zeiten, da New Orleans die »vergessene Stadt« der Vereinigten Staaten war, da der Norden und Mittelwesten den tiefen Süden mit allen seinen unerschlossenen materiellen Reichtümern und seiner begrabenen kulturellen Tradition verfallen und verkommen ließen, da die meisten Amerikaner kaum wußten, wo New Orleans liegt und die wenigsten von ihnen es je aufsuchten – diese Zeiten sind seit dem Zweiten Weltkrieg endgültig vorbei. Es ist längst überflüssig geworden zu verkünden – wie närrische Separatisten-Grüppchen es bisweilen noch tun – daß der Süden sich wieder »erheben« werde. Heute spricht man von New Orleans nur noch nebenbei als von der Stadt, in der der Jazz erfunden wurde, die der Welt den Cocktail schenkte. Der Süden hat sich längst erhoben; die einzige »Revolution«, die hier möglich war, fand während der letzten dreißig Jahre statt, und es war eine Revolution nicht der Sezession, sondern der Integration.

Als ich vor zwanzig Jahren zuletzt hier war, hatte der Aufschwung der Stadt gerade mit Macht eingesetzt: das besiedelte Stadtgebiet war seit Kriegsende um ein volles Viertel gewachsen und die Bevölkerung von einer halben auf eine Dreiviertelmillion Menschen. Damals konnte man vom obersten Stockwerk des Hotels ›Monteleone‹ das Ende der Stadt und dahinter das Sumpfland der »Bayous« noch deutlich erkennen. Inzwischen beträgt die Bevölkerung weit über eine Million Menschen, und selbst vom höchsten Punkt der Stadt, dem neuen Hotel ›Marriott‹, erfaßt der Blick sogar an einem glasklaren Herbstmorgen nicht das Ende der Stadt, das irgendwo jenseits des Horizonts liegt. Welch eine Verwandlung!

Als Napoleon 1803 die ganze Kolonie Louisiana an Präsident Jefferson für fünfzehn Millionen Dollar verkaufte, war das ein hübsches Stück Geld für ein großes Stück Sumpf. Heute, hundertsiebzig Jahre später, stellen fünfzehn Millionen Dollar den Gegenwert der Erdölförderung allein im Staat Louisiana von vier oder fünf Tagen dar. Der Grund dieses phänomenalen Aufschwungs von Amerikas einstmals vernachlässigtester Stadt ist indessen nicht nur das Erdöl, das inzwischen knapp zu werden beginnt. Es ist vielmehr die Erkenntnis, daß die Südküste der Vereinigten Staaten zugleich auch die Nordküste des Karibischen Meeres ist – eine Erkenntnis, die sich erst während des Zweiten Weltkrieges einstellte, als die Rohstoffversorgung sich mehr und mehr auf Mittel- und Südamerika zu stützen begann und die verarbeitenden Industrien sich südwärts verlagerten, um die Rückverschiffung der Fertigfabrikate zu verkürzen und zu verbilligen. Mehr als die Hälfte aller ausländischen Schiffe, die heute den riesigen Mississippi-Hafen anlaufen – zehn Kilometer flußaufwärts, fünfzehn Kilometer flußabwärts von der im Knie des Flusses gelegenen Stadt – führen lateinamerikanische Flaggen, und die Stadt selbst ist zur Verbindungstür zwischen sechsundzwanzig Staaten des Mississippi-Laufs und den einundzwanzig lateinamerikanischen Staaten geworden.

Eine einzigartige Stadt. New Orleans ist »einzigartig« in einem sehr amerikanischen Sinn des Wortes. Es ist einzigartig im Angesicht der Reichtümer seiner Vergangenheit wie der Reichtümer seiner Gegenwart und potentiellen Zukunft. Es hat mehr gesehen und erlebt als irgendeine andere amerikanische Stadt, es ist zweihundertfünfzig Jahre alt und trägt mehr Geschichte auf seinem Rücken als irgendeine seiner Schwestern und gibt einem doch das Gefühl, als beginne es erst jetzt wirklich zu leben – in der Gegenwart und in der Geschichte.

Die erste große Ära der Stadt steht unerhört lebendig vor einem auf, wenn man durch die dreißig oder vierzig kleinen Straßen des ›Vieux Carré‹, der ursprünglichen französischen Siedlung wandert, die der Baumeister Adrien de Pauger mit Hilfe von achtzig aus Frankreich deportierten illegalen Salzhändlern 1718 in der Beuge des Flußknies anlegte und in die der Abbe Prévost seine unglücklichen Liebenden verbannte. Die zweite Ära der Stadt ist alles, was um diesen winzigen Kern herum liegt, das riesige Häusermeer, das die traditionalistischen kreolischen Bewohner bis vor noch gar nicht langer Zeit die »amerikanische Stadt« nannten.

Man muß das von oben sehen. Als ich das letzte Mal hier war, konnte man das noch nicht. Jetzt kann man es. Am unteren Ende der Canal Street, hart am Fluß zwischen den Kaffee-Docks und den Alcoa-Docks, haben die Großkaufleute von New Orleans mit vereinten Kräften in den letzten Jahren ein anmutiges Hochhaus, den ›International Trade Mart‹, hingesetzt, und das oberste Stockwerk dieses Turmbaus dreht sich. Ich weiß, das ist an sich nichts Besonderes. Jeder bessere Fernsehturm in Europa hat heutzutage auf dreiviertel Höhe ein sich drehendes Restaurant. Aber ich meine doch, es kommt ein wenig darauf an, was man von da oben sieht und wie es sich dreht. Die kreisrunde Bar über dem Mississippi ist gar nicht so übermäßig hoch, nur etwa hundertsiebzig Meter über dem Fluß, mit einem Durchmesser von fünfunddreißig Metern, aber das Ganze ist ingeniös ausgedacht. Der Mittelteil steht fest, und nur der breite Rand dreht sich, und zwar so langsam, daß man es überhaupt nicht merkt: einen Meter pro Minute, und eine volle Umdrehung nimmt anderthalb Stunden in Anspruch.

Auf diesem, mit einem schalldämpfenden Teppich ausgelegten breiten Rand stehen kleine Tische mit bequemen Sesseln dicht an die kreisrunde Glaswand herangerückt, so daß man nicht über die Köpfe anderer Menschen hinweg oder zwischen ihnen hindurch hinausspähen muß, sondern, angenehm sitzend, einen freien, völlig ungehinderten Blick über den Flußlauf und die ganze Stadt hat. Und es ist, wie gesagt, eine Bar und kein Restaurant; das heißt: es drängen sich nicht unablässig Kellner zwischen den Tischen hindurch, es herrscht kein Tellergeklapper, es spielt keine dröhnende Musik, und die Menschen unterhalten sich, wie auf Verabredung, mit gedämpften Stimmen. Man bestellt sich ein Getränk zum billigen Einheitspreis von einem Dollar fünfundsiebzig, und dann verschwindet das hübsche Mädchen, das einen bedient, und läßt einen in Ruhe. Was sich da draußen abspielt, nimmt alle vollständig in Anspruch.

Ich gestehe, ich war drei- oder viermal oben, vormittags, mittags, nachmittags und abends, um das märchenhafte Panorama der Stadt beiderseits der gewaltigen S-förmigen Windung des Stroms zu betrachten, wie es unmerklich um einen herumgleitet, ein unfaßliches Ganzes, das doch zu jeder Minute ein anderes Gesicht zeigt, und natürlich ein gänzlich anderes zu jeder Tageszeit: taufrisch glitzernd im Morgenlicht, von strahlender, gleißender Helligkeit im Sonnenglast der Mittagsstunde, blaugrau verschleiert im sinkenden Nachmittag, ein funkelndes Lichtermeer bei Nacht unter dem Vollmond, der den Fluß in eine silberne Schlange verwandelt. Von hier oben erfaßt der Blick das ganze unglaubliche Gebilde auf eine Weise, wie er es aus dem Fenster des Flugzeugs niemals vermöchte, und begreift, wie diese Stadt entstanden und geworden ist. Auch von hier oben gesehen, erstreckt sich das Häusermeer bis zum Horizont und darüber hinaus; aber man muß nur einen Moment die Augen schließen, und es bedarf keiner großen Einbildungskraft, um sich dieses Häusermeer im blauen Abenddunst wegzudenken.

Auf einmal sieht man dann statt seiner das unendliche

Sumpf- und Urwald-Land sich undurchdringlich beiderseits des Flusses dehnen, man sieht und hört den tropischen Regen auf die Bayous niederrauschen, so wie man ihn gestern bei der Ankunft erlebte, man spürt: dieser Regen war immer schon da, er ist Jahrhunderte alt, und mit dem Regen ist man mitten drin in der Geschichte. Wenn das Glasgehäuse nordwärts schaut und der Blick den Fluß erfaßt, wie er aus dem Sumpfland hervorkommt und südwärts dem Delta und dem Golf entgegenstrebt, meint man, ganz oben, in weiter Ferne, eine winzige Gestalt in ihrem Boot zu sehen. Diese kleine verlorene Silhouette ist der Mann La Salle, und plötzlich bekommt man einen atembeklemmenden Begriff davon, welch ungeheures Unternehmen es gewesen sein muß, aufzubrechen und die Mündung des Flusses Mississippi zu finden.

Robert Cavelier, Sieur de la Salle aus Rouen in Frankreich, unternahm vier große Reisen, um zur Mündung des ›Mich Sipi‹ zu gelangen, von dem die Indianer sagten, er fließe Tage und Tage weit gen Süden. La Salle indessen war gleich anderen seiner Landsleute der Ansicht, er fließe nach Westen, ergieße sich in den Stillen Ozean und müsse der kürzeste Weg sein, um von Amerika nach China und Indien zu gelangen. Neun Jahre vor ihm waren der Jesuitenpater Marquette und der Händler Joliot bereits flußabwärts bis Arkansas gelangt und erst umgekehrt, als sie überzeugt waren, daß der Fluß nicht die westliche Durchfahrt nach Indien bilde, sondern in den Golf münde. Auch die Spanier Ponce de León und de Soto hatten den Mississippi an seinem Unterlauf bereits erreicht, waren aber nicht weiter vorgedrungen. Hätte La Salle die Karten gesehen, die Pater Marquette auf seiner Fahrt gezeichnet hatte, so hätte er seinen Versuch vielleicht nicht unternommen. Aber er kannte die Karten nicht, denn sie waren dem Pater auf der Rückfahrt beim Kentern seines Bootes ins Wasser gefallen und in den Strudeln untergegangen.

Zwei Monate und drei Tage, nachdem er zu seinem dritten Versuch seine Boote in das »Große Wasser« gesetzt hatte, am 9. April 1682, stand La Salle an der Stelle, auf der heute New Orleans steht, am großen Knie des Flusses, hundertfünfundsiebzig Kilometer oberhalb der Delta-Mündung, pflanzte Frankreichs Lilienbanner auf und nannte das unermeßliche tropische Sumpfland, das ihn umgab, nach seinem König – Louisiana. Sobald er erkannte, wo er sich befand, war ihm auch die Notwendigkeit einer starken französischen Siedlung am Delta klar: Hier muß der große Bogen verankert werden, der sich hinter dem Rücken der Engländer von Kanada quer durch den ganzen jungfräulichen Kontinent zog.

La Salle reiste nach Paris, erhielt von Ludwig dem Vierzehnten Schiffe und die königliche Ernennung zum Gouverneur aller von ihm entdeckten Gebiete. Aber seine vier Schiffe fanden die Flußmündung nicht wieder. Er fand überhaupt den ganzen Mississippi nicht wieder, sondern geriet auf einen unbekannten Fluß – den heutigen Lavaca River – der ihn Hunderte von Kilometern zu weit westlich an die Küste von Texas brachte. Aber La Salle gab nicht auf: er hatte zuvor den Ohio und den Illinois gefunden, es war lächerlich, er würde doch den Mississippi wiederfinden, und er versuchte ihn jetzt auf dem Landweg zu erreichen. Aber nach wochenlanger Wanderung durch den Urwald, auf der einer nach dem anderen zugrunde ging, begriffen seine Leute schließlich, daß La Salle sich verirrt und keine Ahnung hatte, wo er sich befand. Als sie es nicht mehr durchhalten konnten und er für jeden Ratschlag taub blieb, brachten sie ihn um und gingen ihrer Wege.

Siebzehn Jahre später, am 2. März 1699, wurde das Delta

des Mississippi zum zweiten Mal entdeckt. Gleich La Salle waren auch die Brüder Pierre le Moyne d'Iberville und Jean-Baptiste le Moyne de Bienville aus Kanada den Fluß herabgekommen. Ihre Namen liest man heute in New Orleans an jeder zweiten Straßenecke, große Boulevards sind nach ihnen benannt. So geht es. La Salle hatte die Vision. Die Brüder bauten die Stadt: »Sur les bords du fleuve un endroit très propice pour établir un poste sur un des plus beaux croissants du fleuve« – verkündete Bienville. Die Halbmond-Stadt, das ist in der Tat New Orleans' ältester Name, und ihn hat sie auch bis auf den heutigen Tag behalten. Die Brüder Iberville und Bienville gaben nicht nur New Orleans, sondern auch Baton Rouge und Plaquemines, den Seen Maurepas und Pontchartrin ihre Namen, die sie bis heute tragen. Alles, was von La Salle übrig blieb, war der Name eines teuren Automobils. Die Stadt, die die Brüder erbauen ließen, steht ziemlich unversehrt noch heute, umschlossen vom modernen Häusermeer, und heißt französisch ›Le Vieux Carré‹; sie ist in der Tat sozusagen »kariert«, ein fest gefügter Block von rechtwinklig sich überschneidenden schmalen Straßen, ein Rost oder Raster – Frankreich am Golf von Mexiko.

In Wahrheit ist unter der Oberfläche von ›La Nouvelle Orléans‹ weit mehr Europa und im besonderen weit mehr Frankreich als auf ihr. Auf der Oberfläche sind die Straßennamen des ›Vieux Carré‹ sämtlich anglisiert: die Rue Royale ist Royal Street, die Rue Bourbon ist Bourbon Street geworden, die Rue St. Pierre heißt jetzt St. Peter's Street und so fort mit der Rue de Chartres, Condé, Dauphine, St. Louis, Toulouse, Bourgogne und wie sie alle heißen; der alte französische Name steht pietätvoll darunter. Die meisten der bezaubernden Restaurants des ›Vieux Carré‹, die – ob groß oder klein, billig oder teuer – allesamt märchenhaft gute kreolische Mahlzeiten in ihren schattigen Patios auftischen, tragen noch ihre alten französischen Namen, aber die wenigen französisch sprechenden Kellner bei Antoine, Galatoire oder Broussard sind französische Kanadier, moderne »Cajouns«, die es in den Süden verschlagen hat. Und die letzte französische Zeitung von New Orleans, ein anachronistisches Wochenblatt, verschied bereits vor Jahr und Tag an akutem Lesermangel. Nur der Lieferwagen, der draußen vor dem Restaurant des ›Hofs der Zwei Schwestern‹ hält, trägt die Aufschrift ›Nouvelle Orléans‹, aber der Fahrer kann sie nicht aussprechen.

Auch die Häuser, das entdeckt man bald, sind nicht wirklich französisch. Natürlich sieht das ›Vieux Carré‹ nicht mehr so aus, wie Manon Lescaut und Des Grieux es erblickten, als sie mit den deportierten Sträflingsfrauen aus Frankreich hier eintrafen: »Wir entdeckten voll Überraschung, daß das, was man uns als eine schöne Stadt gepriesen hatte, nicht mehr war als ein Haufen elendiglicher Hütten, von fünf- oder sechshundert Seelen bewohnt.« Was wir heute sehen, stand damals noch nicht. Die elegante Fassade von Madame Pontalbas langgestrecktem Apartment-Haus, die bezaubernde Reihe perfekt proportionierter Fenster in Faisendieus Posada und Seignourets und Miltenbergers Stadtpalästen, die berühmte ›Vollkommene Treppe‹ im Haus Nummer 623 der Toulouse Street, Madame Lalouries ›Verwunschenes Haus‹, die kühlen, schattigen Höfe des Patio Royal und Pattis Court, die delikaten grünen Fensterläden, so zärtlich gegen das verblassende Ocker und das regenverwaschene Rosa der Hauswände abgesetzt, diese unendliche Vielfalt süßen Kolonial-Charmes und graziöser europäischer »Vertüftelung«, die da im warmen, goldenen Nachmittagslicht dahindämmert – das alles ist ein atemraubendes Juwelenkästchen von edelstem Entwurf und weise resignierter Erfüllung im Abglanz eines vergangenen Zeitalters, aber französisch ist es nicht.

Das alte New Orleans ist zweimal von Feuersbrünsten zerstört worden, 1788 und 1794, und es wurde wieder aufgebaut, so wie wir es heute sehen, von den Spaniern. Nach dem Siebenjährigen Krieg trat Frankreich 1762 das Gebiet westlich des Mississippi mit New Orleans an Spanien ab. Napoleon erwarb 1800 den spanischen Anteil wieder zurück und verkaufte ihn drei Jahre später an die Vereinigten Staaten. Dieser berühmte Staatsakt, die sogenannte ›Louisiana Purchase‹, wurde in einem wundervollen Saal des ›Cabildo‹ im ›Vieux Carré‹ vollzogen, in dem sich jetzt, in den letzten Jahren aus dem Verfall liebevoll wieder hergestellt, das Stadtmuseum befindet. Der begabteste und unternehmendste der spanischen Gouverneure freilich hatte einen französischen Namen – Carondelet de Noyelles, und eine der großen Avenuen heißt nach ihm, mit Recht. Er gab der Stadt, in der das gesamte Diebs- und Mördergesindel der Alten und Neuen Welt sich vereinigt zu haben schien, um ihr den Namen einer »Hölle auf Erden« zu verschaffen, die erste Straßenbeleuchtung und verjagte die Alligatoren, die sich in den Rinnsteinen tummelten.

Als ich vor zwanzig Jahren hier war und mich durchs hupende und kreischende Gelärm von Autos und Pferdedroschken, die sämtliche alten Straßen des »Vieux Carré« verstopften, hindurchzwängte, indes aus jedem Haus, zu ebener Erde und im ersten Stock, tobende Jazzmusik hervorbrach – damals konnte man sich diese Frühzeit gerade noch vorstellen. Stand man in der stillen Mittagsstunde vor der Maison Seignouret, in den Anblick ihres hinreißenden schmiedeeisernen Balkons versunken, fiel es einem nicht schwer, sich in die tanzenden Jahre der Quadroon- und Octoroon-Mädchen zu versetzen, jener liebreizenden, von ihren Müttern so vorsorglich aufgezogenen Viertels- und Achtelsnegermädchen, die mit ihrer Schönheit und Anmut die Ballsäle verhexten und ihre aristokratischen Liebhaber mit den alten französischen Namen in die verrücktesten Duelle hetzten.

Und noch einen Schritt zurück: in die Tage von Canada Bill und des Alten Absinth-Hauses, und noch einen weiter zurück zu den »Flatboat Men«, den Raufbolden, Spielern und Kartenbetrügern, zu Bricktop Jackson – Ziegeldach genannt wegen ihres karottenroten Haarschopfs – und Bridget Fury, den berüchtigten weiblichen Raufbolden, die mit blanken Messern im Rock umhergingen und ihre Liebhaber umlegten wie die Kegelpuppen; zu den scharlachroten Damen der ›Basin Street‹, zur alten Mutter Colby und ihrem ›Sure Enuf‹-Hotel, zu der sadistischen Sklavenhalterin Madame Lalourie, dem Congo Square, den Bamboula-Tänzern und Sanité Dédé, Marie Laveau und Malvinia Latour, den Vodoo- und Hexenköniginnen, die noch bis vor gar nicht allzu langer Zeit ihre Schwarze Magie betrieben.

Das alles konnte man sich damals noch leibhaftig vorstellen, denn einiges war damals leibhaftig noch da. So die kreolischen Songs. Im Mardi Gras Club in der Bourbon Street beispielsweise hörte ich noch die nicht unterzukriegende Vedette der frühen Jazztage, die verehrungswürdige schokoladefarbene Lizzie Miles mit gebrochener Stimme, aber ungebrochener Hingabe den großen Blues von ›Basin Street‹ singen. Sie nannte es ›Bassin Rue‹, einstmals ›Himmel auf Erden‹, wo »Schwarz und Weiß einander begegneten«, was freilich schon damals eine Legende war, denn die berühmte Bordellstraße war immer eine weiße Reservation, und die Schwarzen hielten sich zu keiner Zeit in ihr auf. Aber was tat's?

Im Abglanz umschloß der kreolische Refrain von »Won't you come home, Bill Bailey?« auch dies, und Lizzie Miles sang, während draußen die Hafenpatrouille der US Navy die mitternächtige Amüsierstraße durchfuhr, auf der Suche nach unschuldigen Matrosen und nicht ganz so unschuldiger Gesellschaft, und ein »Streetcar« langsam sich durchs wilde Gedränge der Sommernacht die enge Bourbon Street hinabschob, um die Ecke in die Royal Street bog und schließlich entschwand, einem Stadtteil zu, der tatsächlich ›Desire‹ hieß – Endstation Sehnsucht. Nur, daß er kein »Streetcar«, keine Straßenbahn mehr war, sondern ein gewöhnlicher Bus, mit weißen Fahrgästen vorn, schwarzen hinten, und daß ›Bassin Rue‹, die in den Tagen der großen Hurenmütter Kate Townsend, Hattie Hamilton und Fanny Sweet die tollste Lasterstraße der Welt gewesen sein muß, schon damals aufgeteilt und umgenannt worden war.

Dies alles, so ist zu vermelden, gibt es nun wirklich nicht mehr, und ich muß gestehen, ich gewahrte die Verwandlung des alten französischen Viertels zuerst mit Schrecken, dann mit Staunen und endlich mit einem heimlichen Glücksgefühl. Es fährt kein ›Streetcar named Desire‹ mehr durchs ›Vieux Carré‹, weil überhaupt keine Autos, Fuhrwerke, Motorräder mehr durch die alten Gassen fahren dürfen, nicht einmal Fahrräder sind erlaubt. Das ›Vieux Carré‹ ist eine Fußgängerzone geworden, nur eine Längs- und eine Querstraße sind dem Verkehr zur Durchfahrt noch erlaubt, und er kann nirgends einbiegen, weil die Kreuzungen des Rasters mit großen Blumentöpfen und Holzbänken verstellt sind, auf denen die Menschen – junge Menschen vor allem – in der Sonne sitzen, Eiscreme lutschen und staunend die herrlichen Häuserfronten, die spanischen und französischen des achtzehnten Jahrhunderts, betrachten, als sähen sie sie zum ersten Mal.

Es ist, ich sagte es, ein befreiendes Glücksgefühl, heute durch die alte Stadt zu schlendern, umgeben von dieser unfaßlichen Blüte höchster Verfeinerung europäischer Lebenskunst am Golf von Mexiko. Der Nachtklub-, Striptease- und Amüsierbetrieb hat sich ganz auf eine einzige Straße, die

Rue Bourbon zurückgezogen, und das ganze übrige Viertel ist wieder das geworden, was es einstmals war: ein stilles, zurückhaltendes, vornehmes Wohnviertel, ganz in sich gekehrt, ganz in seine Geschichte zurückgekehrt. Das alte New Orleans atmet heute einen Zauber, der vor wenigen Jahren noch unvorstellbar war.

Aber es hat das ›Vieux Carré‹ auch einiges drangeben müssen. Die Rue Bourbon ist des Nachts noch immer laut, aber nicht mehr von einem so wild pulsierenden, mitreißenden Lärm erfüllt wie einst, und der Grund scheint zu sein, daß der alte, traditionelle New Orleans Jazz gestorben oder aus dem ›Vieux Carré‹, wo er geboren wurde, weggezogen ist. Wo früher aus jedem, buchstäblich jedem Lokal eine unvergleichliche Band in die heiße Nacht hinausschmetterte, wo man hineinschlenderte, sich für einen Dollar ein Bier bestellte und dafür unbehelligt die ganze Nacht lang bis zum Morgengrauen zuhören konnte, Paul Barbarins Kapelle zum Beispiel oder der fünfköpfigen schwarzen Band des unglaublichen Trommel-Virtuosen Fred Coleman, die sich ›Local New Orleans Genuine Dixie Hot Jazz Players‹ nannte – da gibt's heute nur noch zwei oder drei lebendige Bands, die um der Musik willen musizieren, und ihre kleinen Lokale sind nicht einmal halbvoll. Alles andere ist schundiger, mechanischer Elektronik-Lärm, in jedem Lokal der gleiche, eine Einheitsverpackung für die gleichen Einheits-Striptease-Vorführungen und die gleichen splitternackten Mädchen, die im Halbdunkel ihre Busen über die Theke baumeln lassen und gepanschten Whisky servieren. Langweiliger geht's schon gar nicht mehr.

Lizzie Miles ist seit langem tot, es gibt kaum Musik mehr im alten New Orleans, und noch ein Drittes fehlt, ist verschwunden. In dieser Stadt ist jeder dritte Einwohner ein Schwarzer; aber im ›Vieux Carré‹, dem sie noch vor kurzem, gerade sie, seinen einzigartigen Schwung, seinen Charme, seine Eleganz und seine Grazie verliehen, sieht man die Schwarzen nicht mehr. Junge Schwarze schlendern wohl noch, nicht viele, mit ihren Mädchen gleich allen anderen durch die blumengeschmückte, sonnenstrahlende Fußgängerzone, aber in den Restaurants, wo man früher kaum einen weißen Kellner sah, sieht man heute keinen einzigen schwarzen mehr, in den Boutiques nirgends eine schwarze Verkäuferin und nur ganz selten unter den Striptease-Tänzerinnen ein nacktes schwarzes Mädchen, und das fühlt sich sichtlich unbehaglich.

Schwarz und Weiß begegnen einander nicht mehr, wie einst Lizzie Miles sang. Man spürt, ohne daß es einem eigens gesagt werden müßte: die Schwarzen haben sich zurückgezogen, sie spielen nicht mehr mit. Mögen die feinen Restaurants sich ihre Kellner holen, wo sie sie finden können, die Schwarzen bedienen die Weißen nicht mehr, sie musizieren nicht mehr für sie, ihre Mädchen hüten sich, vor ihnen sich zu entkleiden.

In dem wundervoll neu aufgestellten Stadtmuseum im Cabildo, in dem die ganze Geschichte Louisianas sich vor einem aufblättert, suchte ich vergebens nach einer Abteilung im Kellergeschoß, die ich vor Jahren dort gesehen hatte. Es waren mehrere Gewölberäume gewesen, in denen auf höchst eindrucksvolle Weise die Geschichte der Sklaverei in Louisiana mit all ihrer Grausamkeit, Barbarei, Unmenschlichkeit und die endliche Befreiung der Negersklaven dokumentarisch veranschaulicht war – eine einzigartige Sammlung von Zeugnissen. Ich erkundigte mich, wo dieser Teil des Museums hingekommen sei, ohne den die alten französischen Uniformen, die prächtigen Bronzekanonen, die Original-Stadtpläne Adrien de Paugers, die Proklamationen Bienvilles und die Briefe Carondelets nur die halbe Geschichte sind.

Man sagte mir, dieser Teil des Museums werde nicht wieder aufgestellt werden. Aber warum nur nicht? Er ist doch Teil der Geschichte? Es würde nicht gern gesehen werden, antwortete der Museumsbeamte, es würde Unzuträglichkeiten geben. Es war ein Sonntag, und das Museum war voll von Eltern mit ihren Kinderscharen, die die phantastischen Mardi-Gras-Karnevalskostüme und das ehrwürdige Dokument der ›Louisiana Purchase‹ betrachteten. Es war nicht ein schwarzer Vater mit seinem schwarzen Kind unter ihnen.

DIE DICKE FRAU VON TARXIEN

Vor einem dreiviertel Jahrhundert, 1902 genau gesagt, baute in Paola, der südlich des Großen Hafens gelegenen Vorstadt von Valetta, in der heutigen Hal-Saflieni-Straße, ein Mann sich ein Haus. Dabei fiel ein Arbeiter in ein Loch und verschwand. Man fand ihn schließlich, unversehrt. Er war fünftausend Jahre tief in den Urgrund der maltesischen Geschichte gefallen: in ein riesiges Labyrinth unterirdischer, aus dem weichen Kalkstein gehauener Hallen, Kammern, Gewölbe, Höhlen, Nischen, Gängen, Stufen, Treppen und großer und kleiner Türöffnungen und Tordurchgänge. Der Bauherr ahnte, was er da gefunden, verpflichtete seine Arbeiter zum Stillschweigen über ihre Entdeckung, baute sein Haus über der Erde fertig und verkaufte dann das Ganze zu gutem Preis an die Regierung. Die ging der Sache nach.

Das war nicht so einfach. Man beauftragte den Jesuitenpater Emmanuele Magri mit der Freilegung und Erkundung des unterirdischen Hauses. Aber er kam nicht weit und verstand von der Sache wohl auch nicht sehr viel. Er starb schon bald darauf, und seine Aufzeichnungen, wenn er sie nicht überhaupt verloren hatte, blieben unauffindbar. Nun nahm ein sachkundigerer Mann, Professor Themistokles Zammit, ein geschulter Archäologe, die Sache in seine fähigen Hände. Er stieß auf Unmengen morastigen Schutts und Gerölls, die mit Menschenknochen und Tierknochen, Feuersteingeräten, Statuetten aus Terrakotta und Kalkstein, Schmuckstükken und Muschelketten vermengt waren. Er räumte in fünfjähriger systematischer Arbeit das Hypogäum von Hal-Saflieni aus und brachte seine kostbaren beweglichen Gegenstände ins Museum nach Valetta. Nun konnte man sich in den Räumen umsehen.

Die Bauarbeiter, so erwies sich, hatten sieben Meter unter der Straßenfläche lediglich die Felsdecke des ersten Stockwerkes des unterirdischen Baus durchstoßen. Darunter ging es fünfzehn Meter weiter in die Tiefe. Der Bau hatte unter dem ersten ein zweites Stockwerk – man würde von Kellern sprechen, wenn es nicht in Wahrheit ein auf dem Kopf stehendes Haus wäre, und wenn man von einem Bau sprechen kann bei etwas, das nicht in die Höhe aufgeführt, sondern in die Tiefe eingegraben ist – in das man über eine halsbrecherische und über der gähnenden Tiefe unvermittelt abbrechenden Treppe gelangt. Aber innerhalb dieser zwei Stockwerke geht es außerdem noch unablässig auf und ab, hinauf und hinunter, so daß man den Eindruck von fünf oder sechs Etagen hat. Und diese Etagen sind sehr verschiedenen Alters.

Je tiefer der Bau in den Fels hinabsteigt, desto jünger wird er natürlich – der umgekehrte Vorgang wie bei einer archäologischen Ausgrabung – desto komplizierter wird die Anlage der Kammern und Gewölbe, desto besser, verfeinerter, fachmännischer wird die Arbeit. In jüngster Zeit vorgenommene Radio-Carbon-Tests haben ergeben, daß das Ganze wesentlich älter ist, als man ursprünglich angenommen hatte. Die obere, ältere Etage wurde demnach zwischen 3200 und 2900 vor Christus, die untere, jüngere zwischen 2700 und 2300 vor Christus ausgehauen. Insgesamt wurde also rund tausend Jahre lang an diesem erstaunlichen Werk gearbeitet.

Was war das für ein Haus? Was waren das für Menschen, die es schufen? Die erste Frage läßt sich nur ungefähr, die zweite überhaupt nicht beantworten.

Eines scheint hinreichend gesichert: vor siebentausend Jahren gab es auf Malta zwar Zwergelefanten, Flußpferde und anderes Getier, aber noch keine Menschen. Um 5000 vor Christus kam die erste Welle von Einwanderern übers Meer aus dem hundert Kilometer nördlich gelegenen Sizilien. Daß sie von dort kam, wird unter anderem daraus geschlossen, daß die Töpfereien dieser Menschen, die man in der Höhle von Ghar Dalam, in einer Talschlucht nahe der St. Georgs-Bucht fand, dieselben Formen, Farben und kunstvoll in den weichen Ton eingeritzten oder eingedrückten Ornamente aufweisen, wie die von Stentinello bei Syrakus, die von den frühesten neolithischen Bewohnern Siziliens stammen.

Die zweite Einwandererwelle kam, gleichfalls aus Sizilien, um 3500 vor Christus. Ihre Spuren fand man erst in jüngster Zeit bei Ausgrabungen im Dorf Skorba, und diese Grabungen haben die ganze, bis dahin angenommene prähistorische Chronologie Maltas durcheinander geworfen und das frühe Neolithikum der Insel um rund tausend Jahre weiter zurückgeschoben, so daß sich heute, deutlich voneinander unterschieden, drei frühneolithische, zwei mittelneolithische und drei spätneolithische Perioden abzeichnen, die insgesamt von 4500 bis 2000 vor Christus, von der Höhle von Ghar Dalam bis zu dem Gräberfeld von Tarxien reichen. Bei Skorba nun kamen nicht nur wundervoll gearbeitete und ornamentierte Töpfereien ans Licht, die man heute im Museum in Valetta sehen kann und die nach ihrer Farbgebung in Graue und Rote Skorba-Periode eingeteilt sind, sondern auch die frühesten Überreste neolithischer Wohn- oder Tempelbauten. Der früheste über der Erde errichtete Bau ist der kleine Kleeblatt-Tempel von Mgarr. Etwa um die gleiche Zeit begann dieses selbe Volk mit dem Bau des unterirdischen Hypogäums von Hal-Saflieni.

Man klettert auf und ab, kreuz und quer durch diese Räume und fragt sich immer wieder: Wie haben diese Menschen das nur zuwege gebracht? – ehe man überhaupt fragt: Und wozu das Ganze? Eine gewisse Erklärung liefert die geologische Formation der Insel. Ganz Malta ist ein einziger riesiger Kalksteinblock, der drei Hauptschichten aufweist: eine obere Korallin-Schicht, eine Globigerin-Schicht und eine untere Korallin-Schicht. Der Globigerin-Kalkstein ist wesentlich weicher als der Korallin-Kalkstein, läßt sich verhältnismäßig leicht schneiden und modellieren und ist ein geradezu ideales Material für Steinmetz-Ornamentik, da seine Oberfläche, sobald sie der Witterung ausgesetzt ist, sich rasch härtet und eine Art Schutzhaut gegen Verwitterung bildet. Der härtere Korallin-Kalkstein hingegen ist ein ideales Baumaterial, weil er die natürliche Neigung hat, sich sowohl horizontal wie vertikal zu spalten und mehr oder weniger von selbst die gewaltigen Blöcke, Menhirs, Dolmen und Platten hervorbringt, die für die megalithischen Bauten auf Malta so charakteristisch sind. Durch diese harte Schicht aber hieß es hindurchstoßen, um in die Tiefe zu gelangen.

Den Anfang des Hypogäums von Hal-Saflieni machten wohl, wie man annimmt, einige natürliche, nahe der Erdoberfläche ausgewaschene Höhlen, in denen die Menschen Unterschlupf suchten, sich versteckten, vielleicht auch hausten und gewisse Kulthandlungen vollzogen. Danach aber begann die kunstvolle Absicht – weiter und weiter, tiefer und tiefer. Wie schafften sie die Massen des herausgebrochenen Gerölls hinauf und ans Tageslicht? Womit brachen, schnitten und glätteten sie den Stein? Sie besaßen keine Metallwerkzeuge, und sogar die harten Steinwerkzeuge, Feuerstein und Obsidian, die sie neben Horn- und Geweihpicken verwendeten, mußten sie sich von den Liparischen Inseln und aus Pantelleria beschaffen, denn diese Materialien kommen auf Malta nicht vor. Sie müssen auch Keile zum Herausbrechen großer Blöcke und Platten verwendet haben, denn sie schabten und gruben nicht nur heraus, sondern fügten und bauten auch ein: steinerne Pfosten und Querbalken hier, regelrechte Trilithen dort, Stufen und Treppen überall; und manche der Wände zwischen den Kammern sind, wie man an den eingeschnittenen runden und quadratischen Fensterlöchern sehen kann, zu kaum mehr als Fingerdicke abgeschliffen. Nur noch ein wenig dünner, meint man, und man könnte Licht hindurchschimmern sehen.

Licht und Luft – auch dies ein Fragezeichen. Wie konnten sie hier unten überhaupt atmen, während sie arbeiteten? Das ist ein Rätsel, noch heute, denn die Luft sogar ganz unten, in den tiefsten Kammern, ist rein und sauber, nicht modrig oder verbraucht, und doch hat man keinerlei noch so primitive Entlüftungsvorkehrung gefunden. Wie konnten sie sehen, was sie da machten? Heute betrachtet man im Licht elektrischer Birnen ihre kunstvoll gemeißelten Spiral-Ornamente und die Restspuren von Zeichnungen auf den ockergetünchten Felswänden; sie selbst aber hatten nur Talgfunzeln, die bis heute Rußspuren hinterlassen haben.

Und wie lange brauchten sie zu dem unglaublichen Bau? Rund tausend Jahre lassen sich errechnen. Was war das für ein Volk, das so lange, Generation um Generation, an einem einzigen Vorhaben mit unverrückbar beharrlichem Eigensinn festzuhalten vermochte, sich durch nichts unterbrechen oder von ihm abbringen ließ? Wie ungewöhnlich muß das Bewußtsein der Kontinuität, wie gewaltig die Kollektivbedeutung dieses Baus gewesen sein, daß sie tausend Jahre lang einem lebendigen Bedürfnis entsprach. Schon möglich, daß hin und wieder einige Generationen die Lust oder das Interesse am Weiterbau verloren; aber immer nahmen sie es wieder auf, das gewaltige Werk. Warum nur?

Diese Frage läßt sich schon deshalb nicht beantworten, weil man nicht mit Bestimmtheit weiß, welchem Zweck das Hypogäum diente. Die Bezeichnungen, die man heute den verschiedenen großen und kleinen Kammern gibt, wie ›Orakelkammer‹, ›Große Halle‹, ›Hexagonkammer‹, ›Rundkammer‹, ›Allerheiligstes‹ und so fort, sind reine Vermutung. Die mit Spiral-Augen-Mustern, stilisierten Gewächsen, sonnen- oder mondähnlichen Scheiben ornamentierten Wände und Decken lassen keine eindeutigen Schlüsse auf die Verwendung zu. Man nimmt an, daß das Hypogäum wohl zu verschiedenen Zeiten verschiedenen Zwecken gedient haben mag, als Tempel, Orakelstätte, Grabgewölbe und Beinhaus und zeitweise vielleicht auch allen gleichzeitig. Professor Zammit identifizierte neben den Knochen unzähliger Opfertiere die Gebeine von mehr als siebentausend Menschen.

Die Frage läßt einen nicht los: Wie sahen die Menschen aus, die hier unten diese gewaltigen, schweren Steinquerbalken auf ihre Steinsäulen hoben und in diese Felsenkammern mit höchstem handwerklichen Können Decken auf Kragstücken einzogen? Die Kammern sind zumeist so hoch, daß ein hochgewachsener heutiger Mann bequem in ihnen aufrecht stehen kann; nur in den Gebeinkammern heißt es sich bücken. Die Menschenknochen, die man hier und anderwärts, vor allem in den Gräbern von Xemxija fand, lassen jedoch auf leicht gebaute Menschen mit wenig Muskelentwicklung und Körperkraft schließen. Diese zierlichen Leute können Hal-Saflieni nicht ausgehauen, können die gewaltigen Tempel von Tarxien und Ggantija nicht aufgetürmt haben; vielleicht waren sie nur eine verfeinerte, edle Oberschicht, vielleicht wurden sie nur hier begraben. Jene, die dies alles erbauten, müssen eine stämmigere, ja eine bärenstarke Rasse, sie müssen das Volk der Dicken Frau gewesen sein.

Die Dicke Frau von Malta gibt es nicht in natürlicher Größe; sie kommt nur ganz groß und ganz klein vor. Zwischen dem Hypogäum von Hal-Saflieni und der megalithischen Tempelstätte von Tarxien liegt ein Fußweg von nur ein paar Minuten; in der Zeit sind es mehrere Hundert Jahre. Aber hier wie dort ist die Dicke Frau dieselbe. Die Kolossal-Statue der Erdgöttin, Fruchtbarkeitsgöttin, Muttergöttin – was immer sie gewesen sein mag – die im Tempelfeld von Tarxien steht, und ihr Gegenstück in Tas Silg, ist an den Hüften abgebrochen; erhalten sind das gewaltig ausladende Gesäß, die enormen Schenkel und kürbisförmigen Waden und die winzig-zierlichen Füße dazu. Dieser Torso allein ist über einen Meter hoch, die ganze Statue muß an die drei Meter hoch, also gewiß überlebensgroß gewesen sein.

Aber man braucht die Phantasie nicht zu bemühen, um sich Oberkörper, Arme und Kopf dazu vorzustellen. Die im Museum in Valetta ausgestellte Terrakotta-Statuette der ›Maltesischen Venus‹, die in Hal-Saflieni gefunden wurde – und die ganz ähnliche aus dem Tempel von Hagar-Qim – hat zwar keine Füße mehr, dafür aber, bis auf den Kopf, der fehlt, eine vollständige Anatomie, und diese Körpergestalt stimmt völlig mit den Kolossal-Göttinnen von Tarxien und Tas Silg überein, nur daß die ›Venus‹ nackt ist, während die Göttin einen kunstvoll gemeißelten, plissierten Minirock trägt: ein kraftvoller, fleischiger Rücken, dicke Oberarme, schwer lastende, strotzende Brüste.

Und der Kopf, das Gesicht? Offenbar, im Verhältnis, klein und zierlich, wie die Füße. Das zeigt die liebliche kleine Terrakotta-Statuette einer, auf einer Art Lagerstatt ruhenden Tempeldienerin oder Orakelpriesterin – schlafend oder in Trance, wer weiß, vielleicht eine Grabbeigabe – auch sie aus dem Hypogäum, auch sie im Museum, wo man für ein paar

Schilling eine gute Nachbildung kaufen kann. Man hält die schlafende kleine Frau in der flachen Hand: wieder dieselben enorm ausladenden Gliedmaßen, die gewaltig schwellenden Waden, Schenkel, Arme und Brüste; doch dazu, kaum glaublich, ein Köpfchen, ein Antlitz von unbeschreiblichem, zärtlichen Liebreiz, von sanft fallendem, halblangem Haar umrahmt. Je länger man die Statuette betrachtet, desto sicherer ist man: diese Frau ist kein Geschöpf einer unbändig ausschweifenden Bildhauer-Phantasie, einen solchen Körper denkt sich keiner aus, sie hat gelebt, sie hat es gegeben.

Die Tarxien-Göttin mit ihren drei Metern und die Mädchen aus Hal-Saflieni mit ihren zwölf Zentimetern bilden gewiß beide den weiblichen Idealtyp jener Menschen ab. Irgendwo zwischen ihnen steht die lebendige Frau in ihrer natürlichen Größe, so wie sie damals, eine unbeschreibliche Vereinigung von Körperkraft und Seelenanmut, über die Insel schritt. Man sieht sie vor sich im gleißenden Sonnenlicht, unter dem strahlend blauen Himmel, auf dem ockerfarbenen Boden, und es geht von ihr, wie weit immer sie von unseren heutigen Schönheitsbegriffen entfernt sein mag, eine außerordentliche erotische Ausstrahlung aus.

Tarxien, Hagar Qim, Mnajdra, Ta Hagrat, Mgarr, Xemxija, Ggantija – es gibt an die fünfzehn dieser großen, gewaltigen, wundervoll erhaltenen neolithischen Tempelstätten auf den Inseln Malta und Gozo, und dazu noch einmal fünfzehn kleinere, nur noch aus Trümmerresten bestehende. Aber wer meint, wenn er eine gesehen, dann habe er sie alle gesehen, der täuscht sich sehr. Gewiß, ihre Menhirs, Trilithen und Orthostaten ähneln einander; die Anordnung der Kammern und Durchgänge, die Placierung der Nischen und Altartische folgt überall mehr oder weniger demselben Grundriß, und er ist über der Erde ziemlich genau derselbe wie die unterirdische Anlage der runden, ovalen und elliptischen Kammern des Hypogäums. Da die unterirdische Anlage unversehrt ist, liefert sie den Archäologen Anhaltspunkte für die wahrscheinliche Anlage der zum Teil zerstörten Tempel zu ebener Erde. Jede einzelne dieser Tempelanlagen ist jedoch eine unverwechselbare Besonderheit; hier wurde nicht nach einem starren, dogmatischen Schema gearbeitet; jede hat etwas, und wenn es auch nur ein Detail der zu höchstem Raffinement entwickelten Ornamentik ist, das die anderen nicht haben.

Die Orthostaten in der Außenmauer von Hagar Qim sind die größten und eindrucksvollsten auf der ganzen Insel. Der vierseitig mit Reliefs ornamentierte, quergeriffelte Säulenaltar gegenüber dem Eingang von Hagar Qim findet sich ebenso wenig irgendwo ein zweites Mal wie die Hexagonal-Muster der roten Wandmalerei in der kreisrunden Kammer in Hal-Saflieni. Die kleinen Tempelanlagen scheinen durchaus nicht Filialen, Ableger, Tochterhäuser der großen zu sein; sie sind vielmehr Ausdruck der großen, unwandelbaren Grundvorstellungen dieses unbekannten, bis heute unerklärten Kults und seiner strengen Formgesetze; aber in jedem waltet ein unabhängiger architektonischer Eigenwille.

Die Ornamentik entwickelt und wandelt sich von einem zum nächsten. Die Säulenaltäre mit ihren Pflanzenmotiven erinnern an ähnliche Abbildungen auf mykenischen und minoischen Gegenständen, aber eine direkte Beziehung ist sehr unwahrscheinlich: die maltesischen Flachreliefs sind bis zu tausend Jahren älter als die minoischen. Man spürt keine Starrheit eingefrorener Formalistik; Generationen erstaunlicher Kunsthandwerker haben einander ihre Motive weitergereicht und sie fortentwickelt. Die phantastisch komplizierten Spiralmuster und die Reliefbänder mit Widdern, Stieren, Hunden, Fischen und Schlangen auf den Sockeln von Tarxien sind nur dort in dieser Vollkommenheit zu sehen;

die eingeritzte Farnkraut-Zeichnung gibt es nur auf einem einzigen Stein in der kleinen Tempelruine von Tal Qadi. Die gewaltigste Anlage ist die von Ggantija auf Gozo, und sie erscheint wahrhaftig, wie ihr Name sagt, von Giganten aufgerichtet; die weitaus am besten erhaltene ist die von Mnajdra, ein kurzes Stück Weg von Hagar Qim hinab zum Rand der Felsensteilküste.

Man sollte sie alle sehen. Aber kann man es nicht, so betrachte man zumindest die Modelle im Museum in Valetta. Dieses Museum befindet sich in der wundervoll geräumigen und herrschaftlichen Auberge de Provence, die der bedeutende maltesische Baumeister Gerolamo Cassar 1571 für die provenzalischen Ritter des Johanniter-Ordens erbaute. Der schöne Ritterpalast liegt so zentral, daß man auf jedem Spaziergang durch Valetta unweigerlich ein halbes Dutzend Mal an ihm vorbeikommt, und man muß schon sehr Dringliches vorhaben, um nicht jedesmal auf ein halbes Stündchen hineinzuschlüpfen und wieder und wieder die herrlichen Vasen der Roten Skorba-Zeit oder die liebreizende schlafende kleine dicke Priesterin zu betrachten. Im Erdgeschoß ist die prähistorische Sammlung in schönen hellen Räumen in chronologischer Folge vorzüglich aufgestellt und beschriftet, und hier stehen auf Tischen die Modelle der wichtigsten neolithischen Tempelanlagen.

Nun gliedert sich diese erstaunliche Kulturwelt, die einem nach dem Besuch der vielen verstreuten Stätten ineinander zu fließen, sich ineinander zu schieben, zu überdecken und zu verschwimmen droht, und wird übersehbar: die eigentümliche Kleeblattform der Tempelanlagen, die in Wahrheit, wie der Tempel von Tarxien zeigt, aus zwei Doppelellipsen und einer Drillingsellipse zusammengesetzt ist oder, wie in Tarxien, im Grundriß fast wie eine große und eine kleine Dicke Frau nebeneinander aussieht – geheimnisvolle Zusammenhänge auf Schritt und Tritt. Die früheste Grundform ist das dreiblättrige Kleeblatt; es ist die kleinste Einheit, die sich durch Anfügung von Transeptem oder Kreuzarmen erweitert und stetig kompliziert; die Transepten sind in der kompliziertesten Form zu zweien oder gar dreien gebündelt, und diese größeren Einheiten – sie werden häufig auch als Apsiden bezeichnet, was jedoch unrichtig ist, denn sie sind Kreuzarme – sind in sich von Orthostaten-Mauern innerhalb der großen Gesamt-Umfassungsmauer umschlossen.

Das Erstaunlichste an dieser Architektur aber ist, daß sie keine Geraden, keine scharfen Ecken oder Winkel, keine harten Kanten kennt. Alle Kanten sind abgerundet, alle Winkel ausgekehlt, alles ist Schwellung, Rundung, Wölbung, die weichen Formen des weiblichen Körpers sind die alles beherrschende Gestaltvorstellung. Man meint, diese Titanen müssen sehr sanfte, anschmiegsame Menschen gewesen sein und ihre dicken Frauen sehr geliebt haben.

Vielleicht war es so, und vielleicht führte gerade dies zu ihrem Untergang, als ein härteres, kantigeres Volk sie überfiel und hinwegfegte. Kaum vorstellbar in unserer kurzlebigen Zeit: rund zweitausend Jahre lang arbeiteten diese Menschen an dieser gewaltigen Tempelkultur und schufen etwas, das es auf der ganzen Welt nicht ein zweites Mal gibt, und dann war plötzlich alles zu Ende. Zwischen 2000 und 1500 vor Christus stürzt – niemand weiß, wie und warum – diese hochentwickelte neolithische Kultur plötzlich in sich zusammen. Das Hypogäum wird nicht mehr verwendet, gerät in viertausendjährige Vergessenheit. Die Menschen, die es schufen, verschwinden, man weiß nicht, wohin; die Dicke Frau gebiert keine Töchter mehr. Was folgt, die Kultur des Tarxien-Gräberfeldes, die Kultur von Borg In-Nadur, die Kultur von Bahrija ist von neuen, gröberen, ungleich schwächer begabten Eindringlingen geschaffen. Sie hatten schon

Metallwerkzeuge, aber was sie mit ihnen herstellten, ist mit den architektonischen und bildhauerischen Leistungen ihrer Vorgänger nicht zu vergleichen.

Und dann, um 800 vor Christus, kommen Phönizier und Punier aus Nordafrika herüber, und die verbürgte Geschichte Maltas beginnt.

DIE INSEL DER KALYPSO

Das Fährschiff von Marfa, an der Nordspitze Maltas, braucht zwanzig Minuten für die sechs Kilometer hinüber nach Mgarr auf der kleinen Schwesterinsel Gozo und pendelt unablässig hin und her. Das Schiff heißt ›Jylland‹, zu deutsch Jütland, und ist ein ausgedienter dänischer Küstendampfer, der noch überall seine von Grünspan überzogenen Bronzetäfelchen mit Aufschriften in dänischer Sprache trägt. Niemand hier unten, halbwegs zwischen Sizilien und Afrika, wo die Menschen einen kuriosen, mit phönizischen Resten und italienischen und englischen Brocken vermischten arabischen Maghreb-Dialekt sprechen, kann diese Aufschriften lesen; niemand weiß, was ›Jylland‹ heißt, und niemand konnte mir sagen, wie das dänische Schiff hierher kommt. Die Malteser, denke ich mir, sind doch große Schiffbauer und haben in Valetta hervorragende Werften. Aber es war wohl billiger, den Dänen den wackren Kahn abzukaufen, der nun schon seit undenklichen Zeiten die einzige regelmäßige Verbindung zwischen der großen und der kleinen Insel ist. Und für Gozo reicht es. Für die geschäftigen Malteser ist Ghawdex, wie es auf maltesisch heißt, ein verschlafenes, rückständiges Anhängsel, von wo sie ihr Gemüse beziehen, das auf ihrem eigenen steinigen Boden schlecht gedeiht, und das hat die Gozitaner jahrhundertelang gewurmt; inzwischen haben sie sich damit abgefunden, zu ihrem Vorteil.

Ich stelle mir vor, wie die ›Jylland‹ vor Jahrzehnten und schon damals nicht mehr jugendlich, den ganzen Weg von Kopenhagen nach Valetta herunter geschuckert ist, durch den

Ärmelkanal, durch die Biskaya, durch die Säulen des Herkules – es muß eine absonderliche Meerfahrt gewesen sein. Aber, wenn man's recht bedenkt, auch wieder gar nichts Besonderes. Der massaliotische Phokäer Pytheas segelte im vierten Jahrhundert vor Christus von Marseille nach dem Nordkap, wo er ein »erstarrtes Meer« erblickte und den Umlauf der Sonne am Polarkreis beobachtete. Und die Nordmänner kamen vor tausend Jahren den ganzen Weg aus Skandinavien hier herunter, um die Araber aus Malta und Gozo zu verjagen und das zertrampelte Christentum wieder auf die Beine zu stellen. Aber was ist, wenn die alte ›Jylland‹ eines Tages doch kaputtgeht? Dann sind die Gozitaner wohl völlig von der Welt abgeschnitten?

Heute, an diesem strahlenden, glitzernden, wolkenlos blauen Frühlingstag, sah es fast so aus. In Marfa war ein großes, ungeduldiges Gedränge. Der Grund war aber nur, daß mehrere Pendelfahrten ausgefallen waren, weil die ›Jylland‹ für besondere Zwecke gebraucht wurde. Gestern, so las man im Blatt, war der Erzbischof von Gozo gestorben, morgen wird er in der Kathedrale von Victoria bestattet, und aus der ganzen Mittelmeerwelt eilen zuhauf geistliche und weltliche Würdenträger herbei und wollen hinüber auf die kleine grüne Insel. Auch jetzt ist das Schiff voll von Kindern, Mönchen, Priestern. Die Kinder singen während der ganzen Überfahrt ihre raschen, scharf rhythmisierten Lieder, die merkwürdigerweise ganz griechisch klingen. An der Reling neben mir lehnte ein alter, dürrer, silberhaariger Priester mit einer kühnen Sarazenennase und blickte übers spiegelglatte Meer hinüber zur herannahenden Insel.

Aber nein, klärte er mich mit einem Gemisch aus Englisch und Italienisch auf, das ist noch nicht Gozo, das ist erst Kemmuna, und verbesserte sich dann: Comino. Bei Ptolemäus heißt sie Cozyra. Wohnt da wer? fragte ich. Kaum, erwiderte er. Dreißig Bauern oder so, sehr arme Leute, ihr Nest hat gar keinen Namen, es lohnt sich nicht, ihm einen zu geben, es heißt einfach ›das Dorf‹. Früher gab es auf Kemmuna nicht Gestrüpp wie jetzt, sondern Wald und viele Hasen; es war das Jagdrevier des Ordensgroßmeisters. Außerdem wurde auf Kemmuna eine neue Weltordnung erfunden. In Ihrem Reiseführer steht das wohl nicht. Ich ließ mir von ihm die Geschichte des berühmten jüdischen Gelehrten Abraham ben Samuel Abulafia aus Saragossa erzählen, der da drüben sechs Jahre lang, von 1285 bis 1291, in seiner Einsiedler-Klause saß und sein großes Werk schrieb.

Eine kabbalistische Kinderei, meinte der Priester verschmitzt; ein exzentrischer Abenteurer voller wirrer Ideen. Er unternahm eine gefahrvolle Reise nach Palästina, um die altisraelitischen Stämme an den Ufern des sagenhaften Flusses Sabbation zu finden, verheiratete sich aber leichtsinnigerweise unterwegs in Griechenland und kam, obwohl er seine Frau sitzen ließ, nicht an sein Ziel. Inniger Umgang mit dem Weltgeist und prophetische Fernsicht, lehrte er, seien dadurch zu erlangen, daß man Bibelverse und Gottesnamen zerlege und umsetze, um neue Wörter zu schaffen und schließlich die Buchstaben als Zahlen zu behandeln. Man nennt das Gematrie. Er wurde überall ausgelacht und hinausgeworfen. In Rom wollte er Papst Martin IV. zum Judentum bekehren und wurde eingesperrt. Auch aus Sizilien wurde der Gematrist ausgewiesen. So kam er nach Kemmuna in der richtigen Voraussicht, daß man ihn dort in Ruhe lassen werde, und verfaßte im Hasenwald jenes große Werk, darin er erklärte, im Jahre 1290 werde die Gnadenzeit der messianischen Erlösung anbrechen, das wisse er genau, denn er selber sei der Messias. Es brach aber nichts dergleichen an, und im Jahr darauf starb er. In Spanien und Italien hatte er allerdings Jünger, und die fragten den berühmten Rabbi Salomo Ben-Adret, ob Abraham Abulafia ein echter Prophet sei. Es sei ganz unglaubhaft, erwiderte der, daß jemand als Idiot zu Bett gehe und als Prophet wieder aufwache. Da wäre ich mir nicht so sicher, meinte der Priester. Ich fragte zaghaft, woher er, ein katholischer Geistlicher, dergleichen kenne. Er hob nur wortlos die Achseln, als wolle er sagen: sowas weiß man halt.

Der Dampfer hatte Kemmuna umrundet, und vor uns lag Gozo. Der maltesische Name Ghawdex, sagte der Priester, kommt vom phönizischen Gaulos oder Gol, das ist ein breitwandiges Handelsschiff. Aber es ist natürlich Ogygia, die Insel der Kalypso. In der Odyssee, fünfter Gesang. Auf einmal ärgerte mich der lehrenreiche Mann, ich ließ ihn mit einem Grußwort stehen und schob mich zum Ausgang.

Der erste Eindruck war der richtige. Die vielen Boote in der Bucht von Mgarr, wo die ›Jylland‹ anlegt, diese kraftvollen und doch anmutigen Schiffchen, grün und gelb, rot und blau gestrichen, mit ihren Lateinersegeln – das ist völlig griechisch; ihre Bauart ist so alt wie das Fahrzeug des Odysseus, das hier, vom Blitzstrahl des Zeus getroffen, zerschellte. Für die Malteser ist Gozo eine andere, eine fremde Welt. Sie haben recht. Auf Malta, hart, grell, steinig, ockergelb, ist Arabien, sind die Sarazenen allgegenwärtig. Gozo, üppig, grün, weich und wellig im sanften Licht, ist homerisch. Malta ist durch und durch und über und über geprägt von Geschichte. Malta ist ein Monument. Gozo ist eine Landschaft, voller Legenden, zeitlos sagenhaft.

Das ist doch merkwürdig, denn Prähistorie und Historie sind hier wie dort die gleiche. Dasselbe Volk, das auf Malta vor fünftausend Jahren die neolithischen Tempel von Tarxien und Hagar Qim baute, türmte auf Gozo das noch gewaltigere megalithische Ggantija auf. Die Kathedrale von Victoria – die Engländer tauften 1897 die alte Hauptstadt

Rabat um – steht ebenso auf dem Fundament eines phönizischen Astarte-Tempels wie die vom selben maltesischen Baumeister Lorenzo Gafà errichtete Kathedrale von Mdina, der alten Hauptstadt der größeren Insel. Die beiden Inselhauptstädte, von den Sarazenen neu gegründet und von den Ordensrittern zu ihrer heutigen Gestalt geformt, sind einander geschwisterlich wesensähnlich. Und was Sarazenen, Türken und nordafrikanische Korsaren anlangt, so hat das wehrlose, schlecht befestigte, kaum zu verteidigende kleine Gozo weit mehr Fürchterliches erlebt als die große Schwesterinsel in ihrem Festungspanzer.

Wieder und wieder, jahrhundertelang, überfielen die Korsaren die schutzlose kleine Insel und schleppten ihre Bewohner in die Sklaverei davon; nach einem dieser Überfälle war die Insel so entvölkert, daß sie mit Einwanderern aus Sizilien neu besiedelt werden mußte. Es gibt Ethnologen, die versichern, dies sei der Grund, warum man auf Gozo einen unverkennbar anderen Menschenschlag antreffe als auf Malta, kleiner, untersetzter, stiller, fester auf dem fruchtbaren Boden stehend. Wie dem auch sei, die Gozitaner wirken ganz einfach viel weniger sarazenisch als die Malteser, und ihre jungen Mädchen erinnern in ihrer berückenden Schönheit an Picassos klassische Frauenbildnisse; kein Wunder, heißt es, denn sie sind ja die Töchter der Kalypso. Davon steht aber bei Homer nichts.

Im fünfzehnten Jahrhundert war das Volk von Gozo durch die unablässigen maurischen Verwüstungen seiner Ernten so bitterlich verarmt, daß der Vizekönig von Sizilien ihm die Steuern erlassen und kostenlos Getreide hinüberschicken mußte. Und dann kam die Katastrophe von 1551. Die Malteser hatten einen gemeinsamen Angriff der Türken und des berühmten Korsaren Dragut abgeschlagen, und in ihrer Wut stürzten sich diese beiden auf Gozo, verwüsteten die Insel, brandschatzten die Zitadelle und entführten sechstausend Männer, Frauen und Kinder in die Sklaverei; angeblich blieben nur vierzig alte Leute zurück. In Malta, dem dergleichen erspart blieb, wäre solches tief in die Annalen lebendiger Geschichte eingegraben. Auf Gozo ist es nur als Legende vernehmbar.

Eine arme Frau, so wird erzählt, deren einziger Sohn in die Gefangenschaft verschleppt wurde, betete in der Kapelle des heiligen Demetrius um seine Rückkehr und versprach dem Heiligen ein ewig brennendes Öllämpchen. Demetrius erschien auf seinem Streitroß und brachte den Sohn zurück, und die Hufspuren seines Pferdes sind noch heute am Rand der Felsklippe zu sehen, wo einst die Kapelle stand. Die Kapelle fiel unglücklicherweise bei einem Erdbeben ins Meer, aber in klaren Nächten sehen die Fischer noch immer das Lichtlein in der Kapelle auf dem Meeresgrund leuchten. Sage keiner, es seien wahrscheinlich Leuchtsardinen. Die gibt es dort nicht.

Die kleine Insel ist noch immer spärlich bevölkert, dünn besiedelt, eine kleine Hauptstadt und sechs oder sieben Dörfchen, dreißigtausend Menschen heute inmitten dieser grünen Fruchtbarkeit. Merkwürdige Zahlenmystik, kommt mir vor: überall die Drei. Die große Insel Malta hat dreihunderttausend, die kleinere, ein Drittel so große Insel Gozo hat dreißigtausend, die ganz kleine Insel Comino dreißig Einwohner, und auf Gozo mit seinen jähen Steilufern gibt es nur drei Buchten, in denen Boote anlegen können. Die beste davon ist Mgarr, wo die Fähre aus Marfa an einer primitiven Kaimauer festmacht, aber von einem richtigen Hafen ist auch hier keine Rede; einen richtigen Hafen gibt es nicht.

Mit einer Insel, die keine Häfen hat, versteht sich, konnten weder die Ordensritter noch die Engländer viel anfangen; so ist Gozo zurückgeblieben, hat nie, wie man sagt, einen

»Aufschwung« genommen: keine Industrie, die das liebliche Eiland verschmutzt, wenige Autos, und sie verpesten seine linden Brisen nicht, wenige Straßen durchs wellige Hügelland, dafür uralte Karrenwege, auf denen schon die Erbauer von Ggantija auf Steinkugeln, die man noch überall liegen sieht, ihre riesigen Dolmen entlangrollten; eine fast unversehrte Welt: Oliven, Tomaten, Obst, Gemüse, Fische – Zeitlosigkeit.

Das Fischerdörfchen Mgarr und die zwei oder drei anderen kleinen Siedlungen an der Küste, Marsalforn und Xlendi, wo der steile Fels ein wenig Uferstrand für Ansiedlung freigibt, existieren für hiesige Zeit- und Geschichtsbegriffe noch nicht lange. 1708 wurde die Insel zum letzten Mal von den Türken überfallen und verwüstet, und erst gegen Ende des achtzehnten Jahrhunderts wagten die Fischer es, sich in den Buchten anzusiedeln. Was der Mensch hier an Zeitlichem geschaffen, liegt sicher geborgen tief im Innern der Insel. So auch die Hauptstadt Victoria auf ihrer die ganze Insel rundum beherrschenden Anhöhe mit ihrer gewaltigen Zitadelle, und selbst hier war es bis ins siebzehnte Jahrhundert hinein den Bewohnern durch Edikt des Großmeisters bei schwerer Strafe verboten, außerhalb der Umfassungsmauern zu nächtigen. Glücklich der Gozitaner, der innerhalb der Wälle ein Haus, ein Grundstück besaß.

Heute wohnt im ›Gran Castello‹ oder ›Il-Kastell‹, wie die Zitadelle auf Maltesisch heißt, fast niemand mehr. Die gewaltigen Mauern und Bastionen dieses einzigen befestigten Platzes der ganzen Insel beschützen außer der Kathedrale und einem kleinen Museum nichts mehr; die meisten Häuser der einstmals wimmelnden Stadt sind eingestürzt, sonnengedörrte honiggelbe Kalkstein-Gerippe, Grundmauern, jäh abbrechende Steintreppen, die Schutzwälle selbst zerbrökkeln, als wollten sie von ihrem Sinn, ihrer irdischen Bestimmung schon längst nichts mehr wissen. Nirgends ist der Kontrast zur großen Schwesterinsel, zu ihren Festungsstätten Mdina und Valetta stärker und eindringlicher als hier.

Diese uralte Stadt hat sich mit sanfter Hand ihrer Geschichte entledigt. Man weiß, indes man die breiten Wälle abschreitet und über ihre niedrigen Brustwehren mit einem Blick die ganze meerumschlossene Insel überschaut, daß man hier auf phönizischem Boden steht. Man weiß, daß Belisarius auf dem Weg nach Sizilien hier haltmachte, daß der sizilische Admiral Roger Lauria die Zitadelle mit seinen katalanischen Söldnern besetzte, daß Johann von Procida, der genialste Verschwörer aller Zeiten, hier im Versteck saß und die Sizilianische Vesper vorbereitete, die das Reich Karls von Anjou zum Einsturz brachte – man weiß das wohl und spürt doch: es ist nie wirklich geschehen, es hat sich, anders als auf Malta, nicht mit Namen und Jahreszahlen unverlöschlich eingekerbt, es ist Sage, Legende, von homerischer Zeitlosigkeit. Auf Malta vernimmt man bis heute das Trommelgedröhn und Kampfgeschrei der Janitscharen. Auf Gozo lächeln die Götter.

Vor der Zerstörung durch den Korsaren Dragut 1551 war das Gran Castello wesentlich größer, als die heutigen Mauern anzeigen. Nach dieser Katastrophe widmeten die Ordensgroßmeister in der zweiten Hälfte des sechzehnten Jahrhunderts Gozo vorübergehend ein wenig Geld und Aufmerksamkeit. Sie zogen den Ring der Befestigungsmauern wesentlich enger und erbauten innerhalb seiner Umfassung eine gedrungenere, viel kompaktere, kraftvoll zusammengeballte Stadt mit spitzwinklig-sternförmigen Bastionen, angewinkelten Kurtine-Mauern und zwei erhöhten mächtigen Kavalieren dahinter, und diese wundervoll geometrische Anlage steht noch klar erkennbar, unzerstörbar, wie es scheint, als hätten die Zyklopen bis in die Renaissance hinein weiter gebaut. Philipp II. von Spanien schenkte dem Großmeister Alof de Wignacourt vierzigtausend Scudi für das Unternehmen, das übrige mußten die Gozitaner selbst bezahlen: der Papst verfügte eine Weizensondersteuer, von welcher der Bischof und seine Geistlichen befreit waren. Das Gran Castello erlebte indessen nie eine Belagerung.

Eingelassen in die Umwallung, unweit des kleinen Museums, ist eine Tür mit der Aufschrift darüber »Prison« – Gefängnis. Die Tür stand sperrangelweit offen. Warum steht die Tür zum Gefängnis offen? fragte ein kleiner deutscher Junge, der mit seinem Vater aus dem Museum kam. Da rennen doch die Verbrecher weg! Es sind keine drin, erklärte ich ihm. Wieso nicht? Weil niemand etwas verbrochen hat. Das sind hier gutartige Menschen. Hach! erwiderte der Knirps, die haben bloß nicht genug Polizei.

Inmitten der bienenumsummten Zerbröckelung, darin der Thymian duftet und die Eidechsen huschen, steht aber unangetastet, in herrscherlicher Majestät Lorenzo Gafàs Kathedrale, eingefaßt von zwei älteren Palazzo-Fassaden aus dem sechzehnten Jahrhundert. Diese Komposition ist ein Geniestreich. Da hat jemand in die Festungsmauer der Zitadelle in jüngerer Zeit einen neuen Einschnitt gelegt, und indem man hindurchtritt, findet man sich unversehens auf einem kleinen, unregelmäßig geformten, steil ansteigenden Platz, der eine einzige, von Hauswand zu Hauswand gehende Stufenfolge einer Freitreppe ist, auf deren Höhe die prachtvolle Barockfassade der Kathedrale wie auf einem Sockel steht. Die Kathedrale wirkt folglich nicht, wie es andernfalls gewesen wäre, als sei sie in die mittlere Zitadelle eingezwängt, sondern erhebt sich mit einem ungeheuren Schwung aus einem wundervoll plastisch gestalteten Gesamtbild.

Ich ging die honiggelben weichen Stufen hinan und betrat

die Kirche durch ihr Westtor. Gafà war einer der größten Kuppelbaumeister des Barock; Malta ist voll von seinen und seiner Schüler Kuppelkirchen; das kleinste Dorf hat eine. Er hat gewiß auch bei dieser Kathedrale keine Ausnahme gemacht, nur wurde die Kuppel, dachte ich mir, durch die enorme, zum Himmel aufstrebende Scheinfassade verdeckt, und von dem Stufensockel aus konnte man sie natürlich nicht sehen. Richtig, wie sich herausstellte. Drinnen blickte ich in das riesige Gewölbe einer, übrigens wundervoll ausgemalten, Kuppel bis hoch in die Laterne hinauf. Großartige Kuppel, nicht wahr, sagte neben mir eine Stimme; es war der lehrenreiche Priester vom Fährschiff. Was wird er jetzt zum besten geben? dachte ich. Schauen Sie ganz genau hin, sagte er, die Decke ist flach, keine Kuppel. Ein Trompe-l'oeil-Deckengemälde, raffiniert blicktäuschende nachgeahmte Perspektive. Und warum keine richtige Kuppel? fragte ich. Er hob die Achsel, als wolle er sagen: das können Sie sich doch denken. Zu teuer. Kein Geld. Armes Gozo, dachte ich. Fürs arme Gozo war die Augentäuschung wieder mal gut genug. Beim Hinausgehen kam ich durch eine Seitenkapelle. Im Halbdunkel standen unversehens einige Männer in einer Grube, hoben Fußbodenplatten weg, schaufelten. Das rechteckige Loch hatte Sarggröße, es war für den Erzbischof, morgen.

Draußen, im nachmittäglich stillen, menschenleeren grünen Hügelland, auf den Karrenwegen zwischen Olivenhainen hinaus zur Ramla-Bucht, kommt einem alsbald die Sache mit der Kuppel und dem Grab nicht mehr richtig, nicht mehr wirklich vor. Die Zeitlosigkeit ist hier oben, zwischen dem Tempel Ggantija und der Grotte der Kalypso, die lebendige Wirklichkeit: dieses Miteinander und Ineinander von historischer und legendärer Zeit, die sich wechselseitig aufheben. Ich denke mir: diese Giganten-Tempelbauer hat es doch gegeben, das weiß man, Ggantija wurde um 2700 vor Christus erbaut; Troja hat es auch gegeben, der Krieg, in dem es zerstört wurde, fand um 1200 vor Christus statt, und ungefähr um diese Zeit wird also Odysseus nach Ogygia gekommen sein. Haben die Menschen von Ggantija also noch die Nymphe Kalypso gekannt? Sind sie vielleicht auf den Karrenwegen dem Odysseus begegnet, der ja sieben Jahre auf der kleinen Insel zubrachte? Hat er ihnen vielleicht bei ihrer Titanenarbeit zugeschaut? Doch das kann nicht ganz sein, da fehlen ein paar hundert Jahre; denn die Giganten des Neolithikum verschwanden um 1500 vor Christus von der Insel. Aber dann könnte Odysseus den Zerfall und Zusammenbruch dieser einzigartigen Tempelkultur erlebt haben, über den wir so gar nichts wissen. Er muß noch gewußt haben, er könnte uns sagen, was damals Ungeheuerliches auf Gozo geschah. Solches Gespinst ersinnt sich hier ganz von selbst.

Kalypso heißt »die Verbergerin«, und ihre Grotte, eine kleine Wegstunde zu Fuß von Ggantija im überhängenden Felskliff hoch über dem goldenen Sandstrand von Ir-Ramla, ist selbst ziemlich verborgen. Ein kleines Stück hinab zwischen betäubend duftendem Gesträuch, und da ist sie: ein sehr schmaler, enger Eingang, und drinnen kann ein heutiger Mensch nirgends aufrecht stehen. Nymphen natürlich, Göttertöchter, die sie sind, bringen alles zuwege; aber war Odysseus, der Mensch, denn ein Zwerg? Ein großer Teil der Höhle ist allerdings vor rund hundert Jahren eingestürzt und verschüttet, und das dürfte wohl das Liebesgemach des schönen Mädchens mit dem »zierlich gescheitelten Haupt« gewesen sein, das Homer beschreibt. Die Eulen und Habichte, von denen er sagt, sie säßen draußen »im verborgenen Gezweig verschwisterter Kronen von Erlen und Zitterpappeln und duftender schwarzer Zypressen«, wohnen jetzt drinnen in der Höhle und sind immer noch da; und da sind auch, wie Homer sagt, knapp unterhalb der Grotte, inmitten einer verschwenderisch blühenden Fülle von Iris und Venushaar, die Quellen lauteren Wassers; als Odysseus hier saß, waren es noch vier. Heute sind es, natürlich, nur noch drei.

Daß Odysseus hier oben vor der Grotte gesessen und sehnsuchtsvoll aufs stille blaue Meer hinausgeblickt hat, das war mir, als ich selber hier im Thymian saß, hinabsah und drunten drei winzige Reiter über den hellen Sand sprengen sah, eine atemraubende, jubelnde, triumphierende Wirklichkeit. Da stand die Zeit wirklich still, da schien dieser Ort mir über allem Zweifel der schönste Platz der Welt, so unfaßlich schön, wie Homer ihn sah – »daß ein Unsterblicher selbst, der je des Weges daherkäm, stünd und weilte, verwunderten Auges und freudigen Herzens«. Wenn Malta, so mußte ich denken, das heroische Menschenhaupt des Mittelmeeres ist, dann ist Gozo die strahlende Götterkrone auf diesem Haupt.

SAN GWANN

Im Portal von Lorenzo Gafàs Barock-Kathedrale in Mdina fand ich einen gedruckten Zettel angeschlagen und schrieb ihn ab:

In-Nisa ma jistghux Jidhlu L-Knisia
Skullati, bla kmiem Jew bid-dbielet Qsar

darunter dasselbe englisch:

Ladies are not allowed to enter the Church in
low-necked dresses, sleeveless or in mini-skirts

also deutsch:

Damen in tief ausgeschnittenen oder ärmellosen Kleidern
oder in Miniröcken dürfen die Kirche nicht betreten.

Das ist nichts Besonderes und wäre an sich nicht notierenswert; die Vorschrift gilt in allen Mittelmeerländern. Aber was ist das für eine Sprache, die da auf halbem Weg zwischen Europa und Afrika von einer Drittelmillion Menschen auf zwei Inseln gesprochen und geschrieben wird und nirgends und von niemand sonst, mit Ausnahme der maltesischen Kellner in London, wenn sie unter sich sind?

Ich studierte – ohne jegliche Vorkenntnis – die ersten zwei Zeilen wieder und wieder, so wie man eine türkische, ungarische oder finnische Aufschrift betrachtet, und dachte: so hermetisch verschlossen kann eine Sprache doch nicht sein, die kaum hundert Kilometer von Sizilien entfernt gesprochen und geschrieben wird; irgend einen Zugang muß es doch zu ihr geben, irgend einen Ritz, durch den man hineinschlüpfen kann. Schließlich wird sie doch mit lateinischen Lettern geschrieben, wenn auch ihr Alphabet neunundzwanzig Buchstaben hat, darunter einige absonderliche wie das durchstrichene »ħ«, das »gh« und die mit Akzenten betupften »ċ«, »ġ« und »ż«.

Aber nur das Wort »knisia« entschlüsselt sich; es heißt offensichtlich »Kirche«. Indessen ist »Jew« ebenso offensichtlich nicht englisch und bedeutet nicht »Jude«. Anderwärts geht es ein wenig besser. Die St. John's- oder Johannes-Kathedrale in Valetta heißt auf maltesisch ›San Gwann‹. Die ›Il-Knisja tal-Madonna ta' Fatima‹ heißt englisch ›Our Lady of Fatima Church‹, und ›Ic-Cimiterju tad-Duluri‹ bedeutet ›Our Lady of Sorrows Cemetary‹. Da erwischt man dieses und jenes, und »duluri«, finde ich, hat einen ergreifend kummervollen, schmerzensreichen Klang.

An jeder Straßenecke ist indessen das Wort »triq« zu lesen. Es bedeutet nichts Heimtückisches, sondern »Straße«, und die ›triq San Guzepp‹ ist die Straße des heiligen Joseph. Endlich die gedruckte Gottesdienstordnung des Ostersonntag, die ich in der Kathedrale San Gwann aufhob und für späteres Studium in die Tasche steckte. Sie hat drei immer wiederkehrende Worte: »Is-sacerdot«, »Il-poplu« und – wahrhaftig – »Alla«. Das dürften der Priester, die Gemeinde und Gott sein. Fatima und Alla? Arabisch also? Mit Griechisch, Latein und Italienisch untermischt? Und hundertsechzig Jahre britischen Kolonialregimes sind vorübergegangen, ohne diese Sprache zu berühren? Doch wohl nicht. ›San Gwann‹ ist einwandfrei ›St. John‹. Und weiter nichts?

Der erste Satz der mit IL-QUDDIESA MAS-SACERDOT überschriebenen Gottesdienstordnung lautet:

»Is-sacerdot, flimkien mal-ministri, jersaq lejn l-altar waqt li jair il-kant ta' l'introjtu.«

Englisch, sage ich mir, kann ich ja. Also spekuliere ich: »flimkien« – könnte das vom englischen »flanked«, flankiert, beiderseits begleitet, kommen, und »waqt« sich vielleicht von »walk«, gehen, schreiten herleiten? Wenn ich das gänzlich Unerforschliche beiseite lasse, so könnte das Ganze vielleicht heißen: »The priest, flanked by the ministrants, walks to the altar and chants the introduction.« Kann das sein, wenn auch nur ungefähr, oder ist es haarsträubender Unsinn? Schließlich werden die Malteser nicht bis 1814 gewartet haben, damit die Engländer ihnen ein Wort für »gehen« liefern. Also wahrscheinlich ein rechtes dummes Zeug. Ich gestehe, ich habe niemand gefragt; es wird sich ein Sachkundiger schon melden. Leser schreiben einem ja selten und bedanken sich, daß sie etwas Neues erfahren oder gelernt haben; es schreiben immer nur die Besserwisser, und die treffen's gar nicht immer.

Indessen – Malta überhaupt. Woher kommt der Name der Insel, und was bedeutet er? Da sind sich die Gelehrten fast, aber nicht gänzlich einig. Die Griechen oder doch zumindest die griechisch-sprechenden Inselbewohner, die aus der Magna Graecia, aus Sizilien und Kalabrien herüberkamen, nannten die Insel ›Melite‹, die Römer nannten sie entsprechend ›Melita‹; dieser Name war vom griechischen »meli« oder Honig oder von »melissa«, der Biene, abgeleitet, und das leuchtet ein: die Insel war bei den Alten für ihren Honig so berühmt wie heute für ihre vorzüglichen rosigen Kartoffeln. Aus ›Melita‹ könnte schon ›Malta‹ geworden sein.

Aber wahrscheinlich besteht hier nur ein zufälliger Gleichklang. Der Name ist vermutlich viel älter und leitet sich vom phönizischen »Malat« oder »Maleth« her, was soviel wie Zufluchtshafen bedeutet, sicherer Unterschlupf für die Purpursegel der phönizischen Handelsschiffe vor Unwetter und Feinden. Bestimmt jedoch nannten sie Gozo, die kleine grüne

Schwesterinsel, »Gol«, was soviel bedeutet wie ein breitwandiges Handelsschiff. Und es gibt Hinweise darauf, daß der phönizische Name für Malta ›Onan‹ lautete, was ein großes Schiff ist. Da gibt es nun gar Leute, die meinen, es sei durchaus möglich, daß die Phönizier sich die Inselgruppe als eine Flotte von größeren und kleineren Schiffen vorstellten.

Jedenfalls ist »Malat« ein phönizisches, punisches, karthagisches Wort, und nicht das einzige in der heutigen maltesischen Sprache. Hier ist der Urgrund der Rätselhaftigkeit. Alles andere ist maltesische Geschichte: phönizisch, lateinisch, griechisch, arabisch, italienisch, spanisch, englisch. Das ist Maltesisch, das ist Malta.

Wann die Karthager sich der Inseln bemächtigten, ist ungewiß. Sicher ist nur, daß sie im Lauf des sechsten Jahrhunderts vor Christus die Phönizier verdrängten, die Inseln ihrem Reich einverleibten und über dreihundert Jahre lang an ihnen festhielten. Von ihnen ist nicht viel übrig geblieben, außer den Resten ihrer Tempel. Man wußte seit langem aus phönizischen Inschriften, die auf Malta und Gozo gefunden wurden, daß die Punier auf beiden Inseln große Tempel errichtet hatten, einen Melkart-Tempel und einen Astarte-Tempel. Der Astarte-Tempel wurde in jüngster Zeit auf dem Hügel von Tas Silg bei Marsaxlokk gefunden; er war auf die Reste eines neolithischen Heiligtums aufgesetzt. Der Melkart-Tempel dürfte in der Nähe des Astarte-Tempels gestanden haben, denn schon im siebzehnten Jahrhundert fand man in Tas Silg eine kleine, Cippus genannte, marmorne Votivsäule mit einer Weihinschrift zweier Brüder namens Abdosir und Asirxamar an den punischen Gott Melkart.

Dieser Cippus ist im Museum in Valetta zu sehen; leider steht er in ungünstigem Licht, so daß man seine Besonderheit nicht gut erkennt. Er ist nämlich nebeneinander phönizisch und griechisch beschriftet. Einen zweiten, ebenfalls doppelt beschrifteten und ebenfalls in Tas Silg gefundenen Cippus schenkte der Ordensgroßmeister Emanuel de Rohan Polduc dem König Ludwig XVI.; er befindet sich heute im Louvre und ermöglichte dem Abbé Barthélémy die erste Entzifferung des phönizischen Alphabets.

Der Melkart-Cippus stammt aus dem zweiten Jahrhundert vor Christus, und aus dieser Zeit gibt es bereits zahlreiche griechische Inschriften auf den maltesischen Inseln. Die griechische Sprache war freilich nicht aus Griechenland, sondern mit den Römern aus Sizilien nach Malta gekommen. Sempronius nahm 218 vor Christus Malta endgültig den Karthagern weg. Der Einfluß der griechischen Städte Siziliens war stark; aber die punische Sprache, die in Malta seit dreihundert Jahren gesprochen wurde, ließ sich von der griechischen nicht verdrängen und blieb auch unter den Römern lebendig. Wenn sie nicht lebendig geblieben wäre, hätte mehr als tausend Jahre später den Maltesern der Übergang zum Arabischen, von einer semitischen Sprache zur anderen, nicht so leicht fallen können. Punische Namen sind noch heute unter den Maltesern nichts Ungewöhnliches. Maltas bedeutendster Historiker und Heimatforscher heißt Sir Hannibal Publius Scicluna. Ich kaufte mir ein gelehrtes Werk von ihm über die Geschichte des Johanniter-Ordens. Der edle Mann schreibt ein hilflos ungelenkes Englisch.

Das ist doch sonderbar. Maltesisch und Englisch sind gleichberechtigte Landessprachen. Alle Straßen sind in beiden Sprachen beschriftet; die ›Times of Malta‹ erscheint in zwei Ausgaben, einer englischen und einer maltesischen. Man kommt natürlich mit Englisch ohne weiteres durch, aber es ist besser, langsam und simpel zu sprechen. Der Museumsbeamte in Valetta verstand beim besten Willen nicht, was ich wollte, als ich für den Kauf einer Terrakotta-

Nachbildung um eine Quittung bat. Das Englisch der Kellner und Taxichauffeure ist mühsam und primitiv, ihr Wortschatz sehr gering. Mit Italienisch, das an sich seit dem Zweiten Weltkrieg ein wenig in Ungnade ist, geht's doch rascher und besser. Das Englische sitzt den Maltesern nur auf der Haut, nicht drunter, schien mir, viel weniger tief und natürlich als den Einheimischen von Gibraltar. Sie lernen es, müssen es lernen, aber das einfache Volk vergißt es offenbar sofort wieder.

Als ich in der Kathedrale in Mdina das Minirock-Verbot abschrieb, sammelte sich ein halbes Dutzend lustiger, vergnügter, neugieriger, blitzsauber gewaschener und vollendet liebenswürdig-höflicher Gassenbuben um mich. Ich fragte sie, was sie in der Schule lernten. Sie antworteten in fixem Kinder-Englisch: zuerst Maltesisch lesen und schreiben, dann Englisch, und beides ist »muß«. Danach Italienisch, wer will. Französisch nur auf dem Gymnasium in Valetta. Griechisch und Latein? Sie lächelten und schüttelten unschuldig die Köpfe. Dann wiesen sie triumphierend auf einen in ihrer Mitte, einen etwas größeren, bezaubernden Blondkopf zwischen den Schwarzköpfen: der da, der lernt Latein! Na, dann kannst du ja Bischof werden, neckte ich ihn. Er schüttete sich aus vor Lachen. Ich wußte noch nicht, daß der Bischof die Messe auf Maltesisch liest. Dann sagte er: Wollen Sie unseren Heiligen sehen? Wir können ihn anknipsen, wir wissen, wo der Lichtschalter ist in der Kapelle. Ich ging mit ihnen in die Kirche. Der Heilige war sehr schön; er sah aus wie der Blondkopf.

870 erschien eine arabische Flotte unter Mohammed ibn Khafada vor Malta, eroberte die Inseln namens des Abbasiden-Kalifats und machte der byzantinischen Herrschaft ein

Ende. Die Byzantiner versuchten zweimal, die Inseln zurückzuerobern, umsonst. Die Araber hielten ingrimmig an ihnen fest, zweihundert Jahre lang, aber merkwürdigerweise sind weder auf Malta noch auf Gozo, mit Ausnahme einiger Befestigungen und Resten in den Stadtmauern von Mdina, irgendwelche sarazenische Baudenkmäler erhalten. Aber ihre Sprache ist noch da und mit ihr eine deutlich spürbare, wenn auch schwer zu fassende morgenländische Atmosphäre in Lebensform und Sittenstil, die sich unverzüglich mitteilt.

Niemand auf Malta, den ich fragte, konnte mir die Herkunft der eigentümlichen Reihen von geschlossenen Holzbalkonen an den Häusern erklären. Sie müssen alljährlich gegen die Witterung neu gestrichen werden und zwar mit einem seltsam gleißenden Firnis-Lack, der den Häusern eine schimmernde, schuhputzartige Hochglanzpolitur verleiht. Sie sind kaum mehr als ein Umgang, zumeist so schmal, daß nur ein Stuhl auf ihnen Platz hat, und sie haben gewiß ebenso wenig einen Wohnzweck wie eine Rangloge im Theater. Die Einheimischen wundern sich, wenn man ihnen sagt, daß diese schmalen, geschlossenen Balkone etwas sehr Auffallendes und Ungewöhnliches sind. Sehen denn nicht die Häuser in der ganzen Welt so aus? Ob die Sarazenen sie eingeführt haben – vielleicht für ihre Frauen? Achselzucken, keine Ahnung, auch kein großes Interesse. Die Balkone waren immer schon da und werden auch immer weiter gebaut, niemand kann recht sagen, wozu eigentlich. Sie sind zumeist hübsch, häufig sehr schön und reich verziert, aber sie haben etwas Gefängnisartiges; man wird das beklemmende Gefühl nicht los, hinter ihnen sei jemand eingesperrt, der nur vorsichtig herauslugen dürfe.

Es ist nicht nur die Sprache, die dem inbrünstig christlichen Malta so starke arabische Akzente verleiht. Es sind auch die Menschen. Sie sind von hellerer Hautfarbe als die

Süditaliener und von ungleich größerer Anmut. Die jungen Mädchen insonders sind die schönsten, die man wohl irgendwo erblicken wird, zumeist klein bis mittelgroß, zierlich, behende, von untadelig ebenmäßigem Gesichtsschnitt, mit großen dunklen bis schwarzen Augen und schwarzem Haar; von den helläugigen, blonden Normannen ist kaum eine Spur verblieben. Und sie sind leise, zwitschern fröhlich, vogelgleich; lautes Weibergelächter vernimmt man selten.

Noch sarazenischer wirken die Jünglinge, schlank, hochgewachsen, mit kühnen, edlen Profilen, langen und feingliedrigen Händen. Und dann auf einmal geradezu alttestamentarisch: wie sie, in biblische Gewänder gekleidet, große Holzkreuze, Palmwedel, heilige Insignien tragend, in der Osterprozession kerzenumflattert unter dem allmählich dunkelnden Himmel gemessenen Schrittes mit unnachahmlich demutsvoller Majestät aus der Kirche traten und zwischen den dichtgedrängten Schaulustigen durch die Straßen schritten. Ihre biblischen Bärte waren ihnen nicht angeklebt, Helme und Kronen saßen ihnen hoheitsvoll auf dem natürlichen, schulterlang wallenden Haupthaar. Wer hätte sie Hippies nennen wollen? Schweigend inmitten der zehntausend hohen weißen Lilien dieses Festes, waren sie aufs selbstverständlichste sie selbst.

Ihre Sprache paßt gut zu ihnen: eine Mundart der Maghreb-Dialekte. Vermag man im Gedruckten hier und dort ein Wort, einen halben Satz zu identifizieren, so ist es ganz und gar unmöglich, aus dem Gesprochenen auch nur den Sinn zu erraten. Mir schien es eine weiche, sanfte, dabei lebhafte und behende Sprache, für sanfte, maßvolle, liebenswürdige Stimmen geschaffen. Die Zusammenstellung der Lettern sieht für unsere Begriffe zugleich borstig und glucksend aus, aber das täuscht. Das häufige und in den unwahrscheinlich anmutenden Lautverbindungen in ihren Worten vorkommende

»x« wird weich wie das »ch« in »Milch« ausgesprochen. Selten, fast nie vernimmt man schrilles Gezeter, grelles Gekreisch oder kehlige Reibeisen-Stimmen, wie man sie aus Sizilien oder Nordafrika im Ohr hat.

Ich hatte die Grabplatten der Ritter in der Kathedrale San Gwann betrachten wollen; aber ich geriet mitten in die Pontifikal-Messe des Ostersonntags, und eben stieg der Priester zu seiner Predigt auf die Kanzel hinauf. Da blieb ich gebannt stehen.

Die riesige, von Gerolamo Cassar 1573–1577 im Auftrag des französischen Ordens-Großmeisters Jean l'Evêque de la Cassière erbaute Kathedrale, in der fast alle Großmeister begraben liegen, war bis auf den letzten Platz von sitzenden und stehenden Menschen gefüllt. Rechts vorn waren über die Köpfe der Menschen hinweg die hohen weißen Mitren des uralten kleinen Erzbischofs und seiner Hierarchie zu sehen. Auch hier, wie in den Dorfkirchen und den Prozessionen, die verschwenderische Lilien-Pracht, deren Weiß und Gold sich zu unbeschreiblich festlicher Wirkung mit den hohen weißen Kerzen mit ihren goldenen Flammen zusammenfügt. Und welch ein Gehäuse, darin sie lodernd blühen! So wie der Fußboden der Kathedrale, Hauptschiff und Kapellen der Seitenschiffe, bis in den letzten Winkel aus einem einzigen, vielfarbigen, in phantastisch üppiger Intarsienarbeit zusammengesetzten Mosaik von Marmorgrabplatten besteht, so sind die Wandflächen der Kirche bis hoch hinauf, so weit der Blick reichen will, völlig, ohne auch nur die geringste freie Stelle zu lassen, mit Schmuck und Verzierung und durchkomponierter Ornamentik bedeckt.

Hier die hohen Wände einer Seitenkapelle: mit einem schimmernden, mit Gold abgesetzten moosgrünen Steinteppich behangen, aus dem erhabene Kronen, Malteserkreuze, Doppeladler-Schilde und Blumenzweige in regelmäßiger, symmetrisch sich wiederholender Anordnung golden hervorglühen, und dazwischen die verschlungenen Initialen RC. Das ist Rafael Cotoner, der als erster Großmeister nicht die offene Fürstenkrone, sondern die geschlossene Königskrone abbilden ließ. Dort ein ähnlicher, doch gänzlich anders komponierter, weinroter steinerner Wandbehang, mit leicht abgewandelten Emblemen und den Initialen NC, was nicht, wie mancher glaubt, Napoleon Consul heißt, sondern Nicolas Cotoner.

Tritt man heran, betrachtet diese unglaublich kunstvollen Wandverkleidungen genau, fühlt mit dem Finger über die erhabene Arbeit hin, so gewahrt man, daß dies ja gar keine Stukkatur, kein raffiniert modellierter Gips ist, sondern Steinmetzarbeit! Es ist der wundervoll weiche maltesische Kalkstein, moosgrün, weinrot, himmelblau eingefärbt und Platte um Platte – man sieht die Fugen kaum – aneinander gefügt bis zur Decke. Dies müssen superbe Kunsthandwerker gewesen sein, die Meister wie die Gesellen und gar die Lehrlinge, und wer weiß, wie lange sie an einem einzigen solchen steinernen Gobelin für die Cotoner gearbeitet haben.

Indessen, noch fesselnder im Augenblick ist der Prediger. Er ist ein mittelgroßer, älterer Mann, wohl um die sechzig, gedrungen, von bäuerlichem Aussehen, einem vollen, runden Gesicht, Augen wie glühende Kohlen und plumpfingrigen Händen, deren Gestik, sparsam aber emphatisch eingesetzt, von großer Ausdruckskraft ist. Die Predigt dauert etwa fünfundzwanzig Minuten und ist eine einzige maltesische Überschwemmung. Der Wortfluß reißt nicht den Bruchteil einer Sekunde lang ab, ist nicht von der geringsten Pause unterbrochen, Satz an Satz stürmt, sprudelt, schäumt in genau regulierten, wechselnden Tempi und absolut beherrschter, nichts dem Zufall überlassender, unablässig modellierter Tonstärke: jetzt langsamer, leiser wie das liebliche Rauschen und Plätschern eines Baches, nun rascher und mächtiger wie ein breiter Fluß, nun tosend wie ein Sturzbach, gleich darauf breit, geruhsam, unendlich wie das Meer. Nun packen die Fäuste zu und zwingen die mächtige Rede gleichsam in ein stetigeres Bett. Jetzt glättet die flach ausgestreckte Rechte die Wogen; nun lassen gekrümmter Daumen und Zeigefinger spielerisch Delphine übers Wasser hüpfen. Gleich darauf ruhen beide Hände auf der Brüstung der Kanzel, es gilt nur noch das Wort, das keiner Ornamentik bedarf. Ganz still hört er auf.

Natürlich versteht man zuerst nicht ein einziges Wort. Aber man hat genug Volksreden gehört, um sogleich zu wissen: dieser Mann improvisiert nicht und hat's auch nicht stur auswendig gelernt. Er hat keinen Notizzettel, er kommt an keiner Stelle aus dem Konzept oder verliert den Faden, er gerät nicht vom hundertsten ins tausendste. Er ist nie um ein Wort verlegen, hält nicht inne, um die Gedanken zu sammeln, verhaspelt sich nicht. Wie macht er das nur? Ich hätte mich nicht gewundert, wenn ein Sturm des Beifalls für diese außerordentliche oratorische Darbietung die Kathedrale durchtost hätte. Wäre ich ein Sarazene gewesen, ich hätte mich vor diesem feurigen Glaubensschwert zitternd in die letzte Ecke verkrochen.

Der Ritterorden, der mit achtundzwanzig Souveränen zweihundertachtundsechzig Jahre lang die Insel regierte, hatte sieben Zungen oder Landsmannschaften, und jeder war in der Stadt Valetta eine Auberge und in der Kathedrale eine Kapelle zugewiesen: Italienern, Provenzalen, Auvergnaten, Aragonesen und Kastiliern, Deutschen und – wohlweislich getrennt, Bayern, die freilich dann in kurioser Gemeinschaft mit den Engländern zusammen eine Kapelle erhielten.

Ich fand die Grabmäler der Großmeister Rohan, Wignacourt, de Paule und Lascaris Castellar, das Grab des Philippe Villiers de l'Isle Adam, den Sarkophag des Jean de la Valette schon eindrucksvoll genug; aber dennoch unvergleichlich sprechender, lebendiger, bildkräftiger die Inschriften auf den Grabplatten der einfachen Ritter, mit denen die Fußböden der Kapellen ausgelegt sind. Es ist fast, als stehe ein jeder, der Reihe nach, aus seiner Gruft auf und rufe seinen Namen aus: Bertrand de Moreton Chabrillan, Honoratus de Villanova Villevielle, Antonide Riqueti Mirabeau, Eugène de Seytres Caumont, Joannes de Vintimille Excom. Massiline, Horatius Blacas d'Aups, Peter de Meules Beauchamps, Henri de Lalis Entraignes, Guillaume de Vincens Savoillan, die Tessencourt und Claude de Montagnac de la Revilière.

Man grüßt sie von ferne. Wer mögen sie gewesen sein? In der deutschen Kapelle indessen meint man jeden zweiten oder doch zumindest sein adliges Haus zu kennen: die Hoffde, Eltz und Verden, Franz von Haissenstein, Christian Terhanzen und Galen von Assen, die Grafen Sigismund von Thun und Franz Sebastian von Vratlislav, die Barone Hermann von Beveren und Ferdinand von Korff und den Edlen Wolfgang Philipp von und zu Guttenberg. Von Engländern und Bayern hingegen fand ich keine Grabplatten. Ihnen hat man nur die winzige Reliquienkapelle vorbehalten, und auf ihren schmalen zwei Spannen Fußboden haben sich ungehörigerweise zwei provenzalische Herren zur Ruhe gelegt.

Die deutschen Touristen, nicht wenige, die umherwanderten, warfen kaum einen Blick auf die Inschriften im Fußboden. Die Franzosen, auch sie zahlreich, studierten sie schon interessierter. Und die vielhundertköpfige Andachtsgemeinde in San Gwann? War ihr die vielzüngige Vergangenheit zu ihren Füßen lebendigere Wirklichkeit? Die Malteser haben einen sehr ausgeprägten Geschichtssinn – das liest man immer, auch beim edlen Sir Hannibal, und denkt sich, das ist so eine Redensart. Ich meinte freilich, aus dem punisch-griechisch-römisch-italienisch-spanischen Sarazenisch der Prediger-Wortkaskaden ganz deutlich immer wieder zwei Worte herauszuhören: »Turci« und ›Napuleum‹. Hätte der Priester seinen Gläubigen wieder und wieder diese Namen zugerufen, wenn jene nicht gewußt hätten, was es mit diesen beiden Erzverderbern der maltesischen Freiheit auf sich hatte?

Die große Belagerung durch die Türken lag vierhundert, die verhaßte französische Besetzung hundertsiebzig Jahre zurück. Ich dachte mir, wie es unsereinem vorkäme, wenn heute zu Würzburg der Prediger sich einfallen ließe, an Florian Geyer und die Schrecknisse des Bauernkrieges oder zu Heidelberg an den vierzehnten Ludwig zu gemahnen.

CITTA NOTABILE

Dies ist die merkwürdigste Stadt, die ich mein Lebtag gesehen habe. Das sagt man, das schreibt man so hin und überlegt dann: wirklich? Aber Wochen und Monate später geht sie einem noch immer nicht aus dem Sinn. Wirklich, es stimmt.

Man sieht Maltas alte Hauptstadt, kaum zwölf Kilometer von Valetta, der neuen, am Südwestrand der Insel gelegen, schon von weither, märchenhaft morgenländisch, gleich einer Fata Morgana im Sonnenglast, wie ein gewaltiges steinernes Schiff auf dem sanften Wellengang des rollenden Hügellandes. Das Plateau, auf dem sie steht, hundertsiebzig Meter über dem Meer, fällt nach drei Seiten in jähen Felsklippen steil ab; nur auf der vierten neigt es sich mählich in die gekräuselte Ebene hinab. Aus den drei Felsseiten wachsen natürlich und von ihnen nicht unterscheidbar die gewaltigen Befestigungsmauern mit ihren spitzen, bugähnlichen Bastionen heraus: alles aus einem Stück, aus dem warmen, honiggelben maltesischen Kalkstein, der den Baumeistern der Insel durch die Jahrtausende ihr unerschöpfliches und unvergleichliches Material geliefert hat. Die vierte, offene Seite war früher durch einen breiten Festungsgraben geschützt. Er ist jetzt trocken, in ihm spielen die Buben mit sarazenischem Geschrei Fußball. Eine schmale Brücke führt hinüber zum Stadttor. Dies ist der einzige Zugang zu der Stadt.

Auf diesem Felssockel stand schon vor Menschengedenken eine Stadt. Hier saßen schon vor siebentausend Jahren die ersten nachweislichen Bewohner Maltas, jenes rätselhafte, unerforschliche Volk, das auf der ganzen Insel seine gewaltigen megalithischen Tempelbauten errichtete. Phönizier und Karthager, die dem Inselvolk den bis heute lebendigen punischen Wurzelgrund seiner einzigartigen Sprache vermachten, erbauten hier ihre Hauptstadt: das griechische Melite, aus dem das römische Melita wurde. Diese römische Stadt war viel größer als das heutige Mdina. Als der römische Inselhauptmann Publius hier im Jahr 60 den schiffbrüchigen Apostel Paulus gastfrei aufnahm und sich von ihm zum Christentum bekehren ließ, umfaßte die Stadt noch den größten Teil der Fläche des heutigen Rabat, das jenseits des Festungsgrabens sich ausbreitet. Der Graben wurde von den Sarazenen angelegt, die Malta 870 eroberten. Die Sarazenen trennten die hoch auf ihrem Sockel sitzende Stadt ab, um sie besser verteidigen zu können, und schlossen sie fest in ihre Mauern ein, die in arabischer Zeit wesentlich höher waren als heute und mit sechsundzwanzig längst verschwundenen Türmen besetzt waren.

Diese mauerumschlossene Festungsstadt hieß hinfort Mdina, will sagen, die Hauptstadt, die Stadt per excellence; das übrige, drunten sich regellos ausbreitend, ist das heutige Rabat. An dieser Größe der Stadt Mdina hat sich seither nichts geändert; sie ist nirgends aus ihren Umfassungsmauern ausgebrochen, zählt nicht ein Haus mehr als vor tausend Jahren. So etwas gibt es wohl auf der ganzen Welt kein zweites Mal: Identität der Gestalt durch ein Jahrtausend. Man spürt es noch stärker innerhalb der Mauern: diese Stadt hat keinen Zweifel an sich selbst. Man kann ihr nichts einreden. Sie weiß, wer sie ist.

Die Normannen vertrieben 1090 die Sarazenen von der Insel; bis heute wird an jedem vierten November für den Befreier Roger de Hauteville in der Kathedrale zu Mdina eine Seelenmesse gelesen. Roger erbaute an der Stelle der frühchristlichen Kirche in der alten Hauptstadt, die unter den Muselmanen verfallen war, eine romanische Kathedrale mit einem freistehenden Glockenturm, aber wie diese Kirche aussah, wissen wir nicht, denn bei dem großen Erdbeben von 1693, das auch Catania in Sizilien verwüstete, stürzte sie ein. Auch sonst ist von den normannischen Bauten in Mdina kaum mehr übrig als von den muselmanischen. Der nach ihnen und den sizilischen Ureinwohnern, den Sikulern benannte sikulisch-normannische Baustil wurde noch lange, nachdem die Normannen den Staufern, den Angevinen, dem Haus Aragon gewichen waren, auf Malta und Gozo weiter gebaut. Hier und dort wird einem ein »normannisches Haus« gezeigt, und das in der Zitadelle von Victoria auf Gozo stammt möglicherweise wirklich aus Rogers Zeit; doch das in Mdina, der heutige Palazzo Falzon, stammt vom Ende des fünfzehnten Jahrhunderts. Aber höchst eindrucksvoll in ihrer kargen Schlichtheit sind sie beide, wie sie inmitten strahlender Renaissance und überschwenglichen Barocks ihren Platz behaupten, aus großen Quadern des honiggelben Kalksteins aufgetürmt wie alles und jedes ringsum.

Sarazenen und Normannen hinterließen Dauerhafteres: die Araber ihre Sprache, den einzigen arabischen Dialekt, der von einer rein christlichen Bevölkerung gesprochen und mit lateinischen Lettern geschrieben wird; die Normannen die von Roger eingeführte ›Universita‹, die ständische Ordnung und Einteilung des Volkes in Barone, Edle, Ritter, Bürger und Bauern, welche die Johanniter fünfhundert Jahre später noch unverändert vorfanden, die noch heute in Mdina lebendig ist und der Stadt und ihrer Lebensform ihr Gepräge gibt.

Die Sarazenen indessen hatten gut gebaut. Normannen, Staufer, Anjou und Aragon änderten wenig am Gefüge der Stadt, verbesserten nichts an ihren Verteidigungswerken, und doch war Mdina vierhundert Jahre nach Roger de

Hauteville noch immer stark genug, um dem Anschlag einer gewaltigen türkischen Armee, die von Nordafrika herüberkam und die ganze Insel verwüstete, standzuhalten. Allerdings soll der Apostel Paulus geholfen haben. Er erschien auf einem weißen Roß, ein riesiges Schwert schwingend, und flößte den Verteidigern neuen Mut ein. Alfonso V. von Aragon kam 1432 aus Sizilien herüber, löschte den sarazenischen Namen aus und gab der tapferen Stadt einen neuen: Città Notabile – die beachtenswerte, die angesehene Stadt. Dabei oder vielmehr kurzweg bei ›Notabile‹ blieb es bis zum Kommen der Ritter.

Als der Johanniter-Orden, aus Rhodos vertrieben, 1530 Malta von Karl V. zum Geschenk erhielt und sein Großmeister zum souveränen Herrscher der Insel wurde, erhob die alte ›Universita‹ zornigen Einspruch gegen diese Verletzung ihrer uralten, verbrieften Hoheitsrechte, und als der Protest nichts half, wandte der maltesische Feudaladel den landfremden Rittern in vornehmer Unnahbarkeit den Rükken und zog sich grollend in die Mauern der Città Notabile zurück. Dort haust er noch immer, zurückhaltend, still, beinahe unsichtbar.

Villiers de l'Isle Adam, der erste Ordensgroßmeister auf Malta, erwog nur kurz, die Stadt zum Ordenssitz zu machen. Melita-Mdina-Notabile, befand er, habe »nur schwache Verteidigungswälle« und könne »keinen ernstlichen Widerstand leisten«. Der Ordenssitz wurde in das kleine, notdürftig befestigte Dörfchen Il Borgo beim Großen Hafen verlegt, und nach dem Sieg über die türkischen Belagerer von 1565 erbaute der Orden auf der Halbinsel im Großen Hafen die neue Hauptstadt Valetta, eines der Bauwunder der Mittelmeerwelt, und die alte Hauptstadt in der Inselmitte hieß hinfort zur Unterscheidung Città Vecchia. Alt und notabel war und blieb die Stadt; aber schließlich kehrte sie, in neuerer Zeit, zu ihrem noch älteren und noch notableren Namen zurück. Jetzt heißt sie wieder Mdina, ›die‹ Stadt, und »Irid immur l-Imdina« ist maltesisch für »Ich möchte nach Mdina fahren«.

Der Orden kehrte sich von der alten Hauptstadt ab, aber er vernachlässigte sie nicht. Der spanische Großmeister Martin de Redin schuf die Befestigungswerke neu und fügte der heutigen Umfassung, die ein unregelmäßiges Viereck mittelalterlicher Mauern ist, drei mächtige Spitzwinkel-Bastionen an, von denen die mittlere nach ihm heißt. Von allen Befestigungspunkten Mdinas ist der großartigste jedoch die kleine Bastion an der Nordecke der Stadt beim Palazzo Falzon. Von hier, einer einstigen Geschütz-Plattform, hat man einen schier unermeßlichen Rundblick über mehr als die Hälfte der meerumringten Insel. Malta besitzt 330 Kirchen, unter ihnen an die vierzig gewaltige Barock-Kuppelkirchen, die in kleinen und kleinsten Dörfern und Landstädtchen stehen, und sie alle erfaßt der Blick von hier oben, Kirchenkuppel um Kirchenkuppel, honiggelb im Sonnenlicht, so weit das Auge reicht; und an klaren Tagen der schneebedeckte Gipfel des Ätna, der seine Wolkenkrone durchstößt; im Abendlicht weit drüben zur Rechten das märchenhafte Lichtmuster des Großen Hafens, ein zweiter, irdischer Sternenhimmel.

Malta hatte fünf überragende einheimische Baumeister, die unter den Ordensrittern in zweihundert Jahren aus der kargen Kalksteininsel ein baukünstlerisches Wunderwerk machten. Von ihnen arbeitete nur der erste, Gerolamo Cassar (1520–1586), der die St.-Johannes-Kathedrale, den Großmeister-Palast und die sieben Ritter-Aubergen in Valetta schuf, in direktem Auftrag des Ordens. Die anderen arbeiteten für ihr eigenes Volk: Tommaso Dingli (1591–1666) baute die unvergleichlichen Spätrenaissance-Pfarrkirchen in

Birkirkara und in seinem Heimatdorf Attart; Lorenzo Gafà (1630–1704) schuf die Kathedrale von Mdina und die von Victoria auf Gozo; Giovanni Barbara (1660–1730) den Palazzo Vilhena und das Seminar, beide in Mdina; und endlich Domenico Cachia (1710–1790) die herrliche Auberge de Castile in Valetta, deren Barockfassade im ganzen Mittelmeerraum nicht ihresgleichen hat.

Der Bauherr Mdinas, der der Stadt ihr wahrhaft königliches Antlitz gab, war der Großmeister Manoel de Vilhena, ein Portugiese. Unter seinen unmittelbaren Vorgängern, dem Franzosen Adrien de Wignacourt und dem Spanier Ramon Perellos y Roccaful hatte Lorenzo Gafà binnen fünf Jahren die Kathedrale mit ihrem weiten, zum Portal leicht abfallenden Vorplatz geschaffen, die schönste Kuppelkirche der Insel, die an der Stelle der eingestürzten Normannen-Kathedrale steht. Gafà war zweiundsiebzig Jahre alt, als die Kirche 1702 geweiht wurde, und lehnte es ab, sich für sein Werk bezahlen zu lassen; er hatte, sagte er, für sein Volk gebaut. Sein Nachfolger Giovanni Barbara krönte unter Vilhena das königliche Werk. Er stellte zur Rechten der Kathedrale, im blühendsten sizilianischen Barock, das Seminar, in dem sich jetzt das Kathedral-Museum befindet. Er schuf das prachtvolle Triumphtor, das den Eingang zur Stadt bildet; er stellte an die rechte Ecke des Kathedralplatzes die gewaltige Banca Giuratale, das vormalige Rathaus, und gleich hinter dem Haupttor den Großmeister-Palast oder Palazzo Vilhena, der mit seinem offenen Hof, den mit Girlanden geschmückten Pilastern und mit Segmentbogen eingefaßten Fenstern sehr französisch wirkt und von ferne an Philibert de l'Orme erinnert. Kaum glaublich, daß derselbe Architekt das so völlig andere, viel italienischere Seminar schuf.

Der Palazzo Vilhena umfaßt einen ganzen Häuserblock, der unmittelbar an die Corte Capitanale, den einstigen Gerichtshof anschließt, einen unheimlich düsteren Bau, dessen Fassade auf einen lieblichen, kleinen, efeuumrankten Platz an der Südecke der Stadt geht und den bezaubernden Palazzo Moscati-Parisio anblickt, in dem sich heute Mdinas einziges und gänzlich verwunschenes Hotel, das Xara Palace, befindet. Der kleine Platz ist nach der offenen Brustwehr der Bastion hin von einer anmutigen Loggia eingefaßt, und dies war einstmals der Arengo, von welchem der Stadtherold die Verordnungen der ›Universita‹ verkündete. Des nachts, im Licht einer einzigen, leicht im Winde schwankenden Laterne, die phantastische Schatten über die Fassaden von Palazzo und Gerichtshaus wirft, ist es hier so still, daß man meint, die Spinnen im Efeu weben zu hören. Wer wohnt wohl in dem kleinen Hotel? Ich hätte mich nicht getraut, die Glocke zu läuten.

Die Stadt ist bei Tag wie bei Nacht ein unablässiges lautloses Spiel von Licht und Schatten. Nichts rührt sich, kein Laut ertönt, aber das Licht ist in stetiger, unmerklicher Bewegung, auf den strengen, glatten Außenmauern der Palazzi, an Straßenecken, engen Gassenwindungen, in Portalen, auf Türen und Fenstern; alle Flächen scheinen so gestellt und gebrochen, daß sie dem Licht eine unendliche Vielfalt von Variationen bieten. In diesem Schattenspiel der Flächen und Rundungen fällt plötzlich auf, daß der Architektur von Mdina eines völlig fehlt, was für die ganze übrige Insel so merkwürdig charakteristisch ist, nämlich die unzähligen an die Fassaden angeklebten Balkone, die den maltesischen Straßen eine ausgesprochen maurische Atmosphäre verleihen.

In Mdina sah ich keinen einzigen dieser gedeckten Loggia-Balkone. Man hätte fast meinen können, sie seien ausdrücklich verboten, und das macht, daß Mdina als einzige maltesische Stadt völlig unorientalisch, unsarazenisch wirkt. Sie ist in ihrer Linienführung kompromißlos unverspielt; Kulissenzauber treibt hier nur das Licht. Kommt man nach einer halben Stunde zu einer Ecke zurück, die man genau als dunkel, nur von einem schrägen Lichtstrahl gestreift, in Erinnerung hat, so steht sie plötzlich arglos lächelnd, hell honiggelb im Mondesschimmer. Aber so unvergleichlich die Morgensonne auch die Voluten auf Gafàs Kuppel wie taufrische Blumen erblühen läßt, so schwungvoll das Abendlicht Barbaras Großmeister-Palast in ein feurig verglühendes Hochbarock hinaufhebt, so unverrückbar bleibt die Città Notabile doch in ihrer von den Normannen gestifteten ›Universita‹: wehe, wer eine Festspiel-Opernbühne aus ihr machte! Man hat's versucht, heißt es, auf dem Kathedral-Platz, und gleich wieder sein gelassen. Denn dieser Platz will keine Menschen, diese Gassen verabscheuen das Gewimmel.

Als die Ritter Valetta bauten, verlor die alte Hauptstadt bald viele Einwohner an die neue. Großmeister Martin Garzes bemühte sich, dieser Abwanderung Einhalt zu gebieten. Er verfügte, jedermann, der innerhalb ihrer Mauern seinen ständigen Wohnsitz habe, solle auf sechs Jahre hinaus nicht wegen Schulden arretiert und in den Turm geworfen werden dürfen. Das scheint geholfen zu haben. Mdina ist nicht entvölkert, ist nicht zu einer toten Stadt, nicht zum Museum geworden. Es wurde in all den Jahrhunderten nicht größer, nicht kleiner; es wurde und wird nichts abgerissen, nicht hinzu gebaut. Heute leben in Mdina rund zweihundert Familien, nicht ganz neunhundert Menschen; sehr viele mehr werden es vor fünfhundert Jahren auch nicht gewesen sein. Rabat, die von den Arabern abgetrennte Vorstadt jenseits des Festungsglacis, ist indessen auf zwölftausend Menschen gewuchert und breitet sich weiter aus. Aber man hat nicht das Gefühl: hier Sterben, dort Leben, hier Stille, dort Lärm; sondern: zwei Lebensformen derselben Universita.

Die Ordensritter sind gekommen und wieder gegangen, und die Engländer sind gekommen und – bis auf wenige – ebenfalls wieder gegangen. Es gibt in Mdina ein paar alte englische Familien, und sie sind so still und unauffällig mit ihrem Hintergrund verschmolzen, daß man kaum etwas von ihnen weiß und gar nichts von ihnen hört; etwas Ähnliches gibt es wohl nur noch bei den alteingesessenen englischen Weinbauern-Familien in Portugal. Geblieben ist der alte maltesische Feudaladel, dem die Ländereien ringsum im welligen Hügelland gehören. Als die englische Krone nach der Verjagung Napoleons Malta übernahm, beschloß sie, achtundzwanzig der alten maltesischen Adelstitel anzuerkennen und keine neuen mehr zu schaffen. Zu diesen alten Familien, deren Wappenschilde noch weit in die Zeit vor den Rittern zurückgehen und die noch heute in ihren Stadthäusern in Mdina sitzen, zählen die Inguanez, Sant Cassia, Manduca, De Piro, Testaferrata, Chapelle, Bologna, Preziosi, Castellati, Stagno und Montalto. Die ältesten sind die Inguanez, die 1350 zu Baronen von Dyar-il-Bniet erhoben wurden und bis zum Kommen der Ordensritter erbliche Statthalter von Notabile waren. Im Haus des Antonio de Inguanez, einem mächtigen Palazzo an der Ecke der Villegaignon- und Inguanez-Straße, stieg Alfonso von Aragon ab, und auf sein Geheiß wurde der Wappenschild der Inguanez am Stadttor angebracht. Die rabiaten Franzosen zertrümmerten ihn; der jetzige Schild ist eine Nachbildung.

Diese alten Stadthäuser Mdinas sind es, die am lebhaftesten in der Erinnerung bleiben, vielleicht gerade, weil man sie nicht betreten, nicht von innen betrachten kann: der Palazzo Santa Sofia, der überhaupt älteste Bau Mdinas, dessen Erdgeschoß zumindest von 1233 ist; der Palazzo Falzon, in dem Villiers de l'Isle Adam bei seiner Ankunft auf der Insel wohnte; die Casa Manduca, die im dreizehnten Jahrhundert zum Teil eine Synagoge war und es bis 1492 blieb, als Ferdinand von Kastilien die Juden aus Malta vertrieb; die Patrizierhäuser der Depiro und Mifsud, die Casa Isabella, der Palazzo Gatto Murina mit seiner schönen Fassade aus dem 14. Jahrhundert, die Casa Testaferrata, Familienbesitz des Marquis von San Vicente Ferreri. Daneben steht das Haus des Notars Bezzina, von dessen Fenster im ersten Stock am 2. September 1798 der Kommandeur der französischen Garnison, Citoyen Colonel Masson, hinabgeworfen und von der wütenden Menge erschlagen wurde. Er hatte versucht, die kostbaren Wandbehänge und andere Schätze der Karmeliter-Kirche öffentlich zu versteigern, und der Volksaufruhr gegen ihn war das Signal des Aufstandes gegen die französische Besetzung.

Die Villegaignon-Straße – Triq Villegaignon auf maltesisch – an welcher die Casa Testaferrata liegt, die Hauptstraße der Stadt, heißt nach einem Ordensritter namens Nicolas Durand de Villegaignon, aber nicht, weil er zu Beginn des sechzehnten Jahrhunderts die Niederlassung Nouvelle-Genève in Brasilien gründete, welche die Portugiesen ihm wegnahmen und in Rio de Janeiro umtauften, sondern weil er 1551 Mdina gegen die »turci« verteidigte und hielt. Früher hieß die Straße ›Strada Reale‹ und davor ›tal Muyeli‹ – die Straße der Patrizier.

Das ist sie noch immer. Es gibt in dieser sanft gewundenen Hauptstraße, die sich durch die Mitte der kleinen Stadt zieht, keine Geschäfte. Es gibt in der ganzen Stadt keine Läden, keine Cafés – es gibt angeblich ein Restaurant, von außen nicht kenntlich gemacht, aber ich fand es nicht – kein Kino, kein Anzeichen einer Werkstätte, eines Handwerker-Gewerbes; ich entdeckte nur ein einziges, winziges, trüb beleuchtetes Büdchen, in dem es ein paar Postkarten und allerlei abgegriffenen Tand gab. Man kann in Mdina nichts kaufen, absolut garnichts. Eingekauft wird im ordinären Menschengewimmel von Rabat. Es gibt in Mdina auch keine Tankstelle, weil es fast keine Autos gibt – sie sind nicht verboten, aber man legt keinen Wert auf sie, braucht sie ganz einfach nicht. Auf dem Platz vor der Kathedrale steht zuweilen eins, meistens keins. Wer steigt in dem bezaubernden kleinen Xara-Palace-Hotel ab? Entflohene Liebespärchen, könnte man sich denken; wer weiß, ob sie was zu essen bekommen?

Es gibt in Mdina, wie es scheint, auch keine Menschen. Aber es scheint nur so; sie zeigen sich nicht. In der Kathedrale sieht man sie, zu allen Stunden, auch ohne Gottesdienst, denn die Malteser wohnen in ihren Kirchen, aber kaum auf den Straßen, bei Tag nicht und nicht bei Nacht. Ob sie in ihren Häusern sind? Es ist den Häusern nicht anzusehen, ob sie bewohnt sind. Diese Häuser sind um Innenhöfe mit einem steinernen Treppenaufgang gebaut, und ihre Außenmauern nach der Straße sind hoch, glatt, unverziert, mit Ausnahme eines gelegentlichen sizilischen doppelten Zackenbandes, das als Bortensims auf der Höhe des ersten Stockwerks verwendet ist, fast ohne Fenster, und es schimmert kein Licht heraus. Zuweilen, sehr selten, gelingt ein Spähblick durch flüchtig geöffnete, einfache, gotische Haustore: Bäume, Sträucher, üppiges Grün im Innenhof, und von hier kommt wohl das Licht, auf diese Gärten blicken die Fenster.

Aber man späht nicht gern, so wie man auch unwillkürlich auf der Gasse nicht laut oder auffällig spricht. Einmal, des abends, sah ich eine Haustür sich öffnen; ein Mann trat heraus, glatzköpfig, in Hemdsärmeln, und schlurfte in Pantoffeln über die Gasse und verschwand um die Ecke. Der Besitzer des Palazzo oder der Hausbesorger? Ein andermal öffnete sich ein Portal, drinnen sah man eine geräumige Halle, Kerzenlicht, ein weißhaariger Herr im Abendanzug verabschiedete sich von einem anderen, gleicherweise soigniert gekleideten. Auf Maltesisch? Auf Englisch? Ich meinte, Französisch zu hören: »Bonne nuit, Monsieur.« »Merci encore«, erwiderte der Gast und entwich durch die Nacht zwei Gassen weiter in seinen eigenen Palazzo.

So ist das hier. Die merkwürdigste Stadt, die ich mein Lebtag gesehen. Es gibt in ihr auch zwei Klöster. Das strengere von beiden ist das Nonnenkloster des Heiligen Benedikt nahe Vilhenas schwungvoll-lebensfreudigem Stadttor. Es stammt von 1418, war schon vor Vilhena da: strenge, schmucklose Mauern, winzig kleine, ganz hoch oben angebrachte Fenster. Die Nonnen, einmal eingetreten, verlassen das Haus nie wieder. Die einzigen Männer, die Einlaß finden, sind der Tüncher und der Arzt. Die Frauen werden auf ihrem eigenen Friedhof im Kloster begraben.

Der Freund, mit dem ich reiste, fragte, ob ich auf Malta leben möchte. Ich erwiderte: Ja, mein letztes Lebensjahr, nur das. Das aber in Mdina. Dort wüßte ich, am Ende meiner Tage, wer ich bin.

INHALT